江门海关年鉴

2023

《江门海关年鉴（2023）》编纂委员会　编

中国海关出版社有限公司
·北京·

图书在版编目（CIP）数据

江门海关年鉴．2023 /《江门海关年鉴（2023）》编纂委员会编．—北京：中国海关出版社有限公司，2024. 3

（中国海关史料丛书）

ISBN 978 - 7 - 5175 - 0774 - 1

Ⅰ．①江…　Ⅱ．①江…　Ⅲ．①海关—江门—2023—年鉴　Ⅳ．①F752. 55 - 54

中国国家版本馆 CIP 数据核字（2024）第 066737 号

江门海关年鉴（2023）

JIANGMEN HAIGUAN NIANJIAN（2023）

作　　者：《江门海关年鉴（2023）》编纂委员会

责任编辑：安颖侠　刘　婧

责任印制：王怡莎

出版发行：中国海关出版社有限公司

社　　址：北京市朝阳区东四环南路甲 1 号　　邮政编码：100023

编 辑 部：01065194242 - 7544（电话）

发 行 部：01065194221/4238/4246/5127（电话）

社办书店：01065195616（电话）

https：//weidian. com/？userid = 319526934（网址）

印　　刷：北京中科印刷有限公司　　经　　销：新华书店

开　　本：889mm × 1194mm　1/16

印　　张：16. 75　　字　　数：395 千字

版　　次：2024 年 3 月第 1 版

印　　次：2024 年 3 月第 1 次印刷

书　　号：ISBN 978 - 7 - 5175 - 0774 - 1

地图审图号：GS 京（2022）1441 号

定　　价：170. 00 元

《江门海关年鉴（2023）》
编纂委员会

《江门海关年鉴（2023）》
编辑部

编辑说明

一、《江门海关年鉴》是江门海关根据海关总署关于编纂海关年鉴的统一部署要求，由江门海关主办、年鉴编纂委员会承编的行业性综合年鉴，是全面、客观、系统记载江门海关发展历程的编年史料，是集权威性、综合性、实用性于一体的资料性工具书，每年出版一卷，本卷为第二卷。

二、《江门海关年鉴（2023）》坚持以习近平新时代中国特色社会主义思想为指导，将巩固拓展党史学习教育成果、学习宣传贯彻党的二十大精神与系统总结海关历史经验紧密结合起来，坚持依法依规编纂，全面、客观记录2022年度江门海关工作的基本情况，包括江门海关发生的重要事件、改革发展的主要举措以及成效和经验，并以图片、文章、条目、表格等形式收录其中，进一步丰富江门海关的历史文化，充分发挥年鉴存史、资政、育人作用。

三、《江门海关年鉴（2023）》记述时限为2022年1月1日至12月31日。综合反映江门海关发展的综述、概况、专记等内容根据实际需要适当上溯。

四、《江门海关年鉴（2023）》记述范围为江门海关及所属部门、隶属海关单位、事业单位和群众团体管辖事务。本卷年鉴所采用文献资料、统计数据和工作图片，由记述范围内各部门单位提供，来稿经供稿单位领导审阅。撰稿人按姓氏笔画排序，统一放到所在分目末尾。

五、《江门海关年鉴（2023）》采用分类编辑法，设类目、分目、条目3个层级，除编辑说明、综述、卷首图片外，共设置特载、专记、大事记、党的建设、业务建设、综合保障、隶属海关、直属事业单位及海关学会、荣誉·名录、统计资料10个类目，以条目为基本记述单元，记载年内基本情况和发生的大事、要事、特事，一事一条。

六、“荣誉·名录”收录范围是2022年江门海关获评省部级及以上表彰的集体和个人名录、获江门市表彰的集体和个人名录以及2022年国务院“授衔令”涉及的二级关务监督及以上人员。

七、《江门海关年鉴（2023）》在“附录”中列“名词解释”，以帮助读者理解有关名词、专业术语的含义。

八、《江门海关年鉴（2023）》所称“总署”为“海关总署”的简称；“广东分署”为“海关总署广东分署”的简称；“总关”为“江门海关”；直属海关管辖范围称“关区”，隶属海关管辖范围称“辖区”。

九、《江门海关年鉴（2023）》统计数据和单位名称以及标点符号均按国家有关规定执行，计量单位采用国家法定计量单位和国际单位，技术规范、专业名词从规范要求。文中引用数据一般保留小数点后两位。因四舍五入原因，个别合并项与分项和之间略有差异。如与年度发布统计数据有出入，以发布数据为准。

综　述

江门海关前身为1904年设立的江门关，1950年更名为中华人民共和国江门海关，2006年升格为海关总署正厅局级直属海关。2018年机构改革后，出入境检验检疫管理职责和队伍划入海关。江门海关负责指定口岸及相关区域范围内海关工作运行管理、监督监控，关区范围为广东省江门市、阳江市，辖区面积17461平方千米，海岸线长1285千米。

2022年，江门海关下设隶属海关单位9个，分别为外海海关、高沙海关、新会海关、鹤山海关、开平海关、台山海关、恩平海关、阳江海关和江门海关风险防控分局；下属事业单位3个，分别为后勤管理中心、江门海关技术中心、江门国际旅行卫生保健中心（江门海关口岸门诊部）；另有总署委托管理的事业单位1个，为中国电子口岸数据中心江门分中心。关区设有海关监管作业场所（场地）22个。

2022年，江门海关坚持以习近平新时代中国特色社会主义思想为指导，学习宣传贯彻党的二十大精神，落实党中央“疫情要防住、经济要稳住、发展要安全”重要要求，按照总署党委“铸忠诚、担使命、守国门、促发展、齐奋斗”部署要求，深化业务改革，推进全面从严治党，稳中有进谋求高质量发展。

2022年，江门海关制订完善口岸疫情防控措施方案，坚持“人、物、环境”同防、多病同防，全年检疫进出境人员6.18万人次，妥善处置4起进境船员聚集性疫情，守住外防输入关口。持续优化口岸营商环境，大力推动改革创新，复制推广63项自贸试验区海关创新制度，推进落实“两步申报”“提前申报”“船边直提”“抵港直装”等改革措施，便利企业提前办理通关手续，快速提离或装运货物，提升物流运转效能，减少企业通关时间和物流成本。完善压缩整体通关时间机制，加强通关运行监测，为企业提供稳定的通关预期，江门关区进口整体通关时间由2017年的79.19小时压减到2022年的5.57小时，较2017年压缩92.97%，连续3年排名全国海关第一。助力对外开放平台建设，推动首列“江门号”中老国际货运班列开行并常态化运行，服务粤港澳大湾区“米袋子”“菜篮子”工程建设，保障6.9万头供港澳活猪以及4.4万吨供港澳冰鲜禽、海捕水产品快速通关。全年监管进出口货物2549.3万吨、货值1490亿元，分别比上年增长32%和9.3%；税收入库69.4亿元，比上年增长24.7%，创历史新高；监管进出境船舶6979艘次，比上年增长25.7%。开展风险排查、安全整治，全链条强化口岸监管，加强口岸反恐应急和网络安全防护，保持打击走私高压态势，查获1万余吨走私进口废塑料案、案值4080万元的濒危红木走私案等案件。全面加强队伍建设，严纪律树新风，一体推进“三不腐”，发挥“全国文明单位”引领作用，崇尚“求实、扎实、朴实”海关文化，新增全国“人民满意的公务员”等省部级以上荣誉16项。

图 例

符号	说明	符号	说明	符号	说明
	直属海关单位	◉廷布	外国首都		地级市界
	隶属海关		自治州行政中心 地区、盟行政公署驻地		县（区、市）界
	派出机构	⊙东城区	县（区、市）政府		铁路
	海关特殊监管区域	○庞各庄镇	乡（镇）政府、街道办事处		高速公路及编号
	口岸	北京首都国际机场	机场		国道
	铁路口岸	青水尖 1528	山峰　高程		省道
	水运口岸		国界		其他道路
	航空口岸		未定国界		河流　湖泊
	公路口岸		地区界		沟渠
	境外口岸		军事分界线		桥梁　渡口
◎北京市	首都		省界		港口　码头
◉石家庄市	省政府		未定省界		长城
◎廊坊市	地级市政府		特别行政区界		珊瑚礁

注：本书中的关境图，不包括香港，澳门，台湾、澎湖、金门、马祖单独关税区。

江门海关

比例尺 1 : 650 000

序号	隶属海关及派出机构
1	外海海关
2	高沙海关
3	新会海关 新会海关驻新会港办事处
4	鹤山海关
5	开平海关
6	台山海关
7	恩平海关
8	阳江海关 阳江海关驻阳江港办事处

序号	类型	口岸名称	批准开放时间	口岸性质
1	水运口岸（5个）	广海港水运口岸	1985.10	国际常年（客运停运）
2		阳江水运口岸	1993.2	国际常年
3		新会水运口岸	1992	国际常年（客运停运）
4		江门水运口岸	1982.5	国际常年
5		鹤山水运口岸	1988.4	限国轮、常年

海关专题图片

领导活动

^ 2022年9月22日，海关总署党委委员、广东分署主任张广志（前排左二）到江门海关所属阳江海关辖区企业调研（杨奇　摄）

^ 2022年1月26—27日，江门海关召开2022年江门海关工作会议。党委书记、关长詹少彤（左四），党委委员、副关长叶超俊（右四），党委委员、政治部主任李辉（左三），党委委员、副关长胡冬梅（右三），党委委员、副关长钟就华（左二），党委委员、缉私局局长李明（右二），党委委员、党委纪检组组长陈志华（左一），党委委员、副关长肖鹏（右一）参加 （高瑞莲 摄）

^ 2022年10月25日，江门海关召开学习宣传贯彻党的二十大精神视频会议。党委书记、关长闫伟东（左四），党委委员、副关长叶超俊（右四），党委委员、政治部主任李辉（左三），党委委员、副关长胡冬梅（右三），党委委员、副关长钟就华（左二），党委委员、缉私局局长李明（右二），党委委员、党委纪检组组长陈志华（左一），党委委员、副关长肖鹏（右一）参加 （李保华 摄）

∧ 2022年3月16日，江门海关党委书记、关长詹少彤（右三）参加江门北站“江门号”中老国际货运班列首发仪式（叶春尧 摄）

∧ 2022年4月28日，江门海关党委书记、关长詹少彤（左三）到风电企业调研 （许振明　摄）

∧ 2022年4月28日，江门海关党委书记、关长詹少彤（前）到阳江海关调研 （许振明　摄）

2022年9月14日，江门海关党委书记、关长闫伟东（中）到辖区企业调研（许振明　摄）

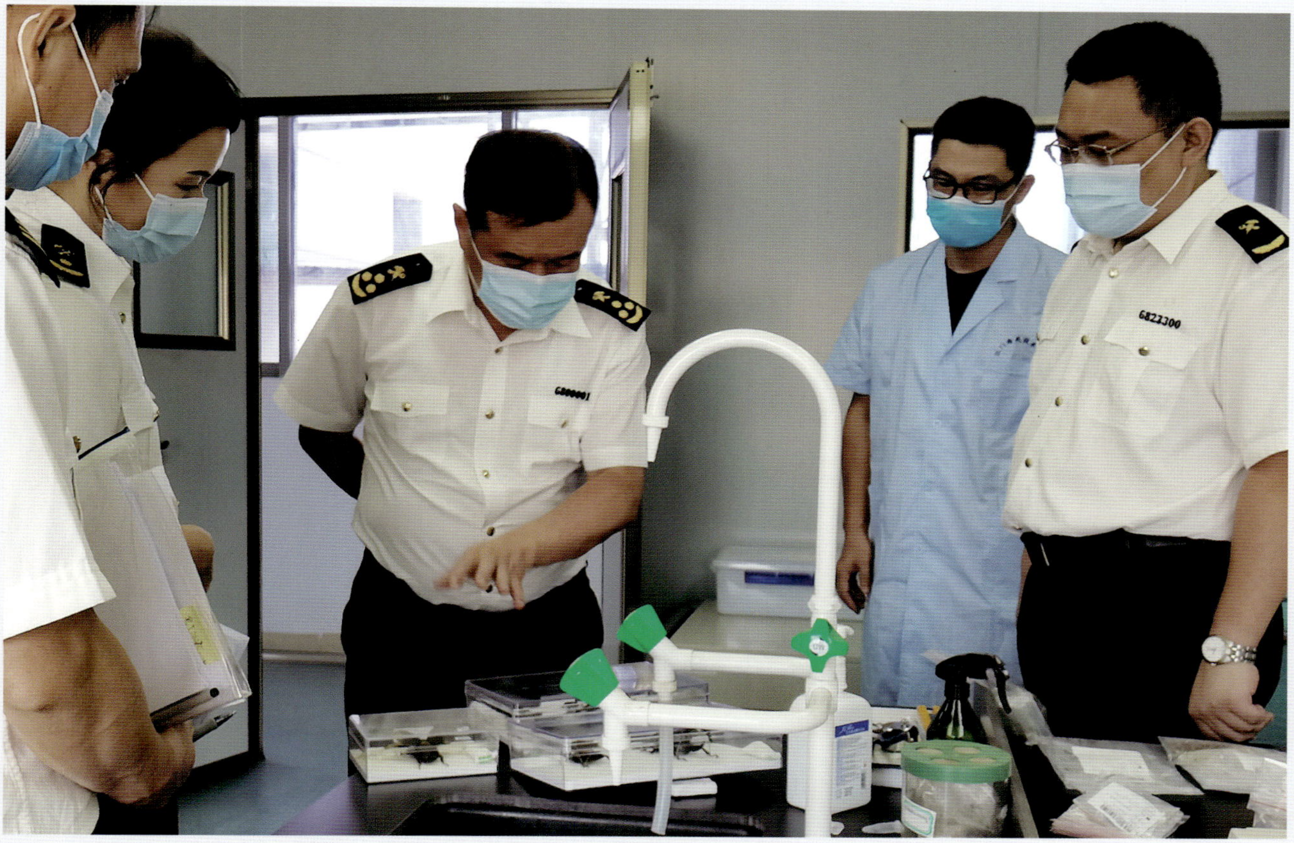

^ 2022年10月14日，江门海关党委书记、关长闫伟东（中）到技术中心、保健中心督导检查工作 （郑伯豪 摄）

^ 2022年12月30日，江门海关党委书记、关长闫伟东（右二）带队进行节前安全检查 （高瑞莲 摄）

∧ 2022年2月25日，江门海关党委委员、副关长叶超俊（右二）到台山海关调研（邢泓伟　摄）

∧ 2022年3月7日，江门海关党委委员、政治部主任李辉（中）出席江门市老干部大学海关分校开学仪式（高瑞莲　摄）

^ 2022年10月8日，江门海关党委委员、副关长胡冬梅（中）到中国电子口岸数据中心江门分中心开展“防风险、保稳定、迎二十大”风险排查督导工作（高瑞莲　摄）

^ 2022年11月23日，江门海关党委委员、副关长钟就华（中）作党的二十大精神专题辅导（高瑞莲　摄）

^ 2022年10月13日，江门海关党委委员、缉私局局长兼督察长李明（前排右一）指挥一级加强勤务应急集结拉动（吴超　摄）

^ 2022年3月30日，江门海关党委委员、党委纪检组组长陈志华（左三）到新会海关调研（赵洁芳　摄）

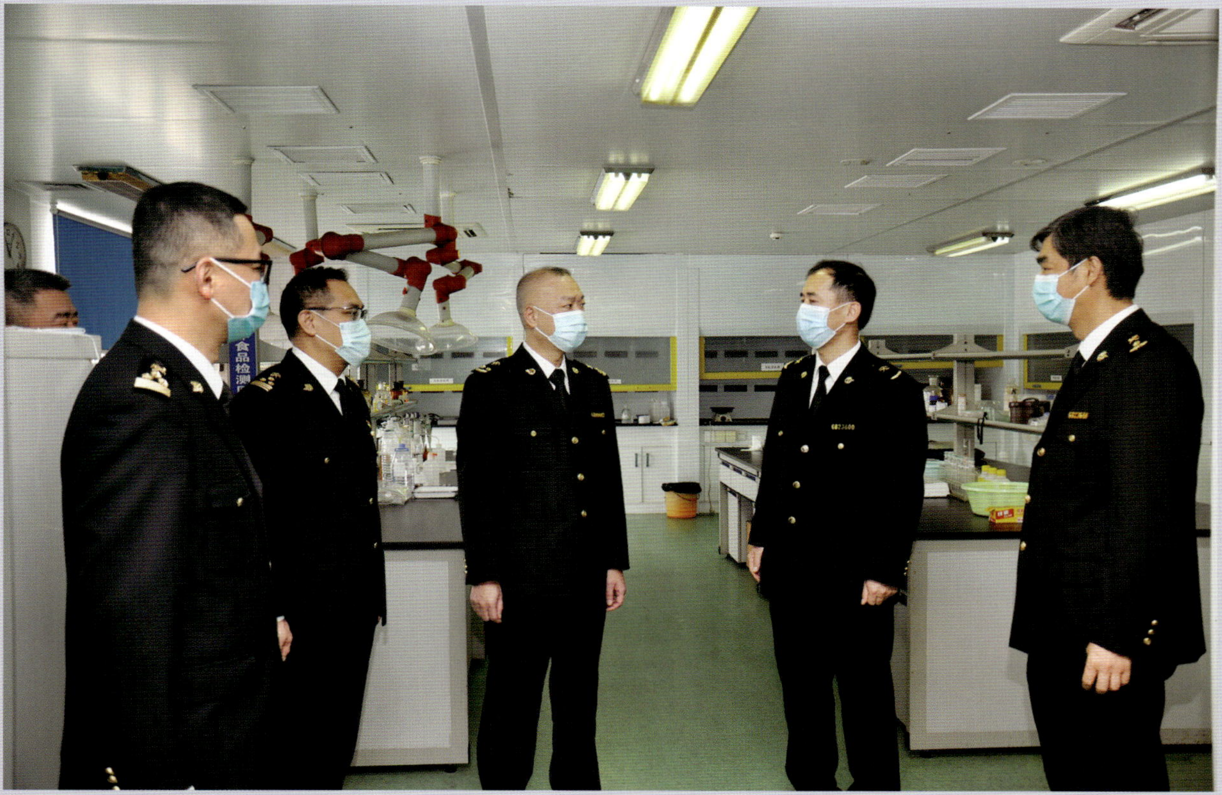

^ 2022年2月28日，江门海关党委委员、副关长肖鹏（中）到阳江海关调研（许振明　摄）

铸忠诚

2022年5月5日，江门海关举行庆祝“五一”升国旗仪式（李保华 摄）

^ 2022年10月16日，江门海关组织全体党员领导干部和部分党员群众代表集中收看中国共产党第二十次全国代表大会开幕会（李保华　摄）

^ 2022年7月12日，江门海关全国优秀党务工作者方冬宏同志为党员干部讲党课（黎永红　摄）

< 2022年1月12日，江门海关召开捍卫“两个确立”、做到“两个维护”、强化政治机关建设专项教育活动动员会（黄志刚　摄）

> 2022年12月9日，江门海关举行新提拔处级领导干部任职前宪法宣誓仪式（李保华　摄）

< 2022年11月22日，江门海关关税处党支部开展“学党章、悟初心、担使命、齐奋斗”主题党日活动（李保华　摄）

2022年6月30日，鹤山海关开展“走好第一方阵　我为二十大做贡献”主题党日活动（陈秋生　摄）

2022年6月1日，江门海关举行廉政警示教育云展厅上线启动仪式（李保华　摄）

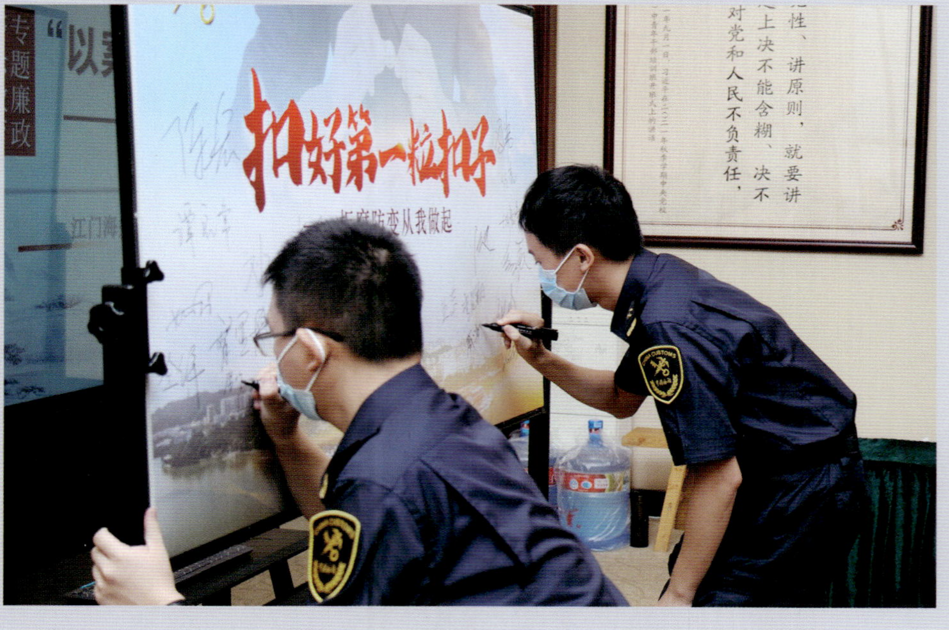

< 2022年8月31日，江门海关开展“以案为鉴——青年干部谈廉洁”专题廉政警示教育活动（李保华　摄）

^ 2022年7月1日，江门海关举行“光荣在党50年”纪念章颁发仪式（黄志刚　摄）

担使命

2022年8月10日，江门海关查获近三十年全国海关查获案值最大的摩托车侵权案（黄志刚　摄）

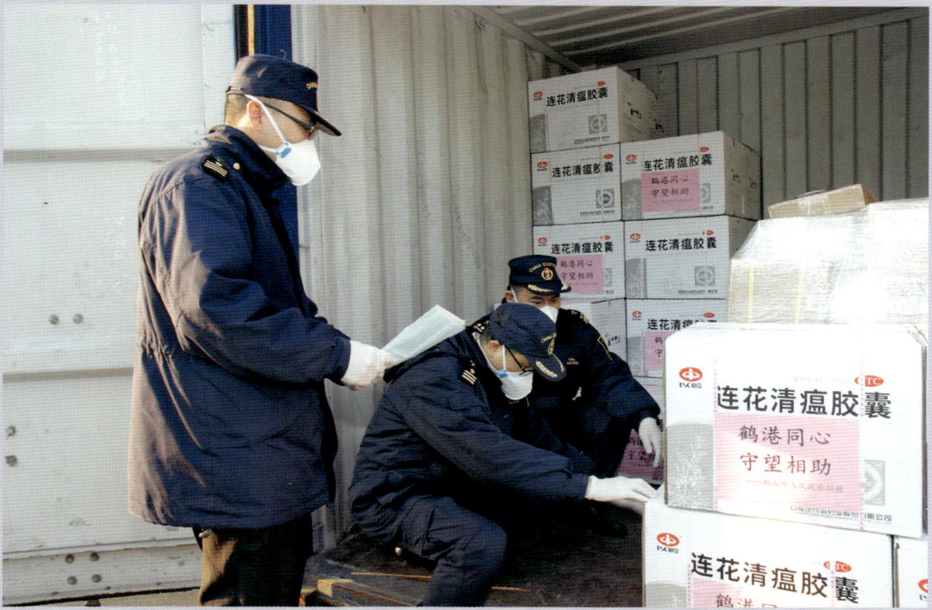

2022年2月23日，鹤山海关做好现场服务指导企业办理通关手续，快速验放一批援港抗疫物资（陈秋生　摄）

< 2022年3月2日，外海海关验放首批援港抗疫活动房屋163套（钟志杰　摄）

> 2022年6月14日，江门海关践行新时代“枫桥经验”，挂牌运行3个“枫桥式”接办室（杨清荣　摄）

< 2022年6月，江门海关落实“谁执法谁普法”普法责任制，执法人员为行政管理相对人进行普法（钟志杰　摄）

^ 2022年11月23日，全国"人民满意的公务员"陈锡亮带领团队参与海关总署组织的促进国家外贸高质量发展专题研究（高瑞莲　摄）

^ 2022年7月27日，江门海关线上参加海关总署与马来西亚海关AEO互认线上工作会（高瑞莲　摄）

< 2022年10月17日，江门海关在海关总署大数据海关应用创新示范点开展业务研讨工作（高瑞莲 摄）

> 2022年12月21日，新会海关参加新会区电台、电视台《民声热线》节目，就“强化监管优化服务，助力新会区外贸高质量发展”专题宣讲政策（赵洁芳 摄）

< 2022年3月8日，阳江海关分子生物学实验室正式投入使用（林颖钦 摄）

守国门

^ 2022年8月11日，江门海关举办口岸疫情防控工作岗前培训暨入境人员新冠病毒采样岗位能力及防护技能培训班（刁清　摄）

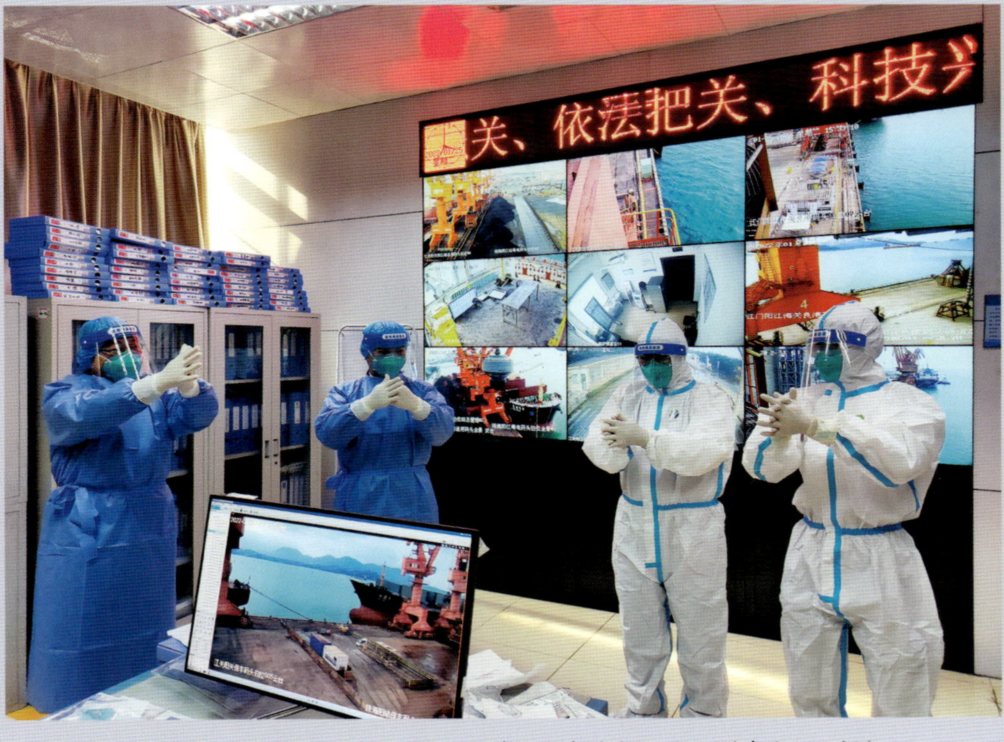

^ 2022年1月25日，江门海关关员开展新冠疫情防控岗前实操培训（李炎铂　摄）

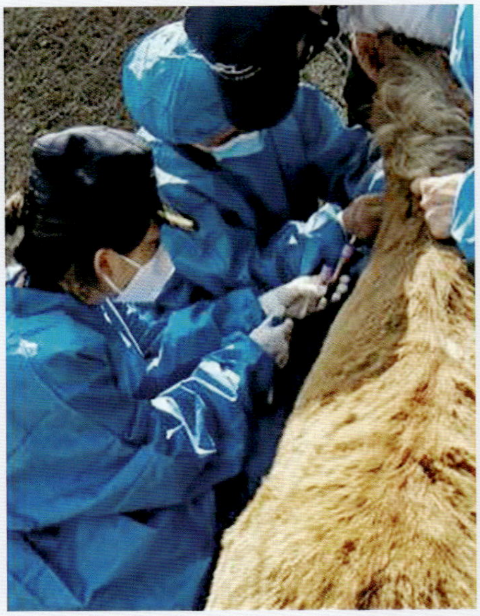

∧ 2022年1月18日，江门海关关员对进境羊驼开展隔离检疫（张勇清　摄）

∧ 2022年6月3日，保健中心实验室首次开展猴痘病毒核酸检测（林秀梅　摄）

∧ 2022年8月16日，江门海关开展“口岸危险品综合治理”百日专项行动（钟志杰　摄）

> 2022年6月1日，江门海关缉私局查获一起涉嫌走私进口枪型配件案（吴超　摄）

< 2022年10月26日，江门海关缉私局破获石首鱼鱼胶走私案（伍光耀　摄）

> 2022年1月11日，台山海关在国能粤电码头开展登临检疫工作（邢泓伟　摄）

^ 2022年8月10日，江门海关查获一宗涉嫌侵犯某品牌摩托车商标权案（黄志刚　摄）

^ 2022年4月12日，新会海关开展国门生物安全宣传教育（陈伟雄　摄）

促发展

2022年9月20日，江门海关深入食品加工企业宣讲海关政策（王夏芹　摄）

2022年4月27日，江门海关关员在江门北站“江门号”中老国际货运班列查验货物（李保华　摄）

∧ 2022年1月19日，江门某企业向高沙海关赠送锦旗（岑嘉悦 摄）

> 2022年3月2日，江门海关关员对出口加拿大沃柑进行现场检疫监管（谭博文 摄）

< 2022年10月13日，高沙海关到辖区重点进出口企业了解生产情况（高瑞莲 摄）

∧ 2022年1月12日，台山海关到供港澳冰鲜禽养殖企业调研 （陈鲁　摄）

< 2022年1月27日，江门海关关员到出口冰鲜鸡企业了解生产情况 （智显博　摄）

> 2022年7月12日，阳江海关关员到供港澳鲜活水产品养殖场开展监管 （罗晓月　摄）

^ 2022年6月24日，江门海关关员到食品加工企业开展现场监管（智显博　摄）

^ 2022年2月4日，鹤山海关全力保障活猪稳定供应香港市场（陈秋生　摄）

齐奋斗

2022年8月30日，江门海关陈锡亮同志荣获全国“人民满意的公务员”称号（统计处　供图）

2022年3月8日，台山海关综合业务二科、江门海关12360服务热线工作室分别获评“广东省巾帼文明岗”“江门市巾帼文明岗”（政工办　供图）

^ 2022年1月21日，江门海关举办“翰墨迎春　情暖江关”送春联贺新春活动（高瑞莲　摄）

^ 2022年10月8日，江门海关举办第十三届“我们的生活充满阳光”摄影书法美术作品展（邹琇琼　摄）

> 2022年4月18日，江门海关组织关员开展队列训练（刘映兴摄）

> 2022年9月29日，江门海关举行2022年新录用公务员初任培训和入职培训结业仪式（黄志刚摄）

> 2022年9月7日，社区党员到江门市党员教育基地——江门海关关史展馆参观（高瑞莲　摄）

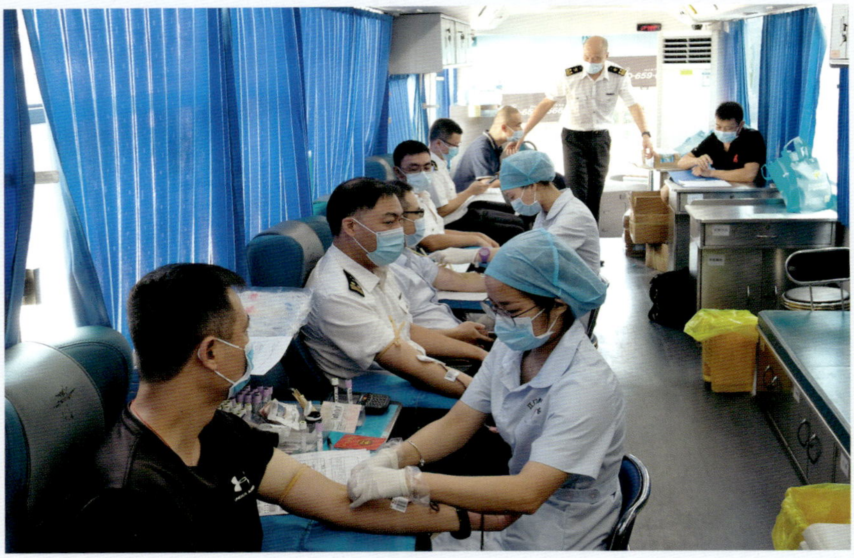

< 2022年9月1日，江门海关干部职工踊跃参与无偿献血活动（黄志刚 摄）

< 2022年3月7日，开平海关开展“礼赞三八节 巾帼展风采”插花活动（李保华 摄）

< 2022年3月5日，江门海关580科技服务联合开展学雷锋志愿活动（黄嘉锐 摄）

目　录

第一篇　特　载

第二篇　专　记

第三篇　大事记

第四篇　党的建设

第五篇　业务建设

第六篇　综合保障

第七篇 隶属海关

第八篇 直属事业单位及海关学会

第九篇 荣誉・名录

第十篇　统计资料

附　录

名词解释

“中国海关史料丛书”编委会

第一篇

特载

江门海关组织机构一览表

中华人民共和国江门海关

类别	部门单位名称	简称
内设机构	办公室（党委办公室）	办公室（党委办）
内设机构	法规处	法规处
内设机构	综合业务处	综合处
内设机构	关税处	关税处
内设机构	卫生检疫处	卫检处
内设机构	动植物检疫处	动植检处
内设机构	进出口食品安全和商品检验处	检验处
内设机构	口岸监管处	监管处
内设机构	统计分析处	统计处
内设机构	企业管理和稽查处	稽查处
内设机构	财务处	财务处
内设机构	科技处	科技处
内设机构	督察内审处	督察处
内设机构	人事处（党委组织部）	人事处（组织部）
内设机构	教育处	教育处
内设机构	机关党委（思想政治工作办公室、党委宣传部、党委巡察工作办公室）	机关党委（政工办、宣传部、巡察部）
内设机构	监察室（党委纪检组）	监察室（纪检组）
内设机构	离退休干部办公室	离退办
隶属海关单位	外海海关	外海海关
隶属海关单位	高沙海关	高沙海关
隶属海关单位	新会海关	新会海关
隶属海关单位	鹤山海关	鹤山海关
隶属海关单位	开平海关	开平海关
隶属海关单位	台山海关	台山海关
隶属海关单位	恩平海关	恩平海关
隶属海关单位	阳江海关	阳江海关
隶属海关单位	江门海关风险防控分局	风控分局
事业单位	江门海岸后勤管理中心	后勤中心
事业单位	中国电子口岸数据中心江门分中心	数据分中心
事业单位	江门海关技术中心	技术中心
事业单位	江门国际旅行卫生保健中心（江门海关口岸门诊部）	保健中心

江门海关缉私局

在 2022 年江门海关工作会议上的讲话

江门海关关长、党委书记　詹少彤

（2022 年 1 月 26 日）

这次会议的主要任务是：以习近平新时代中国特色社会主义思想为指导，深入贯彻党的十九大和十九届历次全会精神，落实全国海关工作会议部署，总结 2021 年工作，分析形势，研究安排 2022 年重点工作任务。

一、2021 年工作回顾

我关坚持以习近平新时代中国特色社会主义思想为指导，深入学习贯彻党的十九大和十九届历次全会精神，坚决落实习近平总书记重要指示批示精神和党中央决策部署，深刻认识“两个确立”的决定性意义，增强“四个意识”、坚定“四个自信”、做到“两个维护”，深入推进“五关建设”，关区工作高质量发展迈出了坚实步伐，实现“十四五”良好开局。

（一）牢牢抓实政治建关，践行“两个维护”坚决有力

习近平总书记重要指示批示精神和党中央决策部署有效落实。坚持把学习贯彻习近平总书记重要指示批示精神作为党委会、形势分析和工作督查例会“第一议题”，围绕 82 项重点任务，召开 49 次党委会、12 次例会研究措施、督促落实。

党史学习教育成效明显。关党委坚持以上率下，带动全关上下全覆盖、多形式、立体化推进，全面落实学史明理、学史增信、学史崇德、学史力行要求。开展庆祝建党 100 周年“十个一百”系列活动，每周举办党史知识测试，将党史学习教育融入日常、抓在经常。挖掘红色江关档案故事 4 篇，获总署采用。深入开展“我为群众办实事”实践活动，两级党委完成“68＋241”项重点民生项目，1 个项目入选全国海关“百佳项目”，各基层党组织解决具体问题 515 件，达到学党史、悟思想、办实事、开新局的目的。

理论武装持续深入。关党委坚持将学习习近平新时代中国特色社会主义思想作为首要政治任务，坚持读原著、学原文、悟原理，年内组织党委理论学习中心组学习 55 次。完成处级以上领导干部政治轮训，参训率和达标率均为 100%。各基层党组织打造“早诵十五分”“红色讲堂”“晨读一刻”等学习品牌，推动人人

学、人人讲、人人有收获。

（二）持续深化改革强关，促进高水平开放蹄疾步稳

深化业务改革取得新成果。落实总署改革部署，探索推进7个重点领域和重点业务环节一体化改革，实现检验检疫证书、出口原产地证书集约化审核，优化加工贸易、快件集中审核，构建了风险一体化防控机制。深化通关申报改革，“提前申报”进、出口报关单比例达85.3%、88.7%，“两步申报”“两段准入”报关单比例稳步提升。

优化口岸营商环境取得新成效。细化落实稳外贸稳外资措施77项，巩固提升压缩整体通关时间、减税降费工作成效。落实进口铁矿依申请实施检验、“先放后检”等改革措施。落实“以企业为单元”的自报自缴、电子支付等便利措施，应用率分别达85%、92.8%。

服务“双区”和两个合作区建设取得新进展。推动大湾区启运港退税政策落地。开展“船边直提”“抵港直装”试点工作，较传统模式提速93%。推进大湾区“菜篮子”建设，推荐认定广东省农产品出口示范基地、粤港澳大湾区“菜篮子”生产基地73家，关区出口活鳗鱼占全国80%、供港活鸡苗占内地80%、供港酱油占全国44%、供港海捕水产品占香港市场超80%。

支持对外开放新平台建设取得新突破。支持江门跨境电商综合试验区建设，实现跨境电商B2B等新业态零的突破。支持大宗商品监管中心、珠西物流中心建设，推动设立了铁路运输海关监管作业场所，为珠西物流中心连接国际物流通道、开通中欧国际货运班列奠定坚实基础。促进保税物流业务发展，支持大广海湾保税物流中心（B型）高质量运作。

（三）严格规范依法把关，统筹发展和安全稳中有进

疫情防控紧抓不懈。严格执行“三查三排一转运”“7个100%”检疫措施，检疫进出境船舶5805艘次、出入境船员4.99万人次。坚持“人、物、环境”同防，严格开展进口冷链食品、进口高风险非冷链集装箱货物检测和预防性消毒监督。划片组建70余人参与的入境卫生检疫队伍，按要求实行集中封闭管理。严密疫情内部防控“网格化”管理，保持干部职工及家属“零感染”。

法治建设务实深化。落实“强化法治意识23条措施”，健全关区制度规范。落实“放管服”改革，探索“行政审批窗口自助办理”，海关涉企经营许可事项“证照分离”改革实现全覆盖。

风险防控科学精准。重点强化安全风险研判，布控查获B类快件安全准入、象牙等濒危物种及其制品走私排名全国海关前列。承担全国海关“云擎”系统管理工作，在推进大数据应用中充分发挥江关作用。

现场监管有效到位。严格进出口贸易禁限管理，查获象牙、红珊瑚等濒危动植物及其制品、毒品、违禁印刷品等一批。强化快件监管，查获走私奢侈品154件。强化知识产权海关保护，查扣侵权物品量、值比上年分别增长26%、673%。

检验检疫严密规范。严格非洲猪瘟等重大动物疫病防控，保障供港澳活猪安全供应。检出不合格进出口食品比上年增加54%；法定检验商品以外进出口商品抽查检验，检出不合格率比上年增加39%；进出口危险品及其包装检验，检出不合格批次比上年增加220%。

综合治税量质并升。税收入库比上年增长25.4%。指导企业用好税收政策，签发优惠原产地证书金额比上年增长19.4%，企业享受关税减免比上年增长28.9%。开展税政调研，报送取消冻猪肉进口暂定税率、增加3D打印机列目等建议，被国务院关税税则委员会采纳。

打击走私高压有力。刑事立案52宗，行政立案253宗。参与治理珠江口水域走私联合行动，查获“大飞”49艘。

企业管理效能优化。稽核查追补税创历史新高。推广企业集团加工贸易监管模式，办理料件调拨32批。落实信用管理制度改革，新增AEO高级认证企业比上年增长150%。

（四）积极实施科技兴关，综合保障能力明显增强

科技应用效能进一步提升。建成智慧物流监管平台，实现监督查验设备集中审像、智能审图全覆盖。优化实验室布局与规划，加强实验室能力建设，新增检测项目200余项，法定项目自检率提升至78%，实现微生物领域法定项目检测全覆盖，完善新冠病毒检测实验室建设，建成移动PCR实验室。

统计监测预警更为敏锐。夯实统计基础，贸易统计连续15年“零差错”，数据管理工作保持“零事故”，出口先导指数调查填报率和及时率保持100%。落实“数据+研究”要求，牵头完成署级课题2个、参与5个。政研征文工作“量质齐升”，各单位部门100%参与，获奖20篇。

政务管理运行更为高效。加大信息宣传力度，信息报送和总署采编量均创历史新高，各类媒体关于我关工作报道1028篇次，增长49%。强化应急值守，组织各类应急演练70场次，排查整改安全隐患44项。规范机要保密和档案管理，推进数字档案室建设。

服务保障更为有力。健全预算管理、节约资源等11项制度，狠抓“过紧日子”10条措施落实，公务接待、公车运维、差旅费预算大幅压减。理顺事业单位运行管理机制，完成事业单位岗位分类设置等基础工作。改造离退休干部活动中心，与江门市老干部大学合作建设江门海关分校。

（五）纵深推进从严治关，管党治党主体责任扎实履行

以明责赋责压实主体责任。赋能隶属单位，厘清人事、财务等事权，健全完善两级党委工作规则、“三重一大”决策等制度14项。紧盯“关键少数”，制定加强对“一把手”和领导班子成员监督68项措施。制定深化“强基提质工程”措施，实施“头雁工程”，对基层党组织书记全覆盖轮训，入选总署“书记项目”。

以综合施策增强监督合力。落实巡视巡察上下联动17项措施，对12个单位部门开展巡察监督，实现隶属海关、事业单位全覆盖。健全巡察工作制度体系，建立纪检监察、巡察、督察“三察联动”机制。组织落实中央八项规定精神专项监督，紧盯重要节日节点强化监督。一体推进督察审计监督，统筹开展督察、经济责任审计、重大基建项目跟踪审计，加强权力运行监督。

以专项整治推进标本兼治。坚持刀刃向内抓实“现场监管与外勤执法权力寻租”专项整治，深入开展风险排查，确定36项廉政风险点，解决企业反映问题25个。完成实地检查反馈意见整改，落实常态化整治10项要求，巩固专项整治成果。

以选用教培提升专业素质。选派年轻干部参与重大项目、改革攻坚80余人次，开展人才双向交流72人次。晋升职级192人次，评定专业技术类公务员任职资格108人，执法一线科长建设进一步加强，配备率实现100%。强化培训管理，全员学时学分达标。岗位练兵和技能比武获全国海关优秀组织奖，新增岗位资质人员261人，比转隶前增加316%。

以严明风纪深化准军建设。编制近3年督察问题清单，推动自查整改。深化“清廉江关”品牌建设，征集推送廉政作品134件。严格监督执纪，汇编“反思集”15例，组织5个单位部门开展违纪违法案件整改落实情况“回头看”，全面提升警示教育质效。

以厚爱关怀激励担当作为。加强先进典型挖掘培养，方冬宏同志被评为“全国优秀党务工作者”获党中央表彰，1个基层党组织获广东省委表彰，2个基层党组织和6名党员获地市级表彰。对8个集体、19名个人记三等功，26个集体、157名个人给予嘉奖奖励。擦亮“全国文明单位”招牌，深化工青妇、文明创建、志愿服务、岗位建功活动，新增省市级以上荣誉32项。

二、准确把握形势，明确工作要求

（一）深刻认识“两个确立”的决定性意义，坚决做到“两个维护”

江门海关是政治机关，必须旗帜鲜明讲政治，必须在思想上政治上行动上同以习近平同志为核心的党中央保持高度一致，不断提高政治判断力、政治领悟力、政治执行力。捍卫“两个确立”，做到“两个维护”要更加坚定坚决，深刻领会“两个确立”的决定性意义，始终将“两个维护”作为最高政治原则和政治规矩，忠诚核心、拥护核心、跟随核心、捍卫核心。学深悟透习近平新时代中国特色社会主义思想要更加入心入脑，坚持全面系统学、及时跟进学、深入思考学、联系实际学，努力掌握习近平新时代中国特色社会主义思想的重大意义、科学体系、丰富内涵、精髓要义和实践要求，领会其中的立场观点方法、道理学理哲理，做到学思用贯通、知信行统一。从政治层面强化业务工作要更加清醒自觉，增强政治意识和政治敏锐性，牢记“国之大者”，善于见微知著，牢记“没有脱离政治的业务，也没有脱离业务的政治”，自觉用政治眼光观察和分析业务工作，注意在具体工作中体现政治性，处理业务问题要注意考虑政治后果、政治影响、政治风险，切实把讲政治从外部要求转化为内在主动，落实到关区工作的各领域全过程。

（二）深刻认识深化改革创新的更高要求，高质量推进关区制度创新和治理能力建设

我们要增强改革创新的紧迫感，坚持问题导向、目标导向、结果导向，以深化改革创新破解发展难题，提升治理能力，推动高质量发展。要聚焦企业群众的“痛点”“堵点”增强改革实效。要深入调查研究，广泛听取企业群众的意见建议，围绕企业群众“急难愁盼”的问题，有针对性地提出改革建议、研究创新举措，让改革实效体现在企业群众的获得感上。要坚持系统思维和系统观念。加强关区各项工作的前瞻性思考、全局性谋划、战略性布局、整体性推进，全面辩证认识和把握国家和区域发展形势，注重统筹兼顾，系统谋划全关改革发展各项工作，健全关区制度体系和管理机制，制

定精准落实的执行配套制度，推动关区工作全面协调可持续发展。要坚持聚焦提升能力推进改革创新。在总署制度框架下，加快探索推进大湾区海关全业务领域一体化改革，结合区域产业链供应链需求，围绕江门海关特色业务，加大改革创新攻坚力度，提升业务管理能力，促进快进快出和优进优出。要协同推进改革与法治建设，及时将实践证明行之有效的改革成果固化为制度规范，为高质量发展提供坚实有力的制度保障。

（三）深刻认识推动扩大高水平开放的更大挑战，持续优化口岸营商环境促进外贸高质量发展

我们要更好地发挥国内国际双循环交汇枢纽作用，把握关区处在落实“双区”和两个合作区建设等国家区域重大战略前沿一线的历史机遇，围绕江门市委打造“六大工程”、阳江市委落实“五大打造”的工作思路，主动作为、善于作为。要主动对接落实区域重大战略。认真学习、深入研究党中央关于“双区”和两个合作区建设的决策部署，学习研究地方党政的具体安排，找准融入、支持、服务的切入点、着力点，使江门海关高质量发展与“双区”和两个合作区建设同频共振。要主动服务地方打造高水平开放平台。积极发挥海关职能作用，加强政策宣讲和政策辅导，推进综合保税区申建和珠西物流中心、江门北站综合货运枢纽、鹤山中欧产业园、台山农业特区、中山火炬（阳西）产业转移工业园等新平台建设，助力开通中欧国际货运班列和东盟国际货运班列，拓展国际物流新通道。

（四）深刻认识统筹发展和安全的更重责任，高质量落实强化监管优化服务

我们要落实总体国家安全观，坚持统筹发展和安全，进一步筑牢国门安全防线，有效防范化解风险挑战。要切实守住监管底线。始终牢记为国把关的职责使命，始终牢记严格监管是本职、放松监管就是失职渎职，准确把握安全形势变化新特点新趋势，加强对风险挑战的前瞻性研判，未雨绸缪，防患未然，全面提升防范化解传统安全风险和非传统安全风险的能力，坚决守住系统性区域性风险底线。要切实强化全链条监管。探索建立关区全风险要素防控机制、全链条系统协同监管机制、全业务流程运行监控机制，提升监管整体效能；树立口岸大安全观，统筹各种资源，强化整体防控，更好地发挥职能职责拓展、管理链条延伸的优势，筑牢国门安全屏障。要切实落实“六稳”“六保”部署。坚持稳字当头、稳中求进，按总署部署促进外贸保稳提质，加快推进大宗商品监管中心建设，做好大宗商品进口监管，保障国内供给，支持跨境电商综合试验区建设，引导企业用好跨境电商海陆出口通道、B2B 出口通道，将 RCEP 生效实施作为稳外贸的重要抓手，支持企业提升优惠贸易协定利用率，不断培育壮大关区外贸发展新动能。

面对新形势新任务，围绕推进江门海关高质量发展目标，关党委研究认为，2022 年关区工作的总体要求是：坚持以习近平新时代中国特色社会主义思想为指导，全面贯彻落实党的十九大和十九届历次全会精神，认真落实中央经济工作会议部署，弘扬伟大建党精神，深刻学习领会“两个确立”的决定性意义，坚持党对海关工作的全面领导，增强“四个意识”、坚定“四个自信”、做到“两个维护”，坚持稳中求进工作总基调，立足新发展阶段，完整、准确、全面贯彻新发展理念，服务和融入新发展格局，统筹发展和安全，落实全国海关工作会议、全国海关全面从严治党工作会议的部署，把强化政治机关建设落实到关区工作的各领域、全过程，强化监管优化服务，更加有力地落实统筹口岸疫情防控和促进外贸稳增长，更加主动地服务“双区”和两个合作区建设，更加精准地推动业务发展提质增效，深化政治建关、改革强关、依法把关、科技兴关、从严治关，奋力开创江门海关高质量发展新局面，以优异成绩迎接党的二十大胜利召开。

三、2022年主要工作任务

（一）坚定捍卫“两个确立”、做到“两个维护”，强化政治机关建设

坚决贯彻落实习近平总书记重要指示批示精神。坚持“第一议题”制度，落实“第一议题”监督检查机制，持续跟进落实。把党对海关工作的全面领导贯彻落实到各方面、全过程，深入开展捍卫“两个确立”、做到“两个维护”、强化政治机关建设专项教育活动，坚持全员覆盖、全域查摆、全面整改，精心组织、强力推进、务求实效。

强化政治理论武装。发挥党委理论学习中心组学习示范引领作用，落实“三会一课”、主题党日等制度机制，组织党员干部深入持续学习习近平新时代中国特色社会主义思想。高质量组织学习贯彻党的十九届六中全会精神轮训培训。加强领导干部政治能力训练。探索建设“青年党校”，实施青年理论素质提升工程。

推进党史学习教育常态化长效化。开展对党忠诚教育，引导党员干部做对党绝对忠诚的国门卫士。总结固化党史学习教育有效做法机制，建立健全“海关业务问题收集反馈”和“机关直接服务基层”工作机制，深化拓展“我为群众办实事”实践活动，不断提升企业群众的获得感。深入推进海关史研究，加强对党领导下的海关发展历程特别是江门海关发展历程的研究，挖掘、保护、利用好江门海关红色资源。

（二）强化监管筑牢国门安全防线

强化风险防控能力。完善联合研判机制，推进以供应链为单元的风险防控，切实防范化解重大业务风险。运用“云擎”大数据开展一体化风险防控，建立跨部门、全领域的数据模型体系，服务各项业务应用需求。深化“风控—缉私”全方位合作机制，提升重点领域、重大涉税案件查发能力。

从严抓实口岸疫情防控。从严从实从紧落实疫情防控各项工作要求，强化监督考核，确保规定动作100%落实到位。加强疫情风险综合研判，科学精准实施口岸疫情防控。强化“人、物、环境”同防，做好进口冷链食品、进口高风险非冷链集装箱货物监测检测和预防性消毒监督。提升实验室检测能力。压实各业务条线安全防护管理主体责任，严格高风险岗位工作人员封闭管理，强化人力资源调配。强化联防联控，持续巩固疫情防控闭环管理，同步做好其他重大传染病口岸防控。强化内部防控，从严就高做好人员安全防护，加强免疫接种，动态完善疫情内部防控工作机制。发挥疫情防控监督管理“四同”机制作用，统筹监督组、“挑毛病”专班等专项监督，提升疫情防控监督效能。加强培训演练，提升队伍专业水平和应急处置能力。

筑牢国门生物安全防线。开展国门生物安全监测、进出口食用农产品和饲料安全风险监

控工作，强化动植物疫情信息收集、评估、研判，提高风险研判预警能力和精准布控水平。严格进出口农产品检疫监管，强化系统治理和全链条防控，严防非洲猪瘟、高致病性禽流感等重大动植物疫病传入。开展“国门绿盾 2022”行动，加强外来入侵物种防控，开展关区主要外来入侵物种普查工作，为科学防控提供基础数据支撑。

落实食品安全“四个最严”要求。完善进出口食品安全监管机制，落实进出口食品安全管理办法。强化进出口食品化妆品安全监督抽检及风险监测，持续开展进口食品“国门守护”行动。压实进出口食品企业主体责任，加强出口食品原料备案种植养殖场源头监管，严厉处罚违法违规行为。

严把进出口商品质量安全关。完善进出口商品质量安全风险监测机制，拓展风险信息渠道，强化风险监测成果转化。落实商品检验模式改革，推进检验结果采信。聚焦“安全卫生健康环保”要求，加强危化品、“两高”产品、防疫物资、儿童用品等重点敏感商品检验监管。

提升综合治税质效。坚持量质效并举，加强综合治税。深入推进属地纳税人管理，建立完善分层次多角度税收风险协同防控体系。稳步实施汇总征税、预裁定等便利措施，深入推进以企业为单元的税收征管改革。认真落实国家税收优惠政策，加强税则税政调研，提出政策建议。加强原产地管理，推动 RCEP 全面实施，进一步提升优惠贸易协定利用率。

加强口岸一线监管。加大复查复验和实货复核工作力度，提高口岸检查作业的规范化水平。开展口岸应急演练，提升关区应急处突能力。落实安全生产专项整治三年行动“巩固提升阶段”要求，建立健全各领域安全生产制度，完善安全生产责任制考核指标。提升大型监管设备应用效能，推进智能审图系统实战应用。推进新建监管作业场所和原木、粮食等指定监管场地的验收。做好冬奥会等重大活动的进出口物资通关监管保障工作。

深化企业管理工作。落实信用管理制度，提升信用培育成效，稳步增加关区高级认证企业数量，推动差别化管理措施落地见效。完善报关单位注销管理，深入推进主动披露工作。参与跨关区专项稽查，做好贸易调查工作。协调推进进出口货物属地查检工作，落实属地查检业务联系配合机制，规范属地查检外勤执法作业，统筹推进“多查合一”。

保持打私高压态势。持续推进“国门利剑 2022”等联合专项行动，严厉打击象牙等濒危物种及其制品、“洋垃圾”、“水客”、海南离岛免税“套代购”、涉枪、涉毒、涉爆、反宣品等走私，深入推进打击治理粤港澳海上跨境走私等专项行动，持续打击涉检违法犯罪，优化提升合成作战机制成效，深化反走私综合治理。加快智慧缉私二期建设，提升缉私大数据汇集和综合应用能力。推进缉私改革创新和执法规范化建设，提高缉私警察专业保障能力，全面提升打私质效，推动缉私工作高质量发展。

（三）优化服务促进外贸稳中提质

推动“三智”理念落地见效。围绕服务“一带一路”高质量发展，聚焦与中东欧国家的贸易安全和通关便利化，开展课题研究。加强技术性贸易措施交涉应对工作，积极提出通报评议意见和贸易关注。支持粤港澳大湾区生产基地和优质农产品供应基地建设，积极参与构建供港澳农产品质量安全标准体系和监管体系，探索江、港、澳动植检“信息互换、监管互认、执法互助”有效机制。继续推进“跨境智慧培训”项目。

服务对外开放新平台建设。复制推广自贸试验区海关监管制度。对接“双区”和两个合作区建设，推动珠西物流中心海铁联运和中欧国际货运班列业务发展，助力早日开通江门首发中欧国际货运班列、东盟国际货运班列。继续协助地方申建综合保税区。支持推进跨境电商综合试验区建设，推动跨境电商B2B、海外仓等新业态发展，落实跨境电商通关便利措施。加快推进关区支线港口和大湾区国际枢纽港口的组合发展。服务大湾区“菜篮子”基地建设，重点扶持供港澳活猪、活鱼，供港活鸡苗，出口活鳗、富贵竹、水果等特色农产品以及进口粮食（加工）产业发展。

打造一流口岸营商环境。落实2022年度促进跨境贸易便利化专项行动，深化通关便利化改革，巩固压缩整体通关时间全国海关领先的成效，推动清理规范进出口环节合规费用。推动口岸标准化体系建设。提升技术性贸易措施精准服务能力。强化知识产权海关保护，加强与兄弟海关、执法部门内外协同，推动构建外贸企业全方位保护格局。支持保税物流中心（B型）拓展业务种类，积极推动粮食等大宗商品开展保税储存。推广企业集团加工贸易监管模式。

提高外贸研究和统计工作水平。对接落实“十四五”海关发展规划，建立分析研究人才库，聚焦外贸研判、战略问题和公共政策，提升分析研究能力。强化数据挖掘，深化调查研究，持续做好地方外贸动态监测。加强数据质量管控，强化统计监督，确保数据安全，提升数据服务水平，发挥海关统计数据支持地方外贸发展的作用。

（四）全面深化关区改革创新

推进法治海关建设。配合做好《海关法》及其他海关法规制度修订、立法后评估工作。优化关区制度体系，严把制度的政治关、法律关、程序关，推进“开门立规”，开展业务制度立规后评估，完善民事管理制度机制，加强智慧制度平台推广应用。持续深化“放管服”改革，推进“双随机、一公开”监管。完善法律顾问和公职律师使用管理机制，选聘首批内部法律顾问，优化“组团分类”工作方式。开展分层级分岗位多方式的法治培训，提升干部融会贯通、综合运用多部法律法规的能力。开展精准普法，打造“一关一品”，加强法治宣传教育和法治文化建设。

全面推进落实重点改革任务。落实关区业务改革计划，健全重大业务改革的法律论证和风险评估工作机制，及时制定改革项目配套制度、操作指引。继续推广“五项创新”“提前申报”“船边直提”“抵港直装”等改革，推动通关运行精准管理。推进海关全业务领域一体化改革，加快推进证书审核集约化改革。落实稽查改革，取消常规稽查作业方式，推行直接实施稽查，自主办理简易程序和快速办理案件。落实分类核查改革，组织试点中介核查、“互联网+核查”、企业自查等，提升后续核查效能。落实企业信用改革工作，持续推进“多证合一”“注销便利化”“激励和惩戒”工作。充分发挥风险管理中枢作用，积极对接各业务领域改革任务。持续推进事业单位改革发展，整合优化拓展业务，增强事业单位综合实力，提升技术保障能力。

持续强化科技引领支撑作用。健全科技管理工作机制，固化科技人员跟班作业成效，建立科技服务长效机制。提升监管装备设备的智能化网络化水平，优化升级智慧物流监管平台功能。整合优化政务信息系统，提升智慧办公效能。推进软硬件国产化工作，完善国产化应用生态。强化实验室动态管理，推进4个新规划区域实验室建设。提升检测能力，加强未开检法检项目重点攻关，争取法检项目自检率提升至85%。强化网络和信息系统运维管理，健全安全防护体系。

（五）提升综合保障工作水平

规范政务管理运行。深化机关效能和规范化建设，修订完善政务管理制度。落实精文简会要求，深化拓展基层减负增效工作。强化督促检查，统筹运用督办、巡察、督察、监察等监督，推动重大政策措施落地见效。加强调查研究，提升信息报送质效。聚焦重点工作、重大改革，拓展新闻宣传深度和广度。开展舆情监测，妥善做好舆情应对处置。认真做好人大建议政协提案办理、值班应急、机要保密、反间防谍、档案管理、政务公开和信访等工作。

完善财务后勤保障。落实“过紧日子”要求，加强预算管理，加强经费分类管理、优化支出结构，推进建立综合财政保障体系。强化涉案财物入出库环节的风险防控，加强社会仓储企业存储海关涉案财物的管理。健全完善固定资产管理机制，提高使用效益。简化财务事项办理流程，提高财务办事效率。加大政府采购工作培训力度和监督管理，推动“节约型机关”创建，引导干部职工进一步养成绿色办公行为习惯。用好离退休干部活动中心，办好江门市老干部大学海关分校，用心用情精准服务，全面提升老干部服务管理效能。

强化督察审计工作。落实接受审计联系配合机制，配合做好内外部审计。细化落实审计整改长效机制，倒逼完善制度、加强管理、规范执法。加强事业单位主要负责人经济责任审计，推动提升事业单位管理水平。在总署清单管理的模式下，针对性开展重大决策部署跟踪督察。设立HLS 2017内控平台数据分析组，开展常态化数据筛查分析。探索建立内控科室“样板间”，深化内控节点岗位落实清单应用，提升内控建设体系化水平。深化执法评估联合协作机制，通过“数据＋调研”推动构建执法评估指标。

（六）推动全面从严治党向纵深发展

坚持党建业务融合发展，不断提升基层党建质量。持续深化“强基提质工程”，推广应用“智慧党建”系统，推进基层党支部规范化标准化建设，提升“四强”党支部创建质量。以强化基层党支部政治功能和组织力为重点，推动基层党建品牌创建提档升级。总结“头雁工程”有效经验，加强党务工作者能力建设。突出质量标准，加大党员发展培养力度。坚持内务督察常态化，推动内务规范有效执行，强化准军事化纪律作风日常养成。深化“四个结合”创建模式，统筹青年文明号、巾帼文明岗、文明家庭等荣誉称号培树宣传工作，守护和擦亮“全国文明单位”荣誉。大力挖掘先进典型感人事迹，加强新时代海关职业精神宣传教育，讲述“江关好故事”、发出“江关好声音”、巩固“江关好形象”。发挥党建优势、人才优势、技术优势，用心用情用力支持乡村振兴。

坚持选育管用综合施策，打造高素质专业化干部队伍。全面落实新时代党的组织路线，深化干部工作“五大体系”建设。落实“十四五”海关领导班子建设规划，选优配强各级领导班子。加强年轻干部队伍建设，实施青年英才培育工程，健全优秀年轻干部选育管用机制，加强执法一线科长建设。完善政治素质考察考核办法，建立干部政治素质考察考核档案，严格把好选人用人“政治关”。对接“十四五”海关人才建设规划，落实专家制度和事业单位人才评聘制度，大力培养高素质高水平领军人才。常态化推进岗位练兵和技能比武，加大力度提高专业资质干部覆盖率。全面评估关区“三定”规定执行情况，优化完善职责职能，推动实现协同高效。严格干部管理监督，落实领导干部考核交流、任职回避，强化领导干部报告个人有关事项制度执行。优化培训教学资源供给，坚持问题导向、需求导向精准施训，切实提升教育培训实效。坚持严管厚爱，加强队伍思想动态分析，开展有针对性的思想疏导和引导激励，及时帮助排忧解难，提升思想政治工作实效性，切实加强对口岸防疫集中封闭管理人员等重点群体干部的关心关爱。

坚持严的主基调不动摇，全力推进党风廉政建设和反腐败斗争。深入学习贯彻十九届中央纪委六次全会精神，坚定不移将全面从严治党推向纵深。完善政治监督要点清单管理、效果评价、通报考核、整改落实等工作机制，保障习近平总书记重要指示批示精神和党中央决策部署落地落实，发挥监督保障执行、促进完善发展作用。突出加强对“一把手”和领导班子监督，压实监督主体责任，督促各级领导班子和领导干部明责担责履责尽责。坚决惩治各领域权力寻租、以权谋私等违纪违法行为，保持惩治高压态势。坚持不懈纠“四风”树新风，紧盯不担当、不作为、慢作为、乱作为等形式主义、官僚主义问题，加大对“神请示”“神回复”现象的治理力度。认真落实巡视巡察上下联动部署，加大巡视巡察监督和整改结果运用，高质量完成巡察全覆盖。拓展“制度＋科技”运用，推动权力运行进系统、可追溯。扎实开展“海关重点项目和财物管理以权谋私”专项整治，发挥“组地关”协作配合机制作用，提升“一案双查”“一事双析”成效。深化“纪律教育月”活动，健全典型案例通报分析机制，深化“以身边事教育身边人”警示教育，增强震慑鉴戒效果。

同志们，“致广大而尽精微”是成事之道，我们既要登高望远、心怀“国之大者”，又要落细落实、稳扎稳打，江门海关高质量发展之路才能行稳致远。让我们更加紧密地团结在以习近平同志为核心的党中央周围，牢记初心使命，踔厉奋发、笃行不怠，以更加昂扬的姿态奋进新征程、建功新时代，为建设社会主义现代化海关作出新的更大贡献，以优异成绩迎接党的二十大胜利召开！

在 2022 年江门海关全面从严治党工作会议上的讲话

江门海关党委书记、关长　詹少彤

（2022 年 1 月 26 日）

同志们：

这次会议的主要任务是：深入学习贯彻习近平总书记重要讲话精神，学习贯彻十九届中央纪委六次全会精神，落实全国海关全面从严治党工作会议部署，回顾 2021 年江门海关全面从严治党、党风廉政建设和反腐败工作，安排 2022 年工作。

一、认真学习、深刻领会习近平总书记重要讲话精神，把思想和行动统一到党中央深入推进全面从严治党重大战略部署上来

1 月 18 日，中国共产党第十九届中央纪律检查委员会第六次全体会议在北京召开，习近平总书记发表重要讲话，深刻总结新时代党的自我革命的成功实践，深刻阐述全面从严治党取得的历史性、开创性成就，产生的全方位、深层次影响，对把全面从严治党向纵深推进、迎接党的二十大胜利召开作出战略部署。

1 月 24 日，倪岳峰署长在全国海关全面从严治党工作会议上传达了习近平总书记的重要讲话精神，提出了学习贯彻要求，同时对海关推进全面从严治党、党风廉政建设和反腐败斗争作出了全面部署。关党委第一时间召开党委会学习贯彻习近平总书记重要讲话精神，研究落实全国海关全面从严治党工作会议工作部署。全关各单位部门、各级党组织和广大党员干部要迅速组织学习宣传贯彻，自觉把思想和行动统一到党中央关于全面从严治党的新部署新要求上来。

我们要深刻认识全面从严治党的战略意义，进一步增强全面从严治党永远在路上的政治自觉。我们必须进一步提高政治站位，从历史、现实、未来的维度深刻理解全面从严治党的战略意义、重大成就、实践要求，增强“四个意识”、坚定“四个自信”、做到“两个维护”，进一步增强全面从严治党永远在路上的政治自觉，将全面从严治党引向深入。

我们要深刻认识坚持自我革命历史经验的重大意义，进一步增强“打铁必须自身硬”的政治自觉。我们要进一步增强坚持自我革命的政治自觉，永葆自我革命精神，以抓铁有痕、

踏石留印的坚韧和执着，坚决坚定打好党风廉政建设和反腐败斗争这场攻坚战、持久战。

我们要深刻把握对建设长期执政的马克思主义政党的规律性认识，进一步增强把握规律提高管党治党能力的政治自觉。习近平总书记深刻总结了党的十八大以来管党治党取得的宝贵经验，我们要准确把握、坚决落实“九个坚持”的要求，不断提高管党治党科学化水平，努力把党建设得更加坚强有力。

我们要深刻认识全面从严治党的新部署新要求，进一步增强营造平稳健康的经济环境、国泰民安的社会环境、风清气正的政治环境的政治自觉。我们要牢牢把准全面从严治党的正确政治方向，敢于斗争、善于斗争，推动全面从严治党取得新的更大成效，为迎接党的二十大胜利召开提供坚强政治保证。

二、2021年工作回顾

2021年是中国共产党成立100周年，也是“十四五”开局之年。关党委坚持以习近平新时代中国特色社会主义思想为指导，认真贯彻全面从严治党战略方针，按照总署党委“五关建设”要求，以党建高质量发展为主线，坚持严的主基调，扎实推进清廉海关建设，为推动“十四五”时期江门海关高质量发展开好局、起好步提供坚强保证。

（一）践行“两个维护”坚定有力

全面落实“第一议题”制度，关党委召开49次党委会、12次形势分析和工作督查例会，细化落实习近平总书记重要指示批示精神和党中央决策部署任务82项。研究制定推进政治建关28项工作措施，严格落实意识形态工作责任制。毫不松懈筑牢口岸检疫防线，精准检测进境船员健康情况；布控查获B类快件安全准入、象牙等濒危物种及其制品走私情事排名全国海关前列；查发走私进境咖啡因片剂居非贸渠道单次查获数量全国海关之最；查获全国海关2019年以来货值最大的涉嫌侵犯专利权货物；破获“水客”走私大案。制定落实稳外贸稳外资措施77项，进口整体通关速度连续两年居全国第一，江门市进出口值创新高，阳江市进出口增速位列全省第一。以推动特色产业发展促进乡村振兴，帮助阳江荔枝时隔10年恢复出口，监管活鳗出口占全国80%，监管供港活鸡苗占内地供港80%。

关党委坚持以上率下，带动全关上下推进党史学习教育，深入学习贯彻党的十九届六中全会精神。党委委员深入基层宣讲督导63场次，解决实际问题50余项。开展庆祝建党100周年“十个一百”系列活动，4.6万人次参与党史知识测试。红色江关档案故事4篇被总署采用。深入开展“我为群众办实事”实践活动，两级党委完成“68＋241”项重点民生项目，1个项目入选全国海关“百佳项目”，各基层解决具体问题515件。“学习强国”、《中国国门时报》等宣传我关特色做法173篇次。

坚持将学习习近平新时代中国特色社会主义思想作为首要任务，年内组织党委理论学习中心组学习55次，各基层党组织打造“早诵十五分”“丹心讲堂”“班车学堂”等学习品牌。完成处级以上领导干部政治轮训，参训率和测试达标率均为100%。全员参加学习贯彻党的十九届五中全会精神、学习贯彻习近平法治思想网上专题班并通过测试。

（二）管党治党主体责任压紧压实

紧盯“关键少数”，细化加强对“一把手”

和领导班子监督工作68项任务措施。对8个隶属海关、4个事业单位开展选人用人专项检查，对2个隶属海关、1个事业单位开展经济责任审计。完善“四责协同”机制，健全党委工作规则等14项制度，完善全面从严治党责任清单体系。开展“基层书记组长谈责任”访谈活动15次；组织基层党组织书记述责述廉述党建，选取8个处级单位党组织书记现场述职、接受评议。抓实纪检监察工作，通过监督发现并督促整改疫情防控、安全生产等隐患问题57个。完善干部电子廉政档案，在职干部和离退休干部“一人一档”。坚持“四个融入”，组织13次专项检查，统筹落实中央巡视、总署党委巡视同步整改措施109项。制定17项巡视巡察上下联动措施，对12个单位部门党组织进行巡察，发现并督促整改问题325个，对隶属海关单位、事业单位巡察覆盖率达100%。推动建立纪检监察、巡察、督察“三察联动”机制，共享监督成果36项。

（三）强基提质工程效能提升

实施“头雁工程”，对一线支部书记进行“面对面”轮训，入选总署“书记项目”，获评江门市基层党建创新优秀案例。完成离退休干部党委设立及选举工作，健全隶属海关机关党委、机关纪委设置。制定深化“强基提质工程”25项措施，推行基层党组织工作清单化管理，修订《党建品牌创建指导手册》，设立基层党建品牌工作室。指导22个品牌支部与其他基层支部结对，以强带弱，互帮共建。我关现有全国海关基层党建示范品牌2个、培育品牌2个，关区示范品牌6个、培育品牌12个，“四强”党支部26个。1人获评“全国优秀党务工作者”，3个基层党组织和6名党员获省、市“两优一先”表彰，5个单位部门获评江门、阳江模范机关标兵单位和先进单位。

（四）纪律作风建设成效明显

严格落实“过紧日子”要求，创建节约型机关取得新成效。深化政风行风建设，用好12360服务热线和海关政务服务“好差评”，好评率100%；召开企业和关员座谈会，收集意见建议188条，推动解决问题150个。开展内务规范强化月活动，编制近3年督察问题清单，制发“内务规范图鉴”，开展内务督察36次，推动整改问题25个。深化精神文明创建工作，全关新增32个个人和集体获得“全国青年文明号”“全国巾帼建功标兵”“全国普法工作先进单位”等荣誉。

（五）“三不腐”一体推进扎实有效

强化权力运行制约监督，推进关区全业务领域一体化7项改革，健全完善制度机制28项。推动“强化法治意识23条措施”有效落实，修订《江门海关业务制度管理办法》，开发应用智慧制度平台，录入制度文件650个，形成层次分明、脉络清晰的关区制度体系。强化内控管理，对204个岗位、1114个内控节点实行“清单式”管理。深化廉政文化建设，集中展播“纪检委员讲故事”“清风清心”原创廉政短视频42部，创作“清风润国门、廉韵映初心”廉政主题作品97件，“清廉江关”品牌效应不断增强。

三、2022年主要任务

2022年江门海关全面从严治党工作的总体要求是：以习近平新时代中国特色社会主义思想为指导，全面贯彻党的十九大和十九届历次全会精神，认真落实十九届中央纪委六次全会精神，落实全国海关全面从严治党工作会议部署，全面加强党的领导，增强“四个意识”、坚定“四个自信”、做到“两个维护”，坚持稳中求进总基调，立足新发展阶段，完整、准确、全面贯彻新发展理念，加快构建新发展格局，推动高质量发展，自觉运用党的百年奋斗历史经验，弘扬伟大建党精神，永葆自我革命精神，坚持全面从严治党战略方针，坚定不移将党风廉政建设和反腐败斗争进行到底，不敢腐、不能腐、不想腐一体推进，惩治震慑、制度约束、提高觉悟一体发力，持续深化清廉海关建设，深入推进政治建关、改革强关、依法把关、科技兴关、从严治关，为推动江门海关高质量发展提供坚强政治保证，以优异成绩迎接党的二十大胜利召开。重点做好以下6个方面工作。

（一）坚定捍卫“两个确立”、坚决做到“两个维护”，高标准推进政治机关建设

要始终把讲政治放在首要位置。严格落实“第一议题”制度，健全闭环机制，确保习近平总书记重要指示批示精神和党中央决策部署在关区落地落实。认真开展捍卫“两个确立”、做到“两个维护”、强化政治机关建设专项教育活动，推动全员覆盖、全域查摆、全面整改，使每一名党员干部自觉把讲政治的要求体现到忠诚履职、把好国门的具体实践中。要持续学懂弄通做实习近平新时代中国特色社会主义思想。发挥党委理论学习中心组示范引领作用，高质量组织处科级领导干部学习贯彻党的十九届六中全会精神专题轮训。按照党中央部署，高标准组织学习宣传贯彻党的二十大精神。巩固拓展党史学习教育成果，建立健全常态化长效化制度机制。持续深化“四史”学习教育，强化对党忠诚教育、海关史教育和海关职业道德教育，组织开展先进集体、先进工作者等典型评选宣传。要严守政治纪律政治规矩。严格落实重大事项请示报告制度，领导干部要完整、准确、全面、如实填报个人有关事项。严格把好选人用人“政治关”，完善政治素质考察考核办法，建立政治素质考察考核档案。严肃党内政治生活，持续提高民主生活会和组织生活会质量。

（二）坚决锤炼政治担当，压紧压实管党治党责任

要坚决扛起管党治党责任。持续深化细化“四责协同”工作机制，抓好主体责任、监督责任清单的落实。要认真学习贯彻《中国共产党纪律检查委员会工作条例》，加强纪检监察干部队伍建设，完善派驻纪检组片区交流协作机制，增强监督工作规范性和有效性。要构建履责监督新格局。各级领导班子要严格执行民主集中制，落实“三重一大”等事项研究决策制度。定期开展政治生态分析研判，加强对“一把手”和领导班子的监督，开展述责述廉述党建，加强全面从严治党主体责任检查考核。要优化纪检监察、巡察、督察“三察联动”机制，协调贯通各类监督力量。要精准有效用好问责手段。对落实党中央重大决策部署不重视不认真不坚决、出现重大失误或偏差、造成严重后果的，要及时启动问责、客观精准处置。要坚持“三个区分开来”，严肃查处诬告陷害行为，及时为干部澄清正名。

（三）坚持源头防控、标本兼治，保持反对和惩治腐败的强大力量常在

要坚决惩治腐败。紧盯“关键少数”特别是“一把手”和领导班子，紧盯重点岗位，紧盯利用影响力或职权谋私贪腐等问题，紧盯群众身边腐败和不正之风，发现一起、查处一起、曝光一起。用好“一案双查”“一事双析”等机制，提升线索处置和案件查办效果。做好“现场监管与外勤执法权力寻租”常态化整治工作，深入开展“海关重点项目和财物管理以权谋私”专项整治。要提升以案促改质效。探索建立“以案为鉴、以案促改”规范化、常态化制度机制，深入分析案件背后的制度和管理漏洞，开展针对性整改工作。加强回访教育，全面了解受处分党员干部知错改错等情况，做实案件查处“后半篇文章”。要强化纪律教育的针对性有效性。坚持开展警示教育，运用“身边事教育身边人”，增强震慑效果。组织全员观看警示教育片，开展专题讨论，促使广大党员干部知敬畏、存戒惧、守底线。加大廉洁文化建设力度，不断推进理念、内容、形式创新，持续擦亮“清廉江关”品牌。

（四）坚持把纪律挺在前面，以严明纪律整饬作风

要持之以恒落实落细中央八项规定及其实施细则精神。严格执行深入治理违反中央八项规定精神突出问题、进一步推进清廉海关建设工作措施，持续纠治形式主义、官僚主义问题，进一步巩固治理“神请示”“神回复”的成果。落实精文简会，改进文风会风，完善机关服务基层工作等机制，常态化为基层减负赋能。要充分发挥基层党组织的教育管理监督作用。持续深化“强基提质工程”，增强支部的政治功能和组织力。健全纪检委员日常工作机制，督促党员、干部严守纪法规矩。用好监督执纪“四种形态”，推动党员领导干部敢用善用“第一种形态”，强化“八小时以外”监督。要持续培树优良作风。巩固拓展“我为群众办实事”长效机制，持续加强和改进窗口作风。落实“过紧日子”长效机制，坚决杜绝餐饮浪费行为。深化内务规范强化月活动，加强纪律作风管理。落实进一步加强家庭家教家风建设的实施意见，从严规范领导干部配偶、子女及其配偶从业行为。要激励干部担当作为。落实海关专家制度和事业单位人才评聘制度，大力推进岗位练兵和技能比武。从严从实加强年轻干部教育管理监督，健全优秀年轻干部选育管用机制。完善干部考核评价机制，持续提升考核识别干部精准性、科学性。加大关心关爱干部职工力度，统筹推进精神文明创建活动，守护和擦亮“全国文明单位”荣誉。

（五）充分发挥巡视巡察利剑作用，高质量推进巡察全覆盖

要认真落实巡视巡察上下联动部署。落实落细总署党委“一体巡”“交叉巡”等工作部署。积极推荐干部参加总署党委巡视、交叉巡察等工作，加强巡察干部队伍建设。对照“四个融入”要求一体推动中央巡视、总署党委巡视整改，持续开展监督，实现联动整改。要高质量完成巡察全覆盖。围绕“三个聚焦”监督重点，高质量实现巡察全覆盖目标任务。全面总结近年巡察工作经验做法，谋划下一个五年巡察规划，健全完善、探索创新巡察工作制度机制。要深化巡视巡察监督和整改成果运用。完善巡视巡察整改量化评估，巩固巡视巡察监督成果。对巡视反馈、巡察发现的普遍性倾向性问题开展专项治理，强化日常监督、专责监督，推动整改事项全面“清零”。

（六）巩固拓展“制度＋科技”，提高对权力运行监督制约水平

要扎紧制度笼子。加强制度文件合法性审查，从管理规则上减权限权。强化制度执行情况的监督检查，及时堵塞漏洞、消除风险。全面开展立规后评估，稳步推进执法评估，强化制度执行刚性约束。要深化“制度+科技”成果运用。充分运用各领域信息系统，持续推进权力运行“进系统、标准化、留痕迹、可追溯”。应用HLS 2017内控平台建立数据模型，提升精准发现问题的能力和水平。严格业务数据安全防护，加强重要敏感数据岗位人员授权管理，加大对异常访问下载的预警处置。要强化风险全领域防控。加强对关区工作全链条、宏观性风险的分析研判。发挥“云擎”管理系统大数据资源优势，运用一体化风险防控策略，提升关区整体防控水平。发挥“三级联动、四步运转”内控机制的风险防控作用，推进业务改革与风险防控同步建设。

同志们，潮涌风劲再扬帆，砥砺奋进新征程。让我们深入学习贯彻习近平新时代中国特色社会主义思想，大力弘扬伟大建党精神和自我革命精神，踔厉奋发、笃行不怠，坚定信心、勇毅前行，在总署党委的坚强领导下，坚定不移推动全面从严治党、党风廉政建设和反腐败斗争向纵深发展，为推动江门海关高质量发展提供坚强政治保证，以优异成绩迎接党的二十大胜利召开！

在江门海关学习宣传贯彻党的二十大精神视频会议上的讲话

江门海关党委书记、关长　闫伟东

（2022 年 10 月 25 日）

今天，我们召开关区视频会议，主要任务是：深入学习宣传贯彻党的二十大精神，落实总署党委工作要求，对关区学习宣传贯彻工作进行动员部署，掀起学习宣传贯彻热潮，推动全关各单位部门、各级党组织迅速学深悟透党的二十大精神。

一、迅速组织学习贯彻党的二十大精神，统一思想、提高认识

党的二十大是在全党全国各族人民迈上全面建设社会主义现代化国家新征程、向第二个百年奋斗目标进军的关键时刻召开的一次十分重要的大会。习近平总书记代表第十九届中央委员会向大会作的报告，为新时代新征程党和国家事业发展、实现第二个百年奋斗目标指明了前进方向、确立了行动指南。大会选举产生了新一届中央委员会和中央纪律检查委员会，党的二十届一中全会选举产生了新一届中央领导集体，习近平同志继续当选中共中央总书记，反映了全党全军全国各族人民的坚定意志和共同意愿，体现了人民对习近平总书记的衷心爱戴和热切期待，是党之大幸、国之大幸、军队之大幸、人民之大幸。

学习贯彻党的二十大精神，要在原原本本、全面系统学习党的二十大报告以及大会通过的三个决议的基础上，掌握丰富内涵、领会核心要义、弄通内在逻辑、悟透理论精髓、认清重大意义、明确前进方向。重点要抓好以下 5 个方面：

一是要深刻认识过去五年工作和新时代十年伟大变革的重大意义，进一步增强捍卫“两个确立”、做到“两个维护”的思想自觉、政治自觉、行动自觉。“两个确立”是党的十八大以来党的建设最重大的政治成果，是新时代引领党和国家事业从胜利走向新的胜利的政治保证，是战胜一切艰难险阻、应对一切不确定性的最大确定性、最大底气、最大保证。我们要通过学习，进一步深刻领悟“两个确立”的决定性意义，增强对领袖的崇敬之心、爱戴之情、追随之志，坚决维护习近平总书记党中央的核心、全党的核心地位，坚决维护以习近平同志为核心的党中央权威和集中统一领导。

二是要学懂弄通习近平新时代中国特色社会主义思想的世界观和方法论，坚定不移用党的创新理论武装头脑、指导实践、推动工作。我们要通过学习，认真领会“六个坚持”的深刻内涵，从而深入领会习近平新时代中国特色社会主义思想的道理学理哲理，做到知其言更知其义、知其然更知其所以然，更加自觉地把习近平新时代中国特色社会主义思想贯彻落实到关区工作各方面全过程。

三是要完整准确地学习领会新时代新征程上党的使命任务，坚定以中国式现代化全面推进中华民族伟大复兴的信心决心。我们要深入学习贯彻习近平总书记的重要讲话精神，深刻领会中国式现代化的中国特色和本质要求，胸怀“国之大者”，坚定信心决心，以更高站位、更大格局、更宽视野谋划推进关区改革发展，在贯彻落实党的二十大作出的重大决策部署、推动高质量发展、推进高水平对外开放等领域作出江门海关的贡献。

四是要深刻认识以伟大自我革命引领伟大社会革命的重大意义，不断增强做到“三个务必”和“两个永远在路上”的坚定坚决。我们要深刻领会全面从严治党永远在路上、党的自我革命永远在路上的极端重要性，始终保持“赶考”的清醒与坚定，牢记“三个务必”，务必不忘初心、牢记使命，务必谦虚谨慎、艰苦奋斗，务必敢于斗争、善于斗争，发扬彻底的自我革命精神，坚持以严的基调强化正风肃纪，深化“四责协同”机制，扎实推进以案促改试点工作，加强新时代海关廉洁文化建设，持续打好打赢党风廉政建设和反腐败斗争攻坚战持久战，把关区各级党组织锻造得更加坚强有力。

五昌要准确把握团结奋斗是中国人民创造历史伟业的必由之路的深刻内涵，更加紧密地团结在以习近平同志为核心的党中央周围，凝心聚力搞建设促发展。我们要更加深刻地领悟“两个确立”的决定性意义，更加坚定地践行“两个维护”，更加紧密地团结在以习近平同志为核心的党中央周围，更加自觉地践行全心全意为人民服务的根本宗旨，更加主动地践行“人民海关为人民”的理念，团结一切可以团结的力量，凝聚一切可以凝聚的智慧，齐心协力推动党的二十大作出的重大决策部署落地落实。

二、在学懂弄通做实上下功夫，迅速掀起学习宣传贯彻党的二十大精神热潮

全关各级党组织和广大党员、干部要把学习宣传贯彻党的二十大精神作为当前和今后一个时期的首要政治任务，学懂弄通做实，笃学笃信笃行。

一是要坚持读原著、学原文、悟原理。学习是宣传贯彻的前提，要全面学、系统学，全面系统地反复研读党的二十大文件。要组织党员、干部潜心自学、静心研学，原原本本学、入心入脑学，确保每一名党员、干部全面深刻准确领会党的二十大精神。要组织党员干部认真学习党的二十大通过的党章修正案，自觉尊崇党章、学习党章、遵守党章、贯彻党章、维护党章，把党章的精神和要求内化于心、外化于行。要抓好集中学习研讨，引导党员、干部认真学、用心记、深入悟，不断地加深对党的二十大精神的理解和领会。

二是要坚持分层次、全覆盖、贯到底。党员领导干部要发挥表率作用，先学一步，学深一层，分期分批对处级领导干部进行专题集中

轮训，以基层党组织为单位开展好党的二十大精神全员学习培训。要把党的二十大精神作为今年和明年各类培训班次的重点必学内容，推动党的二十大精神进课堂、进头脑。要抓实支部学习，各党支部书记要带头学、带头抓、带头推，保证学习时间、质量和效果，分专题每周至少开展1次学习研讨，增强学习实效。隶属海关单位要针对岗位人员相对分散、倒班作业、防疫“封闭管理”等实际情况，通过线上线下多种方式搭建学习交流平台。关工会、团委、妇委等群团组织要发挥桥梁纽带作用，开展形式多样的学习教育活动。

三是要坚持学思用贯通、知信行统一。学思用，学习是基础，思考是关键、运用是目的。要坚持带着感情学、带着问题学、带着任务学，要做到俞署长强调的“学出绝对忠诚、学出政治站位、学出使命担当、学出精神状态”，真正做到“两个维护”有感悟、有表达、有情感、有行动、有成效。要坚持学习思考相结合，坚持目标导向、问题导向和效果导向相统一，深入分析新时代新征程我关监管服务面临的新挑战、新要求，研究新思路、提出新举措，把学习贯彻党的二十大精神体现到推动海关事业发展的新思路新举措上。

三、以党的二十大精神为指引，落实总署党委部署要求，深入思考、科学谋划关区高质量发展的新思路新举措

我们要切实增强责任感、使命感、紧迫感，在深入学习、深刻领会党的二十大精神的基础上，聚焦党的二十大作出的重大决策部署，紧紧围绕俞署长在全国海关学习宣传贯彻党的二十大精神视频会上提出的7方面要求、12个点题、38个“深入思考”的讲话精神，结合关区工作实际，深入思考、认真研究、科学谋划，确保学习贯彻党的二十大精神付诸行动、见之于成效。

（一）围绕“海关必坚守”，深入思考科学精准高效做好口岸疫情防控的新思路新举措

要深入思考如何针对疫情形势的发展变化，加强疫情监测与研判预警，密切关注口岸通航国家（地区）疫情形势和防控政策变化，认真做好旅检口岸复航各项准备工作，不断调整完善防控策略、防控措施，使口岸疫情防控更加科学精准高效。深入思考如何健全完善“境外、口岸、境内”三道防线，提高重大疫情早发现能力和多病同防能力，完善关区实验室建设，加强口岸核心能力建设，强化联防联控机制建设，有效防止重大传染病通过口岸输入。深入思考如何持续保持队伍战斗力，坚持严管厚爱相结合，强化风险隐患排查和监督检查，加强关心关爱和教育引导，坚决克服麻痹思想、厌战情绪、侥幸心理、松劲心态，确保疫情零输入、关员零感染、操作零失误、通关零延误。

（二）围绕“海关必要强”，深入思考发挥海关职能作用服务建设贸易强国的新思路新举措

要深入思考如何促进提升贸易质量，支持关区有业务需求、符合准入条件的加工贸易企业申请适用企业集团加工贸易监管模式，促进加工贸易转型发展，支持关区传统优势产品和高新技术产品扩大出口，提升产业竞争力和附加值，支持优质产品进口，促进供给多元化。深入思考如何促进外贸稳增长，做强做大一般贸易，拓展出口市场份额，精准服务江门、阳江跨境电商综合试验区建设，加快推动跨境电

商B2B、海外仓等新业态发展，培育外贸发展新动能。深入思考如何帮助企业有效应对经济下行压力，帮助解决生产成本上升、订单减少、物流效率不高等面临的突出问题，积极推动关区大宗商品指定监管场地建设，保障跨境铁路物流链循环畅通，针对关区中小企业多的特点以及现阶段中小企业外贸压力增大、生产经营形势不乐观的情况，有针对性研究制定支持中小微企业发展措施，用好关地企“直通车”和“问题清零”机制，最短时间解决涉企通关堵点难点。

（三）围绕“海关必作为”，深入思考持续优化营商环境促进高水平开放的新思路新举措

要深入思考如何推进深化业务改革创新，加强关检业务全面深度融合研究，优化监管流程，强化业务管理，提高监管效能。深入思考如何促进跨境贸易便利，做好促进跨境贸易便利化专项行动措施复制推广工作，支持配合地方提升国际贸易“单一窗口”建设水平。深入思考如何创新应用无接触式通关等跨境通关新模式，提高常态化疫情防控下口岸过货能力和通行效能。深入思考如何立足地方口岸规划支持促进口岸优化，积极推动地方开展综合保税区申报工作，配合支持阳江市落实广东省自由贸易试验区第一批联动发展区建设，扎实推进地方高水平开放。

（四）围绕“海关必贡献”，深入思考高质量推动“一带一路”建设的新思路新举措

要深入思考如何促进提升与共建国家和地区经贸合作，服务拓展国际班列、海铁联运等业务，扩大对RCEP成员国以及“一带一路”共建等国家和地区贸易。深入思考如何创新优化监管模式，更好支持保税物流中心（B型）、江门北站建设发展，促进中欧国际货运班列发展，畅通国际贸易大通道。深入思考如何深化AEO互认合作，优化企业管理效能，推动境内境外企业享受同等通关便利。

（五）围绕“海关必担当”，深入思考支持海南自由贸易港建设的新思路新举措

要深入思考如何支持、推动、服务加快建设海南自由贸易港。深入思考复制借鉴海南自由贸易港、自贸试验区监管制度，推动粤港澳大湾区有关政策、重大项目和重大措施落地实施，全方位支持服务地方融入国家区域经济发展战略，以监管模式改革和机制创新服务“双区”及横琴、前海两个合作区建设。深入思考如何保持打击走私高压态势，锲而不舍、一以贯之严厉打击海南离岛免税“套代购”走私。

（六）围绕“海关必尽责”，深入思考确保粮食、能源资源、重要产业链供应链安全的新思路新举措

要深入思考如何发挥技术性贸易措施、贸易禁限等海关职责作用，积极协助企业掌握预警信息，有效应对国外贸易技术壁垒，减少国际经贸摩擦，拓展出口市场。深入思考如何借助国内超大规模市场优势，拓展粮食、能源等大宗商品进口，保障重点商品供应，服务市场保供稳价。深入思考如何优化完善粤港澳大湾区“菜篮子”生产基地建设，支持服务关区企业供港澳生鲜产品出口。

（七）围绕“海关必上心”，深入思考防范化解重大风险的新思路新举措

要深入思考如何增强底线思维、风险意识、斗争精神，发挥关区风险管理委员会业务运行中枢的作用，一体推进系统性梳理、体制性预防和应急式处置，做到重大风险有预判、有预警、有预案、有预演。深入思考如何构建有效管用的口岸安全防控体系，不断完善业务风险跨部门联合研判机制、风控部门与业务现场联动工作机制，运用“制度＋情报＋科技”手段，发挥响应、呼应、反应“三应”机制作用，坚决守牢安全底线、监管红线。深入思考如何有效紧盯防范化解关区“12＋26”项重大、系统性风险，建立健全业务风险监测排查机制和内控风险监测排查机制，以“时时放心不下”的责任感和“事事瞪大眼睛”的紧迫感，经常性开展风险排查，有效防范化解各类风险隐患。

（八）围绕“海关必把牢”，深入思考筑牢国门生物安全屏障的新思路新举措

要深入思考如何健全国门生物安全监测机制，更好发挥关区两级动植物疫情信息收集小组作用，强化动植物疫情疫病和潜在外来入侵物种风险分析，完善重大动植物疫情监测网络，构建更加科学的监测体系。深入思考如何强化口岸把关，进一步完善非洲猪瘟、高致病性禽流感、红火蚁等重大动植物疫情疫病“全方位”“全链条”防控措施，强化贸易渠道、非贸渠道检疫监管，扎实深入开展“国门绿盾2022”行动、“跨境电商寄递‘异宠’综合治理”专项行动，严防重大动植物疫情和外来物种入侵。深入思考如何加强口岸查验设施设备、检疫处理设备和口岸初筛鉴定室配置建设，推广应用智能鉴定设备及远程鉴定等先进技术，开展专业技能教育培训和人才队伍建设，努力提升口岸查发、识别鉴定和应急处置能力，做到精准识别、快速处置、提前应对。

（九）围绕“海关必促进”，深入思考积极参与多双边合作的新思路新举措

要深入思考如何推广“智慧海关、智能边境、智享联通”合作理念，全力推进我关“三智”先行先试项目的落实，推动国际以及与港澳台地区的检验检疫合作，将“三智”理念落实到检验检疫一线，使“三智”合作走深走实。深入思考如何更好地服务外交外贸大局，提出意见建议和参考。深入思考如何积极参与国际规则标准制定，结合关区工作实际，聚焦与中东欧国家的贸易安全和通关便利化，积极开展课题研究，找准参与国际合作、关际合作等的切入点和落脚点。

（十）围绕“海关必力推”，深入思考建设堪当民族复兴重任高素质干部队伍的新思路新举措

要深入思考如何落实新时代好干部标准，坚持“一把尺”“一张单”“一盘棋”，树立正确选人用人导向，选优配强领导班子，不断优化领导班子结构。深入思考如何加强实践锻炼、专业训练，开展多条线、多领域岗位练兵、技能比武，选派干部到吃劲岗位、重要岗位和急难险重任务中锻炼，提升防风险、迎挑战、抗打压能力，增强干部推动高质量发展本领、服务群众本领、防范化解重大、系统性风险本领。深入思考如何完善干部能上能下、能进能出的制度机制，健全关区平时考核、专项考核、年度考核“三位一体”考核体系，强化全周期管理，形成能者上、优者奖、庸者下、劣者汰的良好局面。

（十一）围绕“海关必远谋”，深入思考加强青年工作的新思路新举措

要深入思考如何健全培养选拔年轻干部常

态化工作机制，建立优秀年轻干部日常发现机制，分级分类建立优秀年轻干部库，加大优秀年轻干部培养使用力度。深入思考如何增强年轻干部的政治和业务素养，深化“青年马克思主义者培养工程”，设立“青年党校”，坚持培训培养并重，建立“陈锡亮统计研究工作室”等青年人才品牌工作室，不断强化年轻干部专业能力建设、提高专业化水平。深入思考如何培养年轻干部增强应对复杂局面的能力，有计划、分批次把年轻干部放到疫情防控一线、执法一线科长等岗位以及重点改革任务、重大专项工作中磨炼，让青年干部在斗争中经风雨、见世面、壮筋骨。

（十二）围绕“海关必打赢”，深入思考坚决打赢正风肃纪反腐败斗争攻坚战持久战的新思路新举措

要深入思考如何压紧压实全面从严治党主体责任，健全“四责协同”机制，加强对“一把手”和领导班子的监督，推动领导班子成员履行好“一岗双责”，把党风廉政建设和业务工作同谋划、同部署、同落实、同考核。深入思考如何健全完善党风廉政建设和反腐败斗争制度机制，深化执法领域和非执法领域专项整治成果运用，加大科技反腐力度，完善制度机制，补齐短板弱项，深化标本兼治，有效防范“三大风险”。深入思考如何坚持以严的基调强化正风肃纪，锲而不舍落实中央八项规定精神，紧盯“四风”隐形变异新表现深入纠治，重点纠治形式主义、官僚主义，树正气、易俗气、遏邪气，加强新时代海关廉洁文化建设，大力弘扬求实、扎实、朴实的新时代海关文化。深入思考如何破解对领导干部、高风险岗位、重点领域监督不到位等问题，充分用好“第一种形态”，持续加大执纪审查力度，以零容忍的态度严肃查处顶风违纪问题，坚持打私反腐“一案双查”，有效净化政治生态。

同志们，新征程是充满光荣和梦想的远征。蓝图已经绘就，号角已经吹响。让我们更加紧密地团结在以习近平同志为核心的党中央周围，踔厉奋发、勇毅前行，积极应对新形势、研究新情况、拓展新视野、提出新举措、抓出新成效，铸忠诚、担使命、守国门、促发展、齐奋斗，持续推进党的二十大精神在关区落地生根！

在江门海关党委理论学习中心组（扩大）学习暨处级单位主要负责同志及党组织书记学习贯彻党的二十大精神专题培训班上的辅导讲话

江门海关党委书记、关长　闫伟东

（2022 年 11 月 7 日）

我们举办党委理论学习中心组（扩大）学习暨处级单位主要负责同志及党组织书记学习贯彻党的二十大精神专题培训班，主要任务是：深入学习贯彻习近平总书记重要讲话精神，贯彻落实党中央决策部署，按照总署党委新思路新举措新要求，在全面学习、全面把握、全面落实上下功夫，扎实推动学习宣传贯彻党的二十大精神走深走实、见行见效。

一、在全面学习上下功夫，切实把思想和行动统一到党的二十大精神上来

我们要全面、系统、深入学习，才能完整、准确、全面领会党的二十大精神，对是什么、干什么、怎么干了然于胸，为贯彻落实打下坚实基础。要在原原本本、逐字逐句学习党的二十大报告、党章修正案以及学习习近平总书记在党的二十届一中全会上的重要讲话精神的基础上，着重把握以下几个方面。

（一）深入学习、深刻领会党的二十大主题的重大内涵，准确把握在新征程上举什么旗、走什么路、以什么样的精神状态、朝着什么样的目标继续前进的重大问题

高举中国特色社会主义伟大旗帜、全面贯彻习近平新时代中国特色社会主义思想，是要郑重宣示，全党必须坚持以马克思主义中国化时代化最新成果为指导，坚定中国特色社会主义道路自信、理论自信、制度自信、文化自信，坚持道不变、志不改，确保党和国家事业始终沿着正确方向胜利前进。

（二）深入学习、深刻领会过去五年的工作和新时代十年的伟大变革的重大意义，深刻领悟“两个确立”的决定性意义，坚定坚决做到“两个维护”

“两个确立”是党在新时代取得的重大政治成果，是推动党和国家事业取得历史性成就、发生历史性变革的决定性因素，已经写在了新时代伟大征程上，写在了全党全军全国各族人民心坎上，是党在新时代赢得伟大历史主动的

决定性因素，是党应对一切不确定性的最大确定性、最大底气、最大保证。我们必须深刻领悟“两个确立”的决定性意义，深入理解其蕴含的历史逻辑、理论逻辑、实践逻辑，不断增强做到“两个维护”的思想自觉、政治自觉、行动自觉。

（三）深入学习、深刻领会开辟马克思主义中国化时代化新境界的深刻内涵，把握好习近平新时代中国特色社会主义思想的世界观和方法论，坚持好、运用好贯穿其中的立场观点方法

认真领会“两个结合”“六个坚持”的深刻内涵，从而深入领会习近平新时代中国特色社会主义思想的道理学理哲理，做到知其言更知其义、知其然更知其所以然，坚定不移用党的创新理论武装头脑、指导实践、推动工作。

（四）深入学习、深刻领会新时代新征程中国共产党的使命任务，系统把握中国式现代化的中国特色和本质要求，坚定以中国式现代化全面推进中华民族伟大复兴的信心决心

“五个必由之路”，是我们党在长期实践中得出的至关紧要的规律性认识，必须倍加珍惜、始终坚持。在新征程上，我们要牢记初心使命，坚定信心决心，聚精会神，真抓实干，以更高站位、更大格局、更宽视野谋划推进关区改革发展，在中国式现代化道路上作出江门海关的贡献。

（五）深入学习、深刻领会党的二十大作出的战略部署，全面准确把握建设社会主义现代化国家的任务要求，团结奋斗把党的二十大擘画的宏伟蓝图变为美好现实

深刻领会社会主义经济建设、政治建设、文化建设、社会建设、生态文明建设等方面的重大部署，加快构建新发展格局，着力推动高质量发展；要结合关区工作实际，扎实推动党的二十大作出的重大决策部署在关区落地落实。

（六）深入学习、深刻领会坚持党的全面领导和全面从严治党的重大部署，牢记“三个务必”和“两个永远在路上”，永远吹冲锋号，始终保持“赶考”的清醒与坚定

深刻领会全面从严治党永远在路上、党的自我革命永远在路上的极端重要性，牢记“三个务必”，务必不忘初心、牢记使命，务必谦虚谨慎、艰苦奋斗，务必敢于斗争、善于斗争，永远吹冲锋号，着力把关区各级党组织锻造得更加坚强有力，打造堪当新时代重任的准军事化纪律部队，为推进关区改革发展各项工作提供坚强政治保证。

二、在全面把握上下功夫，坚定不移用习近平新时代中国特色社会主义思想指引关区高质量发展

（一）坚持和加强党的全面领导，始终坚持正确的政治方向

新时代新征程，我们要以党的创新理论为指引，以完备的制度为支撑，以严明的纪律为保证，坚决贯彻习近平总书记重要指示批示精神，认真落实党中央决策部署，做到坚定坚决、落实落细、有力有效、善作善成。

（二）坚持人民至上，为民用权、为民执法、为民服务

要切实提高群众满意度，不断优化监管流程，提升服务质量，保障安全高效，切实做到为民、便民、利民、惠民。要切实增加企业获得感，在监管层面要持续深化改革创新，让企

业享受更多改革红利；在制度层面要健全服务企业长效机制，构建亲清关企关系，树立可亲、可敬、可靠的海关形象；要切实维护国家和人民根本利益，坚定不移贯彻总体国家安全观，认真履行监管职责，坚决守牢国门关口，以有效监管保障国家安全，以公正监管保障公平竞争。

（三）坚持自信自立，增强推动江门关区高质量发展的精神动力

要传承自强不息的精神，传承弘扬敢闯敢试、锐意进取、奋发图强的优良作风，认真履行好党和人民赋予的职责使命。要坚持实事求是，紧紧围绕党的二十大做出的重大决策部署，谋划推动关区各项工作高质量发展。要注重讲好江关故事，重点讲好我关坚定不移听党话、跟党走的红色故事，讲好外防输入冲在前、守国门的抗疫故事，讲好促进外贸稳增长、解难题的为民故事，汇聚起迈进新征程、建功新时代的强大精神力量。

（四）坚持守正创新，推进关区制度创新和治理能力建设

要深化制度创新，推进业务制度“废改立释”，增强制度措施的可操作性和执法统一性。要深化重点改革，继续做好总署试点改革工作，深化“五项创新”改革和全业务领域一体化改革，以深化改革创新破解高质量发展难题。要深化科技赋能，盯紧业务一线热点、难点、堵点，加大先进技术探索应用力度，更好发挥科技引领支撑作用。

（五）坚持问题导向，增强解决制约江门关区高质量发展瓶颈问题的针对性实效性

要勇于直面问题，深入对照查摆自身存在的短板，找准与先进海关的差距，有针对性地改进提升，把短板差距转化为高质量发展的潜力动力。要敢于担当担责，要把解决问题、改进提高作为基本功，做到守土有责、守土负责、守土尽责，提高工作质量，做到不讲条件、不打折扣。要发扬斗争精神，面对问题矛盾要有知难而进、迎难而上的毅力，面对风险挑战要有敢于亮剑、敢打必胜的魄力，面对工作任务要有钉钉子、一锤接着一锤敲的耐力，依靠顽强斗争开创工作新局面。

（六）坚持系统观念，着力构建完善“响应、呼应、反应”机制

要切实增强全局观念，自觉地把本单位本部门的工作放到全关、全国海关乃至全国改革发展大局中去把握，提升两级想问题，下沉一级抓落实。要切实增强战略思维，统筹好近中远期目标，确保方向不偏、步伐不乱、进度不慢。要切实增强统筹能力，善于用统筹思维谋发展、用统筹方法抓落实，形成横向协调、纵向联动、集约高效的“三应”运行体系。

（七）坚持胸怀天下，在积极落实“一带一路”倡议、推动构建人类命运共同体中发挥侨乡海关应有作用

要着眼深化粤港澳海关事务合作和加强“三互”合作，探索推动粤港澳大湾区规则“软联通”，探索食品安全管理监管模式创新。要着眼服务侨企、侨胞、侨资，支持地方抢抓“双碳”战略机遇，申建综合保税区，建设华侨华人文化交流合作重要平台。要着眼助力地方高水平对外开放，对接“双区”和两个合作区建设，扩大对 RCEP 成员国以及“一带一路”共建国家和地区贸易。

三、在全面落实上下功夫，为以中国式现代化全面推进中华民族伟大复兴作出江门海关贡献

（一）聚焦铸忠诚，听党指挥、为党尽责，坚定捍卫“两个确立”，坚决做到“两个维护”

要持续强化政治机关建设，深入学习习近平总书记重要讲话重要指示批示精神，引导党员、干部不断提高政治判断力、政治领悟力、政治执行力，做到“两个维护”有感悟、有表达、有情感、有行动、有成效。要持续强化理论武装，坚持不懈用习近平新时代中国特色社会主义思想凝心铸魂。要持续强化纪律规矩，组织党员、干部认真学习党的二十大通过的党章修正案，自觉做到“五个必须”，坚决反对和杜绝“七个有之”。要持续强化政治担当，时刻关注习近平总书记、党中央在关心什么、强调什么，深刻领会什么是党和国家最重要的利益、什么是最需要坚定维护的立场，自觉从政治层面审视业务工作、强化业务工作。

（二）聚焦担使命，守正创新、担当作为，奋力谱写建设社会主义现代化海关的江门海关篇章

围绕贯彻落实俞署长提出的“共建‘一带一路’海关必贡献”“海南自由贸易港建设海关必担当”“确保粮食、能源资源、重要产业链供应链安全海关必尽责”，全面深化改革创新，切实担负起新时代新征程的使命任务。要全力推动共建“一带一路”高质量发展，服务拓展国际班列、海铁联运等业务，扩大对RCEP成员国以及“一带一路”共建国家和地区贸易。要全力服务海南自由贸易港建设，严厉打击海南离岛免税“套代购”走私。要全力维护产业链供应链安全，大力支持重大技术装备及关键零部件和原材料、科教用品等进口，开展技术性贸易措施影响调查等工作，全力做好资源性产品进口及产业链供应链“白名单”企业货运物流保通保畅。要全力推进全面深化改革创新，加强关区中长期改革谋划规划，深化改革融合。

（三）聚焦守国门，履职尽责、筑牢屏障，坚决维护国家安全和人民利益

围绕贯彻落实俞署长提出的“口岸疫情防控海关必坚守”“防范化解重大风险海关必上心”“国门生物安全关口海关必把牢”，全面筑牢国门安全屏障。要坚定不移筑牢检疫防线，境外防线要拓展、口岸防线要织密、境内防线要巩固，强化联防联控机制建设，强化风险排查和监督检查，严格做好内部防控工作。要坚定不移防范化解重大、系统性风险，一体推进系统性梳理、体制性预防和应急式处置，切实防范风险叠加、演化、升级。要坚定不移加强实际监管，要发挥关区风险管理委员会业务运行中枢的作用，加强大数据应用，加大风险分析和自主研判力度，精准查发问题。要坚定不移深化综合治税，健全税收征管机制、提高税收征管水平，推动RCEP全面实施。要坚定不移强化打击走私，完善海关“防控、监管、打击”一体化打私体系。

（四）聚焦促发展，主动作为、服务大局，以高水平开放促进高质量发展

我们要积极主动作为，发挥海关职能作用，围绕贯彻落实俞署长提出的“建设贸易强国海关必要强”“促进高水平开放海关必作为”“多双边合作海关必促进”，以高水平开放促进高质量发展。要促进高水平开放，积极推动扩大开放、持续优化营商环境，进一步巩固压缩整体

通关时间全国前列成效，促进地方高水平开放。要促进贸易强国建设，用好关地企“直通车”“问题清零”等服务企业长效机制，快速响应并解决涉企通关堵点难点。要积极主动拓展并参与多双边合作，大力推动我关“三智”项目落地，加强 RCEP 等优惠贸易协定实施效果跟踪分析，有针对性地提出政策建议。

（五）聚焦齐奋斗，凝心聚力、齐心协力，全力开创社会主义现代化海关建设新局面

围绕贯彻落实俞署长提出的“建设堪当民族复兴重任的高素质干部队伍海关必力推”“青年工作海关必远谋”“正风肃纪反腐败斗争攻坚战持久战海关必打赢”，以团结凝聚力量，以奋斗开创未来。要在党的旗帜下团结成“一块坚硬的钢铁”，紧紧围绕新时代新征程新使命，紧紧系牢团结的纽带，同心同德、同向同行、形成合力。要始终保持昂扬奋进、奋发有为的精神状态，大力培树求实、扎实、朴实的新时代海关文化，着力树正气、易俗气、遏邪气，持续擦亮“全国文明单位”荣誉称号。要发扬斗争精神，增强斗争本领，坚决与矛盾困难斗，坚决与疫病疫情斗，坚决与不法分子斗，坚决与霸权主义斗，坚决与腐败行为斗。要牢记空谈误国、实干兴邦，真抓实干、务求实效。

四、在全面从严上下功夫，把全面从严治党覆盖到“最后一公里”，深入推进新时代关区党的建设

（一）坚持和加强党的全面领导，全面、系统、完整落实党的领导

要加强党的政治领导，健全完善两级党委领导制度机制，落实制度治党、依规治党，深化“四责协同”工作机制，推动主体责任和监督责任同向发力，严格落实重大事项请示报告制度，加强对“一把手”和领导班子的监督，优化纪检监察、巡察、督察“三察联动”机制，严格落实民主集中制，完善两级党委决策议事协调制度机制，加强制度执行情况的监督检查。

（二）坚持大抓基层的鲜明导向，锻造坚强有力的基层党组织

要坚持大抓基层、打牢基础，两级党委要直接抓到基层支部，以增强党组织政治功能和组织功能为重点，不断提升基层党建工作质量，严密基层组织体系，巩固合格支部建设成果，完善支部标准化规范化建设制度机制，严肃党的组织生活，规范落实“三会一课”等组织生活制度，严格党员教育管理监督，及时解决苗头性倾向性问题，严明党建工作责任，深化拓展“书记项目”“头雁工程”的有效做法，不断提升抓党建、强党建能力。

（三）坚持突出忠诚干净担当要求，建设堪当新时代重任的高素质干部队伍

要坚持正确用人导向，坚持“一把尺”“一张单”“一盘棋”，完善“政治素质表现档案”，不断优化领导班子结构，分级分类建立优秀年轻干部库，加大优秀年轻干部培养选拔力度，对接落实总署关于深化海关人才发展的工作措施，发挥关区业务专家人才作用，加大对现场一线执法的指导和支持力度，强化全周期管理考核体系，坚持严管和厚爱相结合，关心关爱基层干部特别是抗疫一线干部，树立激励担当作为的鲜明导向。

（四）坚持以严的基调强化正风肃纪，大力弘扬党的光荣传统和优良作风

要锲而不舍落实中央八项规定精神，坚持律己要严、履职要严、平常要严，深入开展

“亲清不分”微腐败问题专项整治，锲而不舍深化纠治“四风”，重点纠治形式主义、官僚主义，加强纪律建设，用好“第一种形态”，抓早抓小、防微杜渐，着力锻造准军事化纪律部队。

（五）坚持责任全覆盖、反腐全领域、管控全流程、监督全方位，坚决打赢反腐败斗争攻坚战持久战

要加强反腐败工作机制建设，严格落实全面从严治党主体责任清单，一体推进不敢腐、不能腐、不想腐，加强执纪审查工作，深化“一案双查”“一事双析”，扎实推进以案促改试点工作，不断深化清廉海关建设。运用“制度＋科技”从源头防控执法和廉政风险，完善“三级联动、四步运转”内控机制，加强新时代海关廉洁文化建设，用好“廉政警示教育云展厅”“廉政教育基地”等线上线下阵地，持续擦亮“清廉江关”品牌，巩固发展良好政治生态。

同志们，新时代赋予新使命、新征程呼唤新作为。让我们更加紧密地团结在以习近平同志为核心的党中央周围，务必不忘初心、牢记使命，务必谦虚谨慎、艰苦奋斗，务必敢于斗争、善于斗争，铸忠诚、担使命、守国门、促发展、齐奋斗，踔厉奋发、勇毅前行，加快社会主义现代化海关建设，坚定不移把党的二十大提出的目标任务落到实处！

第二篇

专 记

江门海关“学查改”专项工作和强化政治机关建设专项教育活动

江门海关党委深入学习贯彻习近平总书记关于加强党的政治建设的重要论述，贯彻落实习近平总书记重要指示批示精神和党中央经济工作决策部署，按照总署党委工作要求，从 2022 年 1 月开始到党的二十大召开前，在全国海关集中开展强化政治机关建设专项教育活动，从 2022 年 3 月到 6 月，开展“学查改”专项工作。立足关区工作实际，研究制定“学查改”专项工作、强化政治机关建设专项教育活动推进措施，把“学查改”专项工作和强化政治机关建设专项教育活动紧密结合、一体推进，教育引导党员干部不断提高政治判断力、政治领悟力、政治执行力，把准海关工作的政治方向、政治原则、政治要求，自觉从政治层面强化业务工作；在专项教育活动对照“四个是否”查摆问题的基础上，围绕“学查改”专项工作“六对照六看六查”要求同步开展对照查摆，抓好查摆问题整改落实，推动“学查改”专项工作和强化取得成效，确保习近平总书记重要指示批示精神和党中央决策部署在关区落地落实。

一、强化系统学习，筑牢思想根基

（一）关党委以上率下示范引领

建立“三读三学大家谈”机制，发挥党委理论学习中心组示范带动作用，关党委制订年度学习计划、月度学习安排，制定贯穿全年的专题读书班安排，通过书记领读、集中研读、自学潜读“三读”联动，示范带头开展学习研讨；各基层党组织坚持集中学、联合学、研讨学“三学”贯通，举办“政治机关建设大家谈”系列活动，组织学习研讨 432 次，围绕“从政治层面强化业务工作”撰写心得体会 1345 篇，教育引导干部职工深刻领会岗位蕴含的政治要求，进一步明方向、找差距、促整改，列出岗位政治要求清单 1457 份。

（二）创新形式深化学习研讨

推动党史学习教育常态化长效化，固化完善“江关大课堂”“早诵十五分”“班车课堂”“班前队列讲评”等学习品牌。各基层党组织学习贯彻习近平新时代中国特色社会主义思想，机关处室与基层科室党支部围绕习近平经济思想专题联学联建，先后举办“强国复兴有我　巾帼再立新功”“青年跟党走、建功新时代——强化政治机关建设”“把握新发展阶段、贯彻新发展理念、构建新发展格局，青年怎么办”等专题研讨，通过多种形式深化研讨交流，促进学习成果转化，夯实整改提升的思想基础。

（三）营造全员学习良好氛围

打造线上线下“学习园地”，在“江关主页”开设线上专栏，动态更新专项教育活动和“学查改”专项工作必学篇目，为各基层党组织配发《论把握新发展阶段、贯彻新发展理念、构建新发展格局》等学习书目，在办公区域布置专项教育活动宣传板报，把学习教育抓在日常、融入经常。编撰专项教育活动和“学查改”专项工作应知应会知识题库，依托“每日一答”学习微平台、“江关新语”微信公众号“每周PK赛”平台，举办9期PK赛1.62万余人次参与，推动全员学、即时考。结合党的十九届六中全会精神处级领导干部专题轮训、科级党员干部专题培训、基层党建“双提升”专题研讨，有针对性设置教学安排和研讨重点，促进人人学、人人讲、人人有收获。

二、加强组织推动，全面深入查摆

（一）党委带头抓带头查

关党委召开专题党委会，学习领会全国海关专题会议精神，召开关区专项教育活动动员会，建全组织领导机构和工作机构，细化31项推进措施，坚持把学习提高、查摆问题、整改落实、拓展巩固作为有机整体、贯穿始终，统筹推进“学查改”专项工作，区分业务线条推动全员覆盖、全域查摆、全面整改。4月14日，党委书记主持召开关区机关党建工作会议，传达学习总署机关党建工作会议精神，对专项教育活动和“学查改”专项工作进行再动员、再部署、再推动。关党委召开2次关区专题工作会议，梳理关区业务风险隐患，形成问题清单。

（二）统筹推进同步查摆

关党委委员以普通党员身份参加所在支部、党小组专题组织生活会，带头谈认识体会、查摆问题。各基层党支部把专项教育活动和“学查改”专项工作纳入组织生活会必学必谈内容，把“四个是否”和“六对照六看六查”要求作为必查必改内容，同步查摆问题817个并逐一制定具体整改措施，与巡视常态化整改、巡察、审计发现问题一体整改落实。组建6个指导组，分别列席指导18个党支部组织生活会，提出点评意见60多条。

（三）健全督导督办机制

关党委建立督导工作机制，每月召开专项教育活动和“学查改”专项工作推进会，专题听取工作汇报，对查摆问题等工作提出具体要求。建立领导小组办公室9个成员单位月度碰头工作机制，督促任务推进，区分不同业务条线，分层分类对各单位部门岗位政治要求、问题排查、整改落实“三张清单”进行审核把关，提出修改意见239条。

三、压紧压实责任，狠抓整改落实

（一）党委走进基层督导推动

党委书记履行第一责任人职责，5次深入基层单位开展调研指导，就专项教育活动和“学查改”专项工作整改工作提出要求，3次通过视频方式督导口岸疫情防控、安全生产等重点工作。党委委员履行“一岗双责”，通过召开专题会议、实地督导、参加联系点党支部组织生活会等方式，54次深入分管部门、基层单位开展督导检查，严格对照要求指出存在问题并要求“回炉”“补课”。

（二）强化日常监督检查

党委专题研究制订专项教育活动考核工作方案，由人事部门牵头进行跟踪考核。领导小组办公室建立督办联系单载体，制发再排查再梳理的任务联系单跟踪推进。落实纪检监察、巡察、督察“三察联动”工作机制，把专项教育活动和“学查改”专项工作纳入年度政治监督重要内容，完善“巡察监督要点”，加强监督检查；将落实党中央、国务院决策部署作为督察审计首要内容，细化46项核查要点；党委纪检组和各派驻纪检组加强监督检查，对个别基层单位整改措施不力、动作迟缓等问题，制发派驻监督意见书督促立行立改。

（三）切实从政治层面强化业务工作

全关各级党组织和党员干部坚决贯彻落实习近平总书记重要指示批示精神和党中央决策部署，落实总署党委工作要求，在疫情防控、促进外贸稳增长、严厉打击“洋垃圾”、濒危物种及其制品走私等重要工作中发挥基层党组织战斗堡垒作用和党员先锋模范作用，以坚决有力的担当作为体现政治机关建设成果。制发江门海关贯彻落实海关总署促进外贸保稳提质十条措施的23项具体工作措施，并抓好贯彻落实。发挥好关地企“直通车”机制作用，组织开展稳外贸专题调研，着重了解地方商务部门、行业协会和51家重点企业的需求和诉求，及时解决企业在外贸经营和通关环节的问题诉求64个，有效推动“问题清零”。持续推广“提前申报”“两步申报”“两段准入”模式，提升通关效率，支持货运物流保通保畅，进口通关效率位居全国海关首位。帮助企业用足用好《区域全面经济伙伴关系协定》（RCEP）等政策红利，落实自贸协定等进口税收优惠，推动关区中欧、中老国际货运班列常态化运行，RCEP等优惠贸易安排货物享受税款减让约16.5亿元。2022年，江门海关坚持“人、物、环境”同防、多病同防，全年检疫进出境人员5.6万人次，妥善处置2起进境船员聚集性疫情，坚决守住外防输入关口。全力支援香港抗疫，高效监管出口活动房屋等物资1.4万件、22.2亿元，为全国疫情防控大局作出积极贡献，总署发文对江门海关援港抗疫及参与中央专班现场工作予以肯定。严厉打击“洋垃圾”、濒危物种及其制品和粤港海上跨境走私，查获1万余吨走私进口废塑料案，扩线侦办案值4080万元的濒危红木走私案。开展业务风险跨部门联合研判133次，移交线索立案23宗、案值5.5亿元。实施“六方”协同治理深化综合治税，全年税收入库69.35亿元，比上年增长24.7%，创历史新高。

（四）增强口岸安全管控能力防范化解重大安全风险

组织开展关区业务领域重大风险隐患梳理评估工作，上报总署风险隐患6处，自行整改风险隐患7处；在前期风险排查基础上，重点围绕象牙等濒危物种走私、固废夹藏伪瞒报、海南离岛免税风险分析等，持续开展职能部门和隶属海关调研，动态分析掌握关区业务领域重大风险隐患。抓好全国海关风险防控专项行动贯彻落实，强化对“洋垃圾”走私等重点领域专项分析，开展钢铁、大豆、煤电等9个行业的供应链调研分析，依托海关“云擎”大数据平台搭建大数据分析模型，对进口煤炭的装运船舶、前期舱单申报和报关单数据进行全面比对分析，精准防控能源大宗货物的风险。运用风险防控领域“三应”机制，动态调整布控指令，创新大宗商品布控查验模式，确保煤炭能源大宗货物通关畅顺。2022年，关区进口煤炭386.7万吨，货值40.63亿元。

撰稿人

罗丽榍

江门海关科学精准做好口岸疫情防控

2022年，江门海关坚决贯彻落实习近平总书记重要指示批示精神和党中央、国务院决策部署，全面学习贯彻落实党的二十大精神，关党委靠前指挥，聚焦“口岸疫情防控海关必坚守”，以“时时放心不下”的责任感，加强组织协调、严格管理监督，科学精准、严格规范实施口岸卫生检疫，以最坚决的态度、最迅速的行动、最严密的组织、最有力的举措高效统筹做好口岸疫情防控和促进外贸稳增长各项工作，全力服务卫生检疫事业高质量发展。

一、坚持政治统领，立牢“主心骨”，筑牢全力以赴投入疫情防控工作的思想堡垒

坚决贯彻落实党中央“疫情要防住、经济要稳住、发展要安全”的要求，结合强化政治机关建设专项教育活动，深入基层调研，聚焦主责主业，围绕卫生检疫管理的“痛点”“难点”“堵点”，凝心聚力，将疫情防控作为最大民生，找准基层服务“切入点”，完善口岸疫情防控制度体系，制定及组织各隶属海关制定口岸检疫、安全防护、卫生监督等制度文件超50份；健全解决疫情防控一线集中封闭管理工作人员“急难愁盼”问题长效机制，做实“关长走进口岸封管区”，关党委、隶属海关党委9人走进口岸封管区参加口岸登临检疫工作，解决封闭管理人员工作、生活等困难48个，优化流程、改进工作措施52条，相关做法获海关总署内部刊物采用。分管关领导解决集中封闭管理服务保障、人员心理调适、登临检疫工作等3个方面8项问题和需求，提供必要的学习阅读资源、运动健身器械、生活电器，建立“一对一管家”服务机制，优化轮换模式等，落实各项保护关爱措施凝心聚力。主动对接地方疫苗接种专班，持续推进疫苗接种，应接尽接，筑牢关区免疫屏障。

二、坚持统一行动，打赢“攻坚战”，夯实筑牢国门检疫防线的实战堡垒

（一）以勇挑重担的责任意识为打赢新冠疫情防控“攻坚战”添魄力

坚定不移坚持人民至上、生命至上，将疫情防控作为各项工作的重中之重，认真落实海关总署卫生检疫工作部署，制定年度卫生检疫重点工作共8方面24条，动态调整“一口岸一方案”等方案预案，坚持“一日一分析”“一周一研判”“一船一评估”，开展新冠病毒感染防控措施优化调整解读培训。巩固加强疫情防控期间与卫健、边检、海事、环保等部门

建立的合作机制，对出入境船员的闭环移交处置全过程时间缩短60%；参加联防联控工作会议181次，协调属地联防联控机制做好疫情防控一线集中封闭管理工作人员5天离岗居家健康监测期间核酸检测等工作，联合开展传染病健康宣教，并对5例输入性疟疾病例开展回顾性调查。2022年，关区口岸检疫进出境人员6.18万人次，实施新冠病毒核酸检测1265人次，妥善处置口岸4起入境船员聚集性疫情。强化疫情疫病“多病同防”，严防埃博拉、拉沙热、猴痘等其他传染病经口岸传入传播，检出慢性病毒性肝炎4例，流行性感冒1例。

（二）以严谨细致的个人防护为筑牢安全立体化防控网稳根基

修订3版关区口岸疫情防控工作人员个人防护装备穿脱指引，“分岗位”“全流程”“重细节”指导规范穿脱个人防护装备；落实“岗前检查、工作巡查、全程督查”强化新冠病毒感染安全防护监督，2022年，组织各单位部门开展安全防护自查12次，职能部门开展督查12次；疫情防控期间实现关员在岗“零感染”的目标。按3大片区组建123人的疫情防控一线集中封闭管理工作人员队伍，组建272人的疫情防控一线、预备、应急三个梯队，迅速对接实施封闭管理“14+7+7”“N+7”“N+5”等优化调整疫情防控政策，制定关区离岗居家健康监测管理等工作指引及要求；“线上+线下”相结合开展闭环管理前3天集中封闭培训，切实把个人防护、场所管理等措施落细落实。成立关心爱护疫情防控一线人员工作领导小组和工作专班，建立“每日问需”“跑腿服务”等关心关爱机制，解决各类需求和问题106个，配备健身器材、急救药物、“一键求救”设备；提出调整封闭管理核酸检测频次、调整对有症状人员采样要求等建议被总署采纳并推广执行。

（三）以监督检查为抓手靶向纠治，加强合力保障措施落地落实

配合海关总署“百名科长百日督查”和国庆前后疫情防控实地督查，根据各项检查重点，梳理检疫查验、卫生监督、检疫处理等卫生检疫工作的自查清单117条，各业务现场全覆盖，开展4次专项自查。制订关区常态化疫情防控监督检查工作方案，梳理卫生检疫业务条线常态化监督检查清单86项，统筹应用“每日视频监控检查”“重点时段重点环节抽查”“每月安全防护自查督查”“挑毛病专班检查”“监督部门飞行检查”等多种形式，反复排查风险隐患。同时，将监督检查与国庆、党的二十大召开等重要时间节点疫情防控要求相结合，与“二十条优化措施”等部署执行情况相结合，与“学查改”专项工作、安全生产等相结合，组织开展专项自查、现场检查4次，建立问题整改“三项清单”，紧盯整改完成进度，完成一项、销账一项，以检查情况作为评估措施执行效果的依据，举一反三，整改一个问题、避免一类问题、规范一项管理，完善相关预案、指引35个，有效提升工作质量。

三、坚持统一意志，组建“生力军”，建强支撑奋战疫情一线的坚实堡垒

（一）以日常履职能力提升为抓手建强队伍堡垒

通过岗位练兵、技能比武、实操演练实现

梯队人员培训“全员覆盖”，确保梯队人员始终处于激活状态；举办16期次口岸疫情防控、卫生监督等技能轮训，参训人员超过2000人次；开展口岸新冠疫情防控工作人员安全防护比武，组织“全梯队技能实训”“全方位监督考核”“全过程实战比武”，全面提升一线人员个人防护能力及防护监督能力；在抗击新冠病毒感染疫情的大考中，打牢卫生检疫的“基本功”，铸造队伍过硬本领。2022年，1个集体、1名个人分别获得全国海关系统先进集体、先进工作者。

（二）以抓实实验室检测能力提升为抓手建强技术堡垒

提升新冠病毒核酸检测能力，全年完成核酸检测6.1万份；强化“多病共防”检测能力，落实42条生物安全风险控制措施，开展关区首次入境船员的猴痘样本PCR检测，响应速度位居全国海关前列；年内出入境人员监测体检报告病例37例，其中梅毒12例，病毒性肝炎21例，HIV抗体阳性4例。实现关区截获病媒生物携带病原体检测“零”的突破，首次实现关区鼠类全项目自检。

（三）以应急处置能力提升为抓手建强口岸作战堡垒

建立两级国境口岸公共卫生风险评估机制，开展综合研判29次，向海关总署报送疫情信息日报338期。推动口岸核心能力建设，为旅检口岸复航做好准备，开展口岸公共卫生核心能力动态管理，加快检疫查验、卫生监督、卫生处理技术用房及配套设施建设，完成新会港扩建口岸自查并向海关总署提交达标考核申请。制订关区口岸突发事件应急处置演练工作方案，并于国庆前后有针对性开展专项疫情防控演练，年内开展应急处置演练80余次，参加演练人数约700人次，以演促练、以练代训，关区卫生检疫专业资质人员增长超过3倍，切实提升关员应急处置水平和协同作战能力，把学习贯彻党的二十大精神切实转化为筑牢口岸检疫防线的具体实践，为维护口岸安全稳定、促进经济社会发展作出海关贡献。

撰稿人

叶雅芝

优化口岸营商环境　促进外贸保稳提质

2022年，江门海关坚决贯彻党中央“疫情要防住、经济要稳住、发展要安全”要求，落实海关总署促进外贸保稳提质措施，助力江门、阳江两市稳住外贸基本盘。年内，江门市外贸进出口值1772.6亿元，比上年下降0.9%；阳江市外贸进出口值268.7亿元，比上年增长0.1%。

一、巩固压缩整体通关时间成效

建立健全压缩整体通关时间工作机制，持续优化通关作业流程，巩固压缩整体通关时间成效。2022年12月，关区进口整体通关时间3.68小时，关区出口整体通关时间0.21小时。全年关区进口整体通关时间5.57小时，出口整体通关时间0.35小时。

二、提升贸易便利化水平

实施“两步申报”“提前申报”等通关模式改革，便利企业提前办理通关手续，快速提离进口货物，减少企业口岸通关时间和物流成本。2022年，关区“两步申报”“提前申报”应用率均高于全国平均水平。关区内推广“船边直提”和“抵港直装”业务模式，压缩货物在港时间。深化推进进口矿产品“先放后检”，有效降低企业仓储成本。推广企业集团加工贸易监管模式扩大至6家企业，帮助集团内产业链上下游企业有效盘活生产资源要素。

三、积极落实税收优惠政策

推进多元化税款担保改革，该模式下企业缓缴税款26亿元、占税款总量的37%，有效缓解企业资金压力。开展国家税收政策宣讲，指导企业用足用好RCEP政策。年内，签发出口RCEP成员国货物优惠贸易协定原产地证书4.21万份，企业享受进口方关税优惠9.96亿元，为企业进口RCEP成员国优惠贸易协定项下货物减让税款4.11亿元。

四、保障援港防疫物资高效通关

建立通关应急保障机制，对接地方、口岸和生产企业，特事特办，急事急办，协调解决企业诉求，全力保障援港防疫物资通关“零延时”“零等待”，监管船舶228艘次，监管出口活动房屋等货物货值约27.68亿港元。香港特别行政区政府发展局渠务署来函江门海关，对其出口次氯酸钠提供便捷通关服务表示感谢。

五、支持打造高水平对外开放平台

支持阳江市获批跨境电商综合试验区，指导企业开展跨境电商B2B、海外仓出口业务，助力阳江市实现跨境电商业务“零”的突破。

支持大宗商品监管中心建设，指导江门市3个进境原木指定监管场地通过验收。

六、拓展国际物流新通道

开通江门高新港至广州南沙港“湾区一港通”业务模式试点，实现“一次申报、一次查验、一次放行”，缩减货物通关时间，减轻支线港、枢纽港的场所堆存压力。推动江门北站首列“江门号”中欧、中老国际货运班列开行，实现关区国际铁路物流链“零的突破”。2022年年内，开行中老国际货运班列5列、中欧国际货运班列6列，监管出口货物货值超7500万元。

七、支持地方特色产业发展

强化地方政府职能部门、协会和企业与海关的联动配合，参与江门200强企业服务工作，助力关区支柱产业摩托车出口79.5亿元、比上年增长3.1%，印刷电路出口75.5亿元、比上年增长10.5%，塑料制品出口52.4亿元、比上年增长4.8%。开通鲜活易腐农食产品属地查检绿色通道，实行“随报随检”“即检即放”，保障4.4万吨供港澳冰鲜禽、海捕水产品快速通关。加快粮食等进境检疫审批，压缩初审时长50%。加强对活鳗、荔枝、富贵竹等相关企业技术帮扶，指导“新会陈皮”“阳江豆豉”等特色农副产品相关企业办理地理标志证明商标知识产权备案，支持本地特色农产品畅销海外。

八、加强企业信用管理

对重点行业和企业积极开展信用培育，2022年关区新增AEO企业7家。协助做好总署与马来西亚海关AEO国际互认合作相关安排，关区2家企业入选全国首批AEO互认观摩企业名录库，1家成为世界海关组织企业咨询组成员。

九、加强知识产权海关保护

保持打击侵权高压态势，2022年扣留涉嫌侵权货物及物品45批次，数量6.62万件、货值1112.90万元，分别比上年增长12.50%、16.55%、34.36%。查获案值942.35万元的侵犯“龙腾企业”商标权摩托车配件案件，为海关执法系统数据可查的全国海关查获案值最大的摩托车商标侵权案件。

撰稿人

张　权

筑牢国门安全屏障　守牢安全生产底线

2022 年，江门海关坚决贯彻落实习近平总书记关于安全生产重要指示批示精神，落实党中央“疫情要防住、经济要稳住、发展要安全”要求，统筹口岸疫情防控和促进外贸稳增长，推进安全生产专项整治三年行动收官，为营造平稳健康的经济环境、国泰民安的社会环境、风清气正的政治环境作出积极贡献。

一、做好口岸疫情防控工作

2022 年，江门海关加强运输工具、货物及寄递物品监管渠道外防疫情输入工作，有序快速验放援港物资 9.7 万吨，监管进出境船舶 6979 艘次，登临检查 1203 艘次，进口高风险非冷链货物采样 16 票，预防性消毒 5 票；发挥二级监控指挥中心作用，督促个人防护措施落实，监控检查现场作业情况 4282 票（次）；完善集中封闭管理监督机制，以实时监控、视频回放等方式发现、督促现场整改问题 11 个。

二、切实维护国门安全

2022 年，江门海关持续加强“扫黄打非”工作，建立违禁印刷品及音像制品审核、截获、定期移送等制度；强化“洋垃圾”、象牙等濒危野生动植物口岸监管，加强关区再生金属、再生纸浆监管风险管控；严厉打击涉枪涉爆走私活动，强化对毒品的口岸监管查缉，推进口岸监管环节打击治理跨境赌博、电信网络诈骗工作；强化口岸监管环节反恐应急演练，提升口岸反恐工作水平和应急处突能力；严防外来物种入侵，开展“跨境电商寄递‘异宠’综合治理”专项行动；持续加强贸易禁限监管，防范贸易碎片化衍生的监管风险，规范监管场地管理。2022 年，寄递渠道查获反宣品 648 件；货运渠道查发及依法退运固体废物 238 吨；查获安全准入违法案件 1527 起，其中管制类精神药品 1.40 千克、枪支配件和管制刀具 13 件；截获旧电子产品等“洋垃圾”50 批次、涉濒危动植物及其制品 571 批次、其他涉食品安全和涉检等 835 批次；编发货运渠道、寄递渠道查获典型案例 4 个，指导 3 个进境原木指定监管场地通过验收。

三、深入开展安全生产工作

2022 年，江门海关严格落实国务院安委会部署，落实安全生产专项整治三年行动实施方案、安全生产大检查“回头看”等工作要求，时刻绷紧安全生产这根弦，深入推进“口岸危险品综合治理”百日专项行动及常态化工作，压紧压实安全生产主体责任，夯实安全监管基础，防范化解重大安全风险。

（一）提高政治站位，充分认识安全生产工作的极端重要性

江门海关始终坚持以习近平新时代中国特色社会主义思想为指引，把学习贯彻习近平总书记关于“管行业必须管安全、管业务必须管安全、管生产经营必须管安全”等一系列重要指示批示精神作为重要政治任务，列为党委会、安全生产工作领导小组会议的“第一议题”，第一时间组织学习、结合实际组织落实、督办问效。江门海关党委进一步强化“时时放心不下”的责任感，认识再深化，机制再优化，措施再细化，先后召开20次党委会专题学习，研究制定措施，强化督导落实。通过政务信息“安全生产专栏”“每日一答”学习微平台等，学习习近平总书记关于安全生产的重要论述，组织观看《生命重于泰山——习近平总书记关于安全生产重要论述》电视专题片，推动引导全关干部职工深刻认识安全生产工作的极端重要性，切实把思想和行动统一到党中央关于安全生产的决策部署上来，将“人民至上、生命至上”的理念贯穿海关各项工作始终，全力以赴做好安全生产工作。

（二）加强组织领导，统筹推进安全生产各项工作落地见效

强化组织领导，压紧压实安全监管责任。江门海关发挥安全生产工作领导小组的统筹协调作用，进一步完善安全生产工作领导小组机制，成立由关长任组长的安全生产工作领导小组，优化明确领导小组成员单位工作职责和任务分工。健全领导小组工作例会制度，严格落实专题研究安全生产工作的具体要求，对照全国安全生产会议提出的十五条“硬措施”，分析研判关区安全生产形势，制定江门海关2022年安全生产工作要点和细化任务分工表，压紧压实各单位部门“一把手”主体责任，不断强化安全监管执法队伍建设，健全安全生产责任制，持续深入开展安全风险隐患排查。年内，召开领导小组会议5次、关区安全生产视频会议3次传达学习国务院安委会会议精神，组织落实全国海关安全生产电视电话会议要求，有力推动党中央、国务院关于安全生产各项决策部署和总署各项措施要求落地落实落细。

推进安全生产专项整治三年行动巩固提升。江门海关严格落实专项整治三年行动“巩固提升”阶段各项工作，坚持重点攻坚与整体提升相结合，动态更新问题隐患和制度措施“两个清单”，以“从根本上消除事故隐患、从根本上解决问题”的重要要求为目标，聚焦重点领域加大整治攻坚力度，全面梳理专项整治中发现的共性问题和突出矛盾，分析问题产生的根源，完善各领域工作制度措施25项，有力巩固专项整治成效，夯实安全监管基础。

构建防范化解安全风险预警机制。江门海关制定安全生产风险隐患信息“激励”预警管理办法，搭建由预警电话热线、安全风险隐患预警主页专栏、“吹哨预警”手机小程序等构成的多维预警体系，明确预警方式、预警要求、预警范围、处置流程、奖励方式等，激励全关干部职工增强安全生产意识，有效预防和遏制安全事故发生。2022年，通过预警机制快速处置风险预警4次。

强化安全生产跨部门监管协作机制。江门海关围绕《国务院安全生产委员会成员单位安全生产工作任务分工》明确的海关在安全生产方面的4项职责开展工作，绷紧依法依规履职这根弦，确保到位不越位。加强与应急管理、交通运输、海事等部门的联系配合、信息共享、联合会商，将监管作业中发现的监管货物、作业区域安全隐患问题通报、移送相关主管部门，确保查获的危险品货物得到妥善处置。2022 年，向地方通报安全风险隐患 14 处，各隶属海关与地方有关部门建立联系渠道或机制 8 个。

（三）聚焦重点领域，扎实开展安全风险隐患排查

深入开展安全生产检查。江门海关严格落实国务院关于切实加强重大安全风险防范化解工作的通知要求，始终把防范化解安全风险作为安全生产工作的重中之重，深入分析安全风险大、重复率高、涉及部门多等重点风险隐患，制订江门海关安全生产大检查实施方案，细化制定 9 个重点领域 10 项重点排查清单，成立 7 个督导检查组，明确任务分工、工作安排，推动全关开展横向到边、纵向到底的排查整治，发现整改问题隐患 80 处，防范化解安全风险。

做好“防风险、保稳定、迎二十大”风险隐患排查。江门海关对照总署领导在“防风险、保稳定、迎二十大”专题电视电话会议上强调的 7 个方面要求，迅速组织全面排查各领域、各环节风险隐患，按照应查尽查的原则，聚焦重大和系统性风险、疫情防控风险、危险品检验监管风险、安全生产风险、执法类风险 5 大领域，确定 323 项重点风险隐患清单，组织开展风险排查。排查整改各类问题隐患 115 处，切实担负起守护国门安全的责任。

开展安全生产大检查“回头看”。江门海关主要负责人靠前指挥，分管领导分工负责，坚持高标准、严要求深入推进各项工作，做好党的二十大召开前后的安全保障。推动各单位部门系统梳理前期安全生产大检查、“防风险、保稳定、迎二十大”风险排查和“口岸危险品综合治理”百日专项行动等工作情况，组织各业务领域专家开展“滚动式”监督检查，聚焦风险隐患是否彻底排除、整改措施是否落实到位、“加强版”措施是否执行到位等重点，开展问题隐患整改“回头看”和实地督导检查，切实消除安全事故风险隐患。其间，江门海关主要负责同志和分管关领导先后 3 次带队“直插现场”实地督导检查，发现风险隐患 23 处，对整改中的 33 个问题进行跟进督促，推进完成整改 24 个，对 9 个无法立行立改的问题隐患制定防范化解风险的措施并进行动态跟踪。

撰稿人

叶其械　黄志良　阚光金

江门海关推进综合治税

2022年，江门海关学习贯彻习近平新时代中国特色社会主义思想，落实综合治税新机制，制定落实综合治税细化措施，压紧压实主体责任，密切部门间协同配合，进一步增强综合治税合力。强化税收分析预测，研判税收走势和风险态势，健全应对措施，提升综合治税效能。年内，税收入库69.35亿元，比上年增长24.7%，为江门海关建关以来的历史新高。

一、贯彻落实党中央重大决策部署

2022年，江门海关落实“十四五”期间进口税收优惠政策，对关区20家科技创新进口税收优惠政策的享惠单位“一对一”开展政策宣讲；制发调研问卷，了解企业的诉求；提供预审服务，支持江门“双碳”实验室和阳江合金材料实验室等重点科研项目建设。

推动RCEP等自贸协定落地见效，开展政策宣讲20余场次、为300多家企业送去“享惠政策包”；聚焦企业个性化需求，为近70家次重点企业制定关税减让享惠清单、开展“点对点”精准辅导；收集企业难点堵点问题，为地方外贸搭乘“RCEP发展快车”建言献策，其中《关于江门市对RCEP贸易情况分析及建议》获江门市委书记肯定。年内，江门海关为关区企业输RCEP成员方货物签发优惠贸易协定原产地证书4.21万份，货值22.89亿美元；培育6家AEO企业为经核准出口商，企业开具RCEP原产地声明77份，货值5263.85万美元。

二、加强综合治税实现量质并举

2022年，江门海关贯彻落实国务院关于税收工作的指示精神和全国海关综合治税电视电话会议精神，全力落实“六方”协同治理综合治税新机制，统筹通关便利和依法科学征管，综合治税效能进一步增强。年内，江门海关税收入库69.35亿元，比上年增长24.7%，征税规模创江门海关建关以来的历史新高。

以直属海关考核客观指标作为“指挥棒”“风向标”，做实做细税收征管工作质量评估，建立每月税收分析制度，跟踪国内外经济贸易动态，对主要税源商品、企业开展分析预测，实地走访调研税源企业20余家，落实“一对一”精准帮扶等措施积极涵养税源，研判税收走势，发布12期税收征管通报，力促量质并举。年内，江门海关税收征管保持“零欠税、零出险”，各项考核指标继续保持优良，总体税收质量处于较好水平。

三、落实惠企措施促发展

2022年，江门海关推动以企业为单元的税收担保改革落地生效，关区纳税企业通过关税总担保方式可缓缴税款25.54亿元，占税款总量的36.83%，有效缓解企业资金压力。推广并审核通过关区首份企业集团财务公司担保，单笔保函金额1.80亿元，为同期全国海关最大担保额度的同类型保函。年内，江门海关原产地证书自助打印率93.63%、自报自缴率93.25%，分别比上年提升25.47个百分点和8.25个百分点，进一步提升口岸贸易便利化水平，促进外贸保稳提质。

多渠道开展对美加征关税市场化排除政策宣传。年内，江门海关排除对美加征税款3亿元，助力企业“轻装上阵”。落实2022年暂免征收加工贸易企业内销税款缓税利息政策，为152家企业免征缓税利息78.01万元，促进加贸业融入国内国际双循环。

四、筑牢安全税收征管防线

2022年，江门海关持续防范非贸渠道税收征管风险，以提升税收征管质量为抓手，加强风险布控、完善验估工作机制和征税率通报机制，严抓低瞒报价格行为，提高税收征管水平。年内，关区B类快件征税率19.11%，比上年提升59.23%；邮递物品征税率32.30%，比上年提升62.28%。

针对关区涉税风险特点和易发高发环节，定期开展风险分析排查，加大对大宗货物、敏感商品、异动商品等的风险分析力度，对存在风险下发处置单，提升风险处置效能。年内，开展跨部门专题联合研判7次，通过HLS 2017系统分析处置异常数据4192条。

撰稿人

丘锦堂　关慧婵　李颖元　孟胜男

陈锡亮获评全国 “人民满意的公务员”

2022年8月，在党的二十大即将召开之际，党中央、国务院决定，首次以党中央、国务院名义开展全国“人民满意的公务员”和“人民满意的公务员集体”表彰活动，江门海关陈锡亮获评全国“人民满意的公务员”，并与其他受表彰的396名个人和198个集体在北京接受习近平总书记亲切接见。

陈锡亮，时任江门海关统计分析处科长。2006年以来，他始终坚守在海关统计岗位，秉持干一行爱一行的态度，怀着对海关事业的忠诚，发挥自己的统计业务特长，多次运用统计学模型开展统计分析，关注研判外贸形势，在政策研究与统计工作的多个课题上展现自己的专业水平，践行“人民海关为人民”的理念。

一、政治坚定，业务过硬

陈锡亮注重锤炼党性修养，不断强化政治判断力、政治领悟力和政治执行力，深刻领悟“两个确立”的决定意义，增强“四个意识”，坚定“四个自信”，做到“两个维护”，始终保持共产党员的先进性和纯洁性。在政治学习中走在前、作表率，学习贯彻党的二十大精神，参加“学查改”专项工作和政治机关专项教育活动。陈锡亮自觉践行“国之大者”，带领江门海关统计监测预警工作小组，关注国内外经济形势，广泛搜集互联网信息，挖掘数据背后隐藏的本质，应用大数据分析的方法，形成统计分析研判报告，为进出口企业降本减负建言献策。他带领工作小组参与中美贸易分析、外贸环节集装箱缺箱、海运价格飙升等多个课题研究，对全球产业链、贸易链开展动态跟踪研判，多次深入基层和现场调研，通过组织问卷调查以及实地走访，了解外贸企业、产业发展中存在的困难，提出有针对性的措施建议。2020年以来，他带领工作小组参与起草、审核及上报关于外贸分析检测预警的统计分析报告260多篇，其中6篇获中央领导批示。

二、主动作为，勇于创新

陈锡亮在业务工作中精益求精，坚持理论联系实际，提升自我专业能力，利用业余时间自学统计学、经济学等相关知识，借助知网等学术平台查阅论文，在国际权威网站收集资讯，将学习成果运用到海关工作中。参与海关总署课题研究，其出口先导指数抽样理论、统计调查、统计数据质量控制等研究成果获得海关内部刊物采用。他还参与总署组织的促进国家外贸高质量发展专题研究、对外贸易指数编制发布、《海关统计摘要》编撰、宏观数据监控、智慧统计 H2018 贸易统计系统建设等 10 余项工作。由他牵头撰写的鳗鱼养殖、竹木草藤制品出口、锂电池正极材料和摩托车产业分析等具有鲜明地方外贸特色的产业发展报告，为稳外贸促发展提建议，获广东省领导批示 9 篇，获江门市领导批示 3 篇。陈锡亮应用 SAS 软件开发数据自动监控程序，实现数据处理的自动化，提升对外贸数据清洗、整理以及使用的效率，江门海关统计数据连续 15 年保持“零差错”。2013—2015 年他担任海关总署贸易统计数据宏观监控小组组长期间，组织开展全国贸易统计数据质量日常监控。通过数据挖掘分析，向上级部门提供打击防范虚假贸易风险的有效信息。他提出的在统计数据检控中应用计算机加载参数并自动迭代更新的工作方法，在全国海关统计条线沿用至今。

三、干事创业，树立榜样

陈锡亮热爱海关统计工作，经常加班加点、废寝忘食。2021 年以来，他平均每年加班逾 900 小时，遇上急难险重任务则“食住在办公室”，甚至连续 1 周不曾回家。从事政策研究及统计工作以来，他负责组织开展江门、阳江两市外贸进出口监测预警工作，在乡村振兴、服务外贸高质量发展、碳达峰碳中和等中央重大工作部署上冲锋在前，发挥数据优势，积极提出推动地方外贸高质量发展的意见建议。他的工作实绩和敬业精神得到身边同事的广泛认同，树立爱岗敬业、无私奉献的良好形象。他注重“传、帮、带”，精心编制培训课件，将自己多年积攒的工作经验传授给同事，提升其他同志的理论和业务水平，在他的带领和帮助下，2020 年以来，5 人参与海关总署业务统计知识竞赛，均取得优异成绩，全部入选海关总署业务统计骨干专家组。

撰稿人

高 俊

第三篇

大事记

2022 年江门海关大事记

1 月

1 日 RCEP 生效首日，江门海关成功签发 2 份 RCEP 原产地证书，货值 39.5 万元，分别为输日本韩式辣面酱和输澳大利亚空调室内机。

12 日 江门海关召开捍卫“两个确立”、做到“两个维护”、强化政治机关建设专项教育活动动员会，深入学习贯彻习近平总书记重要指示批示精神和党的十九届六中全会精神，传达学习海关总署署长倪岳峰在全国海关专题会议上的讲话精神。

13 日 江门海关在对 2 宗咖啡因片走私行政案件的调查过程中发现，2 宗案件的收件人涉及同 1 名当事人，该当事人因涉嫌走私、贩卖毒品犯罪被江苏海安市公安局依法采取强制措施。依法对该 2 宗行政案件合并转刑事立案 1 宗，查扣涉嫌走私的 ALLMAX CAFFEINE 牌咖啡因片共 1380 瓶，共计 138000 片，经鉴定，咖啡因含量为 31.3%（313mg/g）。

14 日 江门海关在快件渠道查获人头发制品 14 票共 86 包，净重 19.78 千克。

18 日 江门海关莫仕盛获“广东省扫黄打非先进个人”称号。

19 日 江门海关召开党委会，传达学习习近平总书记在十九届中央纪委六次全会、省部级主要领导干部学习贯彻党的十九届六中全会精神专题研讨班和出席 2022 年世界经济论坛视频会议上的重要讲话精神。

江门海关协同广州海关在江门、广州同时开展集中收网行动，抓获犯罪嫌疑人 7 名，打掉涉嫌走私牛皮团伙 2 个，冻结银行账户 28 个，封存牛皮约 300 吨。

25 日 江门海关召开党委会，组织学习 2022 年全国海关工作会议、全国海关全面从严治党工作会议精神和 2022 年全国海关纪检监察工作会议精神。

26 日 党委书记、关长詹少彤会见阳江市委书记冯玲一行，冯玲对江门海关在口岸疫情防控、促进外贸稳增长、优化营商环境等方面工作取得的成效给予高度评价，对海关一直以来对阳江市经济社会发展的大力支持表示感谢。

江门海关法规处获“全国普法工作先进单位”称号。

26—27 日 江门海关召开 2022 年江门海关工作会议、江门海关全面从严治党工作会议。在关区工作会议上，关长詹少彤全面总结回顾 2021 年关区各项工作，分析关区面临的形势要求，明确 2022 年江门海关工作的总体要求。在全面从严治党工作会议上，组织学习贯彻习近平总书记在十九届中央纪委六次全会上的重要讲话精神，落实全国海关全面从严治党工作会议部署，全面总结2021年关区全面从严治党、党风廉政建设和反腐败工作，安排2022年重点工作。党委委员、党委纪检组组长陈志华传达驻署纪检监察组组长王林在2022年全国海关纪检监察工作会议上的主要讲话精神并布置2022年关区党风廉政建设和反腐败工作。会议以电视电话会议形式召开。

28日 江门海关召开党委会，传达学习习近平总书记在中央政治局第三十六次集体学习时发表的重要讲话精神，要求各单位部门充分认识实现“双碳”目标的重要意义，从讲政治高度切实发挥好海关职能作用，要全力支持辖区“双碳”项目建设。

2月

8日 江门海关联合地方公安，在虎跳门水道查获涉嫌走私冻品“三无”铁壳船1艘，车辆2辆，现场查获冻鸡脚等冻品约100吨。

11日 江门海关召开党委会，传达学习习近平总书记在《求是》杂志上发表的重要文章《努力成为可堪大用能担重任的栋梁之才》。

13日 江门海关联合江门公安打私支队、江门海警局在台山镇海湾查获涉嫌走私冻品的铁质运输船1艘，现场查获冻品约100吨。

14月 江门海关所属台山海关综合业务二科获“广东省巾帼文明岗”称号。

16日 江门海关召开党委会，传达学习“海关重点项目和财物管理以权谋私”专项整治工作动员部署视频会议精神和全国海关动植检工作会议精神。

江门海关自主研发大数据应用“江关智搜”上线运行。

江门海关李春瑞获“全国海关优秀执法一线科长”称号。

21日 关长詹少彤走访江门市纪委监委，通报全国海关全面从严治党工作会议精神以及江门海关推进全面从严治党工作、加强口岸疫情防控、优化口岸营商环境以及开展捍卫“两个确立”、做到“两个维护”、强化政治机关建设专项教育活动以及“海关重点项目和财物管理以权谋私”专项整治工作等工作情况。

24日 江门海关召开党委会，传达学习全国海关政策研究和统计工作会议、全国海关商品检验工作会议精神，研究贯彻落实意见。

3月

1日 江门海关召开党委会，传达学习习近平总书记在2月25日中央政治局会议和中央政治局第三十七次集体学习时发表的重要讲话精神。

7日 关长詹少彤会见广东检验检疫协会刘中勇会长一行，双方就加强沟通协作，通过标准、检测、产品溯源、认证等技术手段，促进江门市陈皮等特色优势产业发展等方面进行探讨。

8日 江门海关在2018年9月查获的成品油走私案基础上深挖扩线，协同湛江、广州海关缉私局在茂名、广州等地统一收网抓捕、搜查，抓获犯罪嫌疑人4名，成功打掉涉嫌走私成品油团伙3个。经初步查证，该案共涉嫌走私成品油约1.5万吨，案值约1.1亿元，涉嫌偷逃税约3600万元。

江门海关所属阳江海关新建分子生物学实验室投入使用。

13 日　江门海关根据缉私局水上情指中心指引，联合江门打私支队、江门海警局在崖南水道查获货船一艘，抓获涉案船员 2 名，船舱内查获涉嫌走私的冻鸡脚等冻品约 750 吨，涉案冻品均属禁止进境类物品。

15 日　江门海关召开党委会暨指挥部会议，传达学习习近平总书记关于疫情防控工作的重要指示批示精神、全国“两会”精神和习近平总书记在中央党校（国家行政学院）中青年干部培训开班式上的重要讲话精神。

16 日　江门海关保障首列“江门北—万象”中老国际货运班列开行。

21 日　江门海关通过审核某企业报关单证等资料，发现其 2021 年进口的镍矿存在特殊关系影响成交价格的情况，经价格磋商，对其补征税款。

25 日　江门海关对一件寄自日本的进境邮递包裹进行查验，开箱发现 8 条活体鱼，为关区首次截获。

28 日　江门海关召开党委会，组织学习习近平总书记关于审计工作的重要指示批示精神，传达学习全国海关持续推进审计问题整改工作视频会议精神。

阳江市首批出口风电设备在江门海关所属阳江海关通关，价值 9417. 91 万元。

4 月

7 日　江门海关进境原木中截获 1 种活体昆虫（雌虫）为检疫性有害生物，依程序审核确认为全国首次截获。

11 日　江门海关在江门、阳江两地同时开展查缉抓捕行动，成功打掉一个涉嫌通过邮递渠道走私淫秽物品进境团伙，抓获涉案人员 3 人，查扣涉案书籍约 800 本。

13 日　江门海关二级巡视员杨向宇办理退休手续。

21 日　江门海关召开党委会，传达学习习近平总书记在北京冬奥会、冬残奥会总结表彰大会，中央全面深化改革委员会第二十五次会议和在海南考察时的重要讲话精神，习近平总书记关于机要密码工作、信访工作的重要指示批示精神。

江门海关查获的“依申请保护饼干生产线专利权案”成功入选海关总署发布《2021 年中国海关知识产权保护状况》和《2021 年中国海关保护知识产权典型案例》，该案查获申报出口至“一带一路”国家印度尼西亚的涉嫌侵权饼干生产线 1 条，案值近 570 万元，是全国海关 2019 年以来截获的货值最大涉嫌侵犯专利权货物。同时，江门海关推动重点企业纳入地方首批知识产权海外护航援助服务范围做法获《2021 年中国海关知识产权保护状况》采用。

28 日　江门海关所属新会海关工会获“广东省五一劳动奖状”。

江门海关保障首列“江门—杜伊斯堡”中欧国际货运班列开行。

29 日　江门海关召开党委会，传达学习习近平总书记在中央财经委员会第十一次会议上的重要讲话精神、习近平主席在博鳌亚洲论坛 2022 年年会开幕式上发表的重要讲话精神，组织学习 4 月 28 日总署党委扩大会议暨统筹口岸疫情防控和促进外贸稳增长指挥部会议精神；传达学习习近平总书记在 4 月 29 日中共中央政治局会议上的重要讲话精神；组织学习驻署纪检组副组长吴戈在重点项目清单分析指引应用视频会议上的讲话精神。

5 月

1 日 江门海关在西江江顺大桥附近水域查获 1 艘货船，抓获犯罪嫌疑人 3 名，查获 45 个 40 尺集装箱，共查获涉嫌走私猪制品等冻品 1240.34 吨。

10 日 关长詹少彤会见江门市人大常委会副主任、江门市总工会主席陈霞一行，双方就加强沟通协作，做好口岸疫情防控一线工作人员关心关爱等方面进行交流。

江门海关首次为科研院所办理减免税审核确认手续。

16 日 江门海关召开党委会暨指挥部会议，传达学习习近平总书记在 5 月 5 日中共中央政治局常务委员会、庆祝中国共产主义青年团成立 100 周年大会上的重要讲话精神和在《求是》杂志上发表的重要文章。

23 日 江门海关联合江门市公安局，与湛江海关同步抓捕收网，对走私、运输、销售海南离岛免税“套代购”货品的团伙进行全链条打击，在深圳抓捕涉案人员 3 名，查获高档化妆品一批。该案初估案值 150 万元，涉嫌偷逃税款约 35 万元。

30 日 江门海关召开党委会，传达学习习近平主席在庆祝中国国际贸易促进委员会建会 70 周年大会暨全球贸易投资促进峰会上发表的视频致辞精神，传达学习全国稳住经济大盘电视电话会议、广东省第十三次党代会精神。

6 月

1 日 江门海关与深圳海关、地方公安联合行动，在阳东区北惯镇抓获涉案人员 1 名，查获枪管 3 支及制作铅弹模具 1 套。

江门海关自主建设的“廉政警示教育云展厅”上线运行。

1—2 日 海关总署广东分署一级巡视员丁吉豹到江门海关调研“先放后检”模式改革工作，前往阳春新钢铁有限责任公司、阳江港开展现场调研。

3 日 江门海关在阳江市海陵区闸坡镇戴某家中现场查获淫秽书籍约 400 本。

5 日 江门海关联合江门市公安局抓获犯罪嫌疑人 6 名，打掉 1 个通关团伙及 1 个货主团伙。经查，自 2014 年以来，江门等地货主向国外高端奢侈品牌订购服装鞋包，委托以刘某某为首的通关团伙以低报价格方式将货物走私进境后，在国内销售牟利。

10 日 江门海关保障首列“江门—别雷拉斯特”中欧国际货运班列开通。

15 日 江门海关召开党委会，传达学习习近平总书记在四川考察时的重要指示精神。

21 日 江门海关召开党委会，传达学习习近平总书记在中共中央政治局第四十次集体学习时的重要讲话精神。

27 日 海关总署缉私局局长孙志杰到珠江口轮战点中山水上缉私基地进行安保工作督导，听取江门海关缉私局上半年重点工作、落实水上缉私安保措施情况汇报。

29 日 江门海关召开党委会，传达学习习近平主席在金砖国家工商论坛开幕式、金砖国家领导人第十四次会晤和全球发展高层对话会上发表的重要讲话精神。

30 日 胡冬梅任江门海关一级巡视员。

江门海关关史展馆获评“江门市党员教育基地”。

7月

1日 江门海关组织“光荣在党50年”老党员颁发纪念章活动，党委书记、关长詹少彤为获“光荣在党50年”纪念章的6名老党员逐一颁发佩戴纪念章，组织老党员重温入党誓词，开展老党员与青年党员互动访谈。

7日 江门海关召开2022年年中工作会议。

江门海关政工办党支部“海关党性教育基地”获“2022年度全国海关党建示范品牌”称号。

江门海关所属新会海关综合业务一科党支部“把关服务先锋队——匠心保税”获“2022年度全国海关党建示范品牌”称号。

江门海关所属外海海关跨境电商监管科党支部“e路清廉”通过全国海关党建培育品牌2022年复核认定。

江门海关所属阳江海关查检科党支部“漠阳猎鹰——争当国门安全先锋”获“2022年度全国海关党建示范品牌”称号。

江门海关刘洋获海关系统“党务之星”称号。

14日 江门海关召开党委会，传达学习习近平总书记在庆祝香港回归祖国25周年大会暨香港特别行政区第六届政府就职典礼和在湖北武汉考察时的重要讲话精神，组织学习习近平总书记关于国家安全工作重要论述。

21日 江门海关召开党委会，传达学习习近平总书记在新疆考察时的重要讲话精神，传达7月18日海关总署署长俞建华在总署统筹口岸疫情防控和促进外贸稳增长工作指挥部会议上的工作要求。传达7月15日总署危险品检验监管专题会议、“口岸危险品综合治理”百日专项行动部署动员会和6月29日总署安全生产领导小组会议精神。

25日 江门海关在来自香港运输惰性物料的入境船舶中截获活鼠2只。

28日 江门海关保障首批斜带石斑鱼苗供港。

8月

1日 江门海关启动进出口货物口岸现场即决式风险布控试点工作。

江门海关检验检疫行政处罚职能管理由缉私局移交至企业管理与稽查处。

2—3日 海关总署广东分署党委纪检组组长程开宇一行到江门海关调研，到江门海关所属阳江海关调研疫情防控及落实全面从严治党工作情况、对一线关员进行慰问，并调研走访广东金辉刀剪股份有限公司。关长詹少彤会见程开宇组长。

3日 江门海关联合地方公安抓获犯罪嫌疑人4名，现场查获走私进境的“球星卡”一批。初步查证自2018年起，犯罪嫌疑人在国外购物平台上购买“球星卡”后，以远低于实际购买的价格在江门、成都等口岸通过快件渠道向海关申报进境，再通过邮寄方式在境内销售牟利。

4日 江门海关在2批次进境原木中截获的2种活体有害生物，依程序审核确认为全国首次截获。

8日 江门海关在江门高新港截获江门某摩托车科技有限公司出口埃及带有飞翼图形商标标识的摩托车发动机6000台及零配件一批，涉嫌侵犯龙腾企业广东大冶摩托车技术有限公司的商标权，该案货值折合人民币约942.35万元，是自1995年实施知识产权海关保护以来全国海关截获案值最大的摩托车商标侵权案件，也是江门海关历年来案值最大的侵权案件。

10日 江门海关召开党委会，传达学习习近平总书记在省部级主要领导干部专题研讨班和7月28日中共中央政治局会议上的重要讲话精神，传达学习8月1日总署党委扩大会议和总署统筹口岸疫情防控和促进外贸稳增长工作指挥部会议精神。

19日 闫伟东任江门海关党委书记、关长，詹少彤任拱北海关党委书记、关长。

江门海关召开党委会，传达学习习近平总书记在《求是》杂志上发表的重要文章《全党必须完整、准确、全面贯彻新发展理念》。

24日 江门海关召开党委会，传达学习习近平总书记在辽宁考察时的重要指示精神。

29日 江门海关联合地方公安抓获犯罪嫌疑人8名，打掉2个走私废塑料犯罪团伙，初步查证走私进境废塑料1万余吨。经查，以翁某某为首的走私团伙在2013年1月至2016年12月期间，接受没有相应环评资质的国内货主委托，利用他人的“固体废物进口许可证”，以包证包税方式将客户从境外购买的废塑料在江门、佛山等口岸向海关伪报进口，赚取非法利润。

30日 江门海关召开党委会，传达广东分署向江门海关党委反馈巡视中长期整改监督检查情况，研究进一步推进落实措施。

江门海关陈锡亮获得全国“人民满意的公务员”称号。

9月

7日 海关总署党委委员、政治部主任许大纯出席江门海关关长任职仪式视频会议，宣读海关总署党委对闫伟东、詹少彤的任免决定，代表海关总署党委肯定江门海关上一届党委班子工作，并对新一届党委班子提出希望和要求。

8日 江门海关召开党委会，传达学习习近平主席三次考察广东时的重要指示，传达学习俞建华署长和许大纯主任对江门海关的工作要求。

15日 江门海关为阳春新钢铁有限责任公司办理关区首份企业集团财务公司税款担保备案，担保金额1.8亿元，为该关通过首份企业集团财务公司担保。

20日 江门海关召开党委会，传达学习习近平主席在上海合作组织成员国元首理事会第二十二次会议上发表的重要讲话精神，以及习近平总书记在8月30日、9月9日中央政治局会议上的重要讲话精神。

21—23日 海关总署党委委员、广东分署主任张广志在江门海关调研，到监控指挥中心视频连线慰问一线集中封闭管理关员，听取统筹口岸疫情防控和促进外贸稳增长专题汇报，参观关史展馆、国家食品接触材料检测重点实验室，深入江门双碳实验室、陈皮种植示范基地、阳江海上风电检测认证中心和4家外贸企业调研，听取企业对海关工作的意见建议。其间，会见江门市、阳江市党政主要负责人。

27日 江门海关保障关区首票中欧国际货运班列进口货物通关。

10月

10日 广西壮族自治区梧州市政协主席黄振饶一行到江门大广海湾保税物流中心（B型）调研，实地参观保税物流中心（B型），听取中心运作及海关监管情况介绍。到江门海关所属新会海关综合业务一科支部了解支部统筹疫情防控和促进外贸保稳提质等工作，以及在“四强”党支部和党建示范品牌建设方面取得的成果。

12日　江门海关召开党委会，组织学习海关总署关于领导干部配偶、子女及其配偶经商办企业有关规定，传达海关系统纪检监察干部监督工作会议精神。

16日　江门海关召开党委会，原文学习党的十九届七中全会公报。

16—18日　江门、深圳、广州、拱北海关联合开展南部协作区专项稽查行动，查获深圳某润滑油公司、中山某印刷公司、江门某科技公司3家企业生产的外包装存在违规标识的摩托车润滑油60095瓶，印刷模板3套16个。

17日　江门海关召开党委理论学习中心组学习暨党的二十大报告精神专题学习会，组织学习习近平总书记代表第十九届中央委员会向大会作的报告精神。

23日　江门海关所属新会海关综合技术服务中心通过中国合格评定国家认可委员会（CNAS）复评审。

24日　江门海关组织参加全国海关学习宣传贯彻党的二十大精神视频会议。

24日　江门海关对某贸易发展有限公司申报进口的46万个来自台湾地区、货值共63.74万元的蜗杆进行查验，发现该批货物发票和装箱单上均有“R. O. C”字样，货物外包装上印有“MADE IN TAIWAN”字样，违反一个中国原则。

26日　江门海关召开党委会，传达学习10月25日二十届中共中央政治局会议精神，组织学习中办印发的《推进领导干部能上能下规定》，研究贯彻落实措施。

江门海关在广州海关、汕头海关和江门市公安局的协助配合下，在广州、汕头、汕尾等地抓获犯罪嫌疑人5名，查扣疑似石首鱼（CITES附录Ⅰ列名物种）鱼胶103只、海马干（国家二级重点保护野生动物）152只、玳瑁（国家一级重点保护野生动物）2只等濒危野生动物制品一批，初估案值2000余万元。经查，2019年以来，柯某某等人相互勾结，从墨西哥采购石首鱼鱼肚等濒危野生动物制品后，发运到中国香港地区或越南，以快递夹藏方式进境或私闯中越边境非设关地偷运入境，主要销往广东广州、汕头等地牟利。

31日　江门海关组织参加海关总署党委理论学习中心组（扩大）学习暨司局级主要负责人学习贯彻党的二十大精神培训班视频会议。

11月

2日　江门海关、拱北海关联合中山市公安局开展水上巡查，在横门水道保利长大货运码头1艘来往港澳小型船舶上查获涉嫌从香港走私进境的冻品近700吨，抓获涉案人员11名。

3日　江门海关召开党委会，传达学习习近平总书记在中共中央政治局第一次集体学习和瞻仰延安革命纪念地时的重要讲话精神，组织学习《中共中央关于认真学习宣传贯彻党的二十大精神的决定》和海关总署党委印发的《全国海关学习宣传贯彻党的二十大精神工作方案》。

5—6日　中国合格评定国家认可委员会指定专家评审组对江门海关缉私局司法鉴定中心进行远程评审，最终评审组一致同意该局司法鉴定中心实验室达到CNAS认可标准，通过复评审。

7日　经海关总署推荐，江门关区高级认证企业李锦记（新会）食品有限公司入选世界海关组织（WCO）企业咨询组成员，全国入选企业仅2家。

7—11日 江门海关举办党委理论学习中心组（扩大）学习暨处级党委主要负责同志及党组织书记学习贯彻党的二十大精神专题培训班，党委书记、关长闫伟东作专题培训班开班辅导讲话，以“视频连线”方式邀请广东省委党校郭丽兰教授专题解读党的二十大精神，组织关区全国优秀党务工作者、全国“人民满意的公务员”、全国海关基层党建品牌党支部书记等身边先进典型围绕学习党的二十大精神分享心得体会。

12—13日 江门海关保健中心实验室通过中国合格评定国家认可委员会专家组现场“复评审+变更”和“扩项评审”。

14日 江门海关召开党委会，传达学习习近平总书记在11月10日中共中央政治局常务委员会会议上的重要讲话精神，传达学习全国新冠疫情防控工作电视电话会议和全国海关疫情防控工作专题视频会议精神。

22日 江门海关所属台山海关在来自苏里南的进境亚马孙沃埃苏木原木集装箱中截获鼠类1只。

23日 江门海关召开党委会，传达学习习近平主席在二十国集团领导人第十七次峰会、亚太经合组织第二十九次领导人非正式会议上的重要讲话精神，传达学习习近平总书记对河南安阳市凯信达商贸有限公司火灾事故作出的重要指示精神。

江门海关联合珠海公安、珠海海警在黄茅海大桥查获一艘来往港澳小型船舶，现场抓获船员3人，查获涉嫌从香港走私进境的冻品约800吨。

24日 关长闫伟东会见江门市副市长郑晓毅一行，双方就进一步做好促进外贸保稳提质工作达成共识，共同推动江门外贸高质量发展。

24—26日 江门海关技术中心通过中国合格评定国家认可委员会专家组现场“复评审+变更”评审。

30日 江门海关召开党委会，组织学习中央纪委办公厅印发的《关于贯彻党的二十大部署要求　锲而不舍落实中央八项规定精神深化纠治“四风”工作的意见》和驻署纪检监察组通知要求。

12月

1日 江门海关获海关总署批复同意设立大数据海关应用创新示范点，该示范点是全国首批4个示范点（天津、上海、黄埔）之一。

20日 江门高新港—广州南沙港“湾区一港通”业务模式完成首票实货测试。

21日 江门海关召开党委会，传达学习习近平总书记在12月6日中共中央政治局会议和中央经济工作会议上的重要讲话精神，学习12月19日海关总署党委会议和12月18日广东省委常委会议精神。

28日 党委书记、关长闫伟东会见阳江市委书记冯玲一行，冯玲对江门海关在口岸疫情防控、促进外贸稳增长、优化营商环境等方面工作取得的成效给予高度评价，对海关一直以来对阳江市经济社会发展的支持表示感谢。

29日 江门海关召开党委会，传达学习习近平总书记对爱国卫生运动作出的重要指示精神，组织学习国务院联防联控机制印发的有关通知精神和全国海关新冠病毒感染疫情防控工作专题视频会议精神，传达学习广东省内海关单位纪检监察工作座谈会精神，研究贯彻落实措施。

第四篇

党的建设

党建工作

【概况】2022年，江门海关坚持以习近平新时代中国特色社会主义思想为指导，坚决落实习近平总书记重要指示批示精神和党中央决策部署，认真学习宣传贯彻党的二十大精神，推进“学查改”专项工作和强化政治机关建设专项教育活动，深刻领悟“两个确立”的决定性意义，增强“四个意识”、坚定“四个自信”、做到“两个维护”，坚持严的主基调，不断夯实基层党建基础，强化正风肃纪，一体推进“三不腐”，开展清廉海关建设，为全方位推动江门海关高质量发展提供坚强保证。

【意识形态工作】2022年，江门海关党委召开党委会专题研究意识形态工作4次，制定落实关区防范化解意识形态风险工作措施。年内，关党委向海关总署党委汇报意识形态工作1次，通报关区意识形态领域情况1次。健全意识形态突发事件应急处置工作机制，完善信息公开、新媒体运用管理办法。健全队伍思想动态定期分析机制，将队伍思想动态分析纳入党支部会议议题，推动关区各基层党组织开展思想动态分析464次。加强各类阵地建设和管理，组织对关史展馆、党建教育中心、荣誉室以及各基层党组织党建阵地开展实地检查，加强政治审核，守好意识形态主阵地。

【党史学习教育常态化长效化】2022年，江门海关制定并落实关区党史学习教育常态化长效化“60项工作措施”，组织开展“喜迎二十大”“十个一”系列活动，深化“学史·铸魂”海关红色讲坛活动，依托“江关新语”微信公众号，以“一支部一故事”形式举办“党史故事大家讲”56期，寓学于讲，挖掘宣传“洋关里走出的红色音乐家章枚”等江门海关红色资源5个，2022年7月，江门海关关史展馆被江门市委命名为江门市党员教育基地。发挥党建教育中心、关史展馆等阵地作用，加强对党忠诚教育，引导党员干部坚定理想信念，依托“党员先锋岗”、关地企“直通车”、“问题清零”等机制，持续深化“我为群众办实事”实践活动，为企业办实事100余件，解决企业冰鲜食品快速通关等问题诉求36个。

【关区文化建设】2022年，江门海关组织主题文化活动，开展“喜迎二十大　奋进新征程”系列文化活动，举办“我们的生活充满阳光”主题展览、“喜迎二十大　建功新时代”朗诵比赛、“书香江关”读书沙龙活动10余场。活跃群众性文化活动，结合节日节点开展文化体育活动，举办送“挥春”、网球赛、书法夏令营等活动，发挥17个文体协会作用，利用文化场地设施，举办瑜伽、健身、乒乓球、摄影等兴趣班，持续开展喜闻乐见的群众性文体活动。培育和践行社会主义核心价值观，开展“携手帮扶　振兴乡村”爱心捐款活动，募集捐款45万余元。

【基层组织建设】2022年，江门海关开展基层党建“双提升”行动，制定落实基层党建“双提升”行动16条工作措施，召开基层党建“双提升”行动推进会，对“强基提质工作”开展情况进行总结评估；组建12个党务干部岗位练兵小组，常态化开展月度研讨，编发基层党建双提升行动专刊3期；面对面持续深化“头雁工程”开展支部书记轮训230余人次；开展党建交流、月度研讨、事迹巡讲96次，以“每周PK赛”常态化练兵4.93万人次；实施“书记项目”41个，机关党委书记项目获评总署优秀项目，在全国海关宣传推广，3门课程入选总署“优秀党建培训课程”，1个支部书记微党课获评江门市优秀党课。挖掘江门海关红色历史，关史陈列馆获评“江门市党员教育基地”。

落实党委委员联系基层党建联系点制度，关党委委员、机关党委委员深入基层联系点26次，通过实地调研、谈心谈话、召开座谈会等方式，解决基层工作中面临的实际困难和问题，指导基层党组织强化政治功能；推动机关带基层、职能带条线，机关部门与基层执法一线党支部开展党建联建共建22次，共同提升党员干部思想理论水平；发挥支部战斗堡垒和党员先锋模范作用，优化完善关区24支党员先锋队、党员突击队的平战转换工作机制。注重发挥“全国优秀党务工作者方冬宏”的热源效应，组织成立党建工作室，持续深化支部党建品牌内涵，利用品牌影响提升基层党建工作质量，复核通过关区基层党建品牌13个，新增全国海关党建示范（培育）品牌2个，2个支部工作法分别入选总署“百个基层党建案例”、江门市基层党建创新案例，1人获全国海关系统“党务之星”称号。

【全面从严治党工作】2022年，江门海关围绕全面从严治党、党风廉政建设和反腐败工作，关党委专题研究14次，修订完善党委制发制度3项，推动全面从严治党64项年度重点工作全面落实，完善全面从严治党责任清单体系，强化“四责协同”机制作用发挥。组织新任职隶属海关党委书记、派驻纪检组组长开展“基层书记组长谈责任”主题访谈8次，党委委员对29名处级领导干部谈话提醒，督促明责履责尽责。制定年度政治监督重点清单，明确11项监督任务，围绕学习宣传贯彻党的二十大精神、政治机关建设、落实总署工作部署等开展监督检查，制发纪律检查建议书76份，推动完善制度机制13个。对各单位部门民主生活会进行全过程督导，抓实整改，持续提升党内政治生活质量。

加强纠风执纪监督，锲而不舍落实中央八项规定及其实施细则精神，紧盯元旦、春节、“五一”、端午、中秋、国庆等重要时间节点开展监督检查87次。重点纠治形式主义、官僚主义，制定为基层减负18项措施，进一步清理、精简微信等工作群，深化“三应”运行机制协调解决15个业务结合部问题。落实“过紧日子”长效机制，7个“集体”获评

第二批节约型机关。强化行风政风建设，开展窗口作风提升行动，开展纪律作风督察17次，督促整改问题13个，聘任新一届特约监督员21名，“一对一”听取意见52人次，“好差评”系统办件好评率100%。强化干部管理监督，紧盯“关键少数”，实施处级单位部门“一把手”和班子成员重点事项季度自查报告工作制度，组织134名领导干部开展配偶、子女及其配偶从业情况自查。发挥基层党组织纪检委员作用，各级党组织用好监督执纪“四种形态”特别是“第一种形态”，做到抓早抓小、防微杜渐。

一体推进“三不腐”，以零容忍态度惩治腐败，推进打私反腐“一案双查”，开展“亲清不分”小微腐败问题专项治理，严肃查处违纪违法案件7起，给予党政纪处分7人，问责2个党组织、3名处科级领导干部。开展“海关重点项目和财物管理以权谋私”专项整治，排查问题及廉政风险29项，制定完善制度机制58项。做实以案促改试点工作，深刻汲取严重违纪违法案例教训，各单位部门查摆问题249个、落实整改措施480项。深化“制度+科技”运用，制定186项防范化解系统腐败风险工作措施，巩固专项整治、以案促改成果，完善制度机制42项，集中清理制度文件218项。强化督察审计监督，推动整改问题64个、排查风险隐患8处。建成“廉政警示教育云展厅”，推送“清风清心”廉政短视频、纪法知识等103期，组织“三不腐”课题研究，形成研究成果13篇，各级党组织开展廉政党课、案例教学312次，征集创作廉洁文化作品105件，原创视频作品被推荐参加全国清廉家风主题宣教活动，创作作品获全国海关“清风国门”作品展一等奖，“清廉江关”品牌效应提升，98.6%的干部职工表示认同。

【“内务规范强化月”活动】

2022年，江门海关党委把开展“内务规范强化月”活动纳入年度全面从严治党重点任务，严格落实总署政治部统一部署，结合实际高质量组织实施。关党委带头开展集中队列训练，分批组织全关处级领导干部开展集中队列训练，各单位部门常态化开展队列训练，强化号令意识，锻造纪律严明的干部队伍。召开关区机关党建工作会议，对开展强化月活动进行具体部署。结合开展“学查改”专项工作和强化政治机关建设专项教育活动，研究制定4方面15项重点任务措施。紧密结合疫情防控实际，做到线上线下同步推进，通过推进“班前列队”机制，做好每日常态化督导训练和点评。用好“江关主页”平台和“江关新语”等微信公众号，

▲2022年8月26日，江门海关召开加强新时代廉洁文化建设暨警示教育大会 （政工办 供图）

▲2022 年 4 月 14 日，江门海关组织开展队列指挥员培训　（政工办　供图）

通过手机和 LED 大屏幕推送展播内务规范及队列训练专题视频，多渠道多形式营造活动氛围。编制推送“内务规范图鉴指南”系列微信 10 余期，图文并茂生动介绍队列训练动作；通过“每日一答”学习微平台开展纪法知识、《海关内务规范》等知识测试，做到学在日常。

【内务督察】2022 年，江门海关推出“实地突击检查＋视频全程检查”的内务督察模式，“内务规范强化月”活动期间，围绕考勤纪律、着装仪容、举止规范、办公环境、窗口大厅“五必查”开展督察 11 次。采取部门自查、数据调取、学习测试等方式，加强学习教育、疫情防控、无烟控烟、应急值守、服务基层等工作的监督检查。加强对一线窗口人员的教育监督，强化“人民海关为人民”的理念，完成海关政务服务“好差评”系统办件 429 件，主动评价率 100%、好评率 100%。

【工会工作】2022 年 5 月 20 日，江门海关工会第七次会员代表大会召开，陈建光当选为江门海关工会第七届委员会主席。召开“弘扬劳模精神激发奋进力量”专题学习座谈会，推荐评选各级五一劳动奖状奖章，新会海关获广东省五一劳动奖状。多举措体现对员工的关心关爱，做实做细节日慰问、生日慰问、婚育慰问、患病员工看望等日常工作，开展送温暖、送清凉、困难帮扶等专项活动，落实对疫情防控一线集中封闭管理人员、医务人员家属、核酸检测一线人员的关爱要求，慰问人数约 160 人。

【共青团工作】2022 年，江门海关推动青年理论提升工程，组织专题讲座、研讨等 60 余场次，推送《江关青年（学习党的二十大精神专刊）》电子刊物 6 期。打造“青年党校”“青马工程”等学习品牌，开展“老中青”党建共建，形成 20 篇、约 7.2 万字口述“海关史”史料，引导青年干部做好党的二十大精神和党史宣讲员。发挥青年文明号集体尖兵作用，引导青年岗位建功，组织开展“学雷锋”、青年文明号开放周、志愿者活动日等活动。年内，获江门市五四红旗团支部、江门市青年文明号、优秀共青团员各 1 个，优秀共青团干部 2 人。

【妇女工作】2022 年，江门海关落实党工青妇联动学习机制，举办关区妇女干部学习宣传贯彻党的二十大精神暨“巾帼文明岗”培训班，全关各妇女小组开展党的二十大专题学习 48 次，撰写学习心得 52 篇。7 名妇女担任江门市党的二十大巾帼宣讲团成员。深化“巾帼文明岗”创建成果，对关区 16 个“巾帼文明岗”进行复查，对 4 个“巾帼文明岗”进行整合、更名。年内，台山海关综合业务二科获“广东省巾帼文明岗”、江门海关12360服务热线工作室获评“江门市巾帼文明岗”。推进家庭家教家风建设，创新形式开展亲子活动，组织《中华人民共和国家庭教育促进法》宣传，培树亲子教育、家风建设的先进典型，开平海关谭劲求家庭获评江门市“最美家庭”。

撰稿人

卢志升　冯健斌　刘　盼　刘　洋　邹琇琼　罗丽榻　莫韶彬　曾润泉　蔡旖星

巡视巡察工作

【概况】2022 年，江门海关认真贯彻习近平总书记关于巡视工作重要论述和党中央关于巡视巡察工作新精神新部署，贯彻中央巡视工作方针，落实总署党委巡视巡察工作要求，推进巡视巡察上下联动，按照“四个融入”巡视整改要求，健全落实常态化整改工作机制，持续用力抓好常态化巡视整改工作，推进巡视整改自查评估和集中清查；坚守政治巡察定位，强化制度机制建设，加强巡察队伍建设，对 5 个部门领导班子开展巡察监督，提前半年完成巡察五年全覆盖目标任务，压实整改责任，做深做实“后半篇文章”，为江门海关高质量发展提供坚强政治保证。

【常态化巡视整改主体责任落实】2022 年，江门海关履行常态化巡视整改主体责任，持续用力推进常态化巡视整改工作，健全落实巡视整改“五个一”工作机制（关党委每年专题研究 1 次常态化巡视整改工作、每季度召开 1 次巡视整改推进会，各牵头部门每季度报送 1 次常态化巡视整改项目进展情况，巡视整改办定期组织开展 1 次专项检查，各单位部门每季度专题研究 1 次常态化整改工作），建立健全党委推动落实常态化巡视整改工作机制，明确关党委、党委委员和各单位部门 20 项责任内容及保障落实措施，党委带头强力推进、各单位部门协调配合扎实落实。年内，关党委研究推动常态化巡视整改工作 10 次，听取巡视整改情况综合报告 1 次，召开整改推进会 4 次；党委委员推动常态化巡视整改工作 77 次；通报整改情况 4 次，组织开展专项检查 8 次。

【巡视中长期整改项目落实】2022 年，江门海关落实总署、

▲2022 年 9 月 14 日，江门海关召开巡视发现共性问题整改工作动员部署会　（巡察办　供图）

广东分署关于巡视中长期整改工作要求，年初组织开展巡视整改“回头看”，梳理确定42项年度整改措施，明确责任部门和推进时限；8月底，根据总署巡视办对江门海关巡视整改自查报告的审核意见、广东分署巡视中长期整改监督检查反馈意见，整合优化形成37项常态化整改措施，健全整改举措，推进整改落实，截至9月30日全部按期完成。落实总署巡视办、广东分署巡视整改工作要求，10月，关党委研究确定将5个易“反弹回潮”问题作为关区中长期整改问题；党委书记2次主持会议专题研究推进整改落实工作，6个牵头部门以月份为节点细化落实措施32项，明确整改目标和完成时限，开展跟踪评估2次，年内整改措施全部落实。

【巡视整改自查评估和集中清查】2022年，江门海关按照总署政工办、总署巡视办工作要求，分别开展中央巡视整改自查评估和总署党委巡视整改集中清查。经评估、清查，制定的82项中央巡视同步整改措施和108项总署党委巡视整改措施均已按时落实，巡视反馈问题线索按时办理完毕，选人用人专项检查反馈问题整改按期完成。9月，江门海关党委对照总署党委自党的十九大以来开展八轮常规巡视发现的46个共性问题清单，开展自查整改，梳理出总署党委反馈的共性问题18个，自查发现的共性问题3个，举一反三抓好整改，按期于9月30日前完成，共性问题整改工作取得成效。

【巡察工作落实】2022年，江门海关把巡察作为推进全面从严治党的重要抓手，确定“落实巡视巡察上下联动部署”“深化巡视巡察监督和整改成果运用”2项工作为年度关区全面从严治党重点任务，细化7项措施；党委巡察工作领导小组制订年度巡察方案并组织实施；党委书记组织审定巡察方案、听取巡察情况汇报，领导小组副组长出席巡察动员部署会、反馈会，分管党委委员出席巡察整改专题民主生活会，强化巡察工作的政治性、严肃性。健全完善巡察制度体系，修订巡察制度汇编、巡察工作手册，针对巡察对象职能性质分门别类制定巡察监督要点。年内，党委书记组织召开巡视巡察工作会议17次，听取巡察情况汇报点人点事13项；党委委员出席巡察相关会议18人次；组织对5个部门领导班子开展专项巡察。

贯彻中央关于加强巡视整改和成果运用的意见，落实总署关于进一步强化巡察整改责任落实的要求，细化加强巡察整改责任落实工作措施，强化被巡察党组织领导班子巡察整改主体责任，压实纪检机构、组织人事部门巡察整改日常监督职责，构建巡察整改工作监督闭环。强化巡察整改督导，制订巡察整改方案5个，召开巡察整改专题民主生活会5次，开展督导检查13次，提出督导意见110余条；强化巡察成果转化，对巡察发现的普遍性倾向性问题在关区范围进行通报；5个被巡察部门领导班子制定的297项整改措施均按时完成整改。

加强巡察干部队伍建设，动态调整巡察干部队伍库，在库141人；坚持“逢巡必考”，严格考核参加巡察的16名干部。加强素质培养，举办巡察干部培训班1期、业务研讨1期，选派1名干部参加总署党委巡视工作，1名干部2次参加总署巡视办专项工作。对党的十九大以来参加关区巡察工作的93名干部制发荣誉证书，增强巡察干部荣誉感。作为全国4个直属海关之一参加总署

▲2022年8月24日，江门海关配合广东分署开展巡视整改监督检查　（张奕　摄）

巡视办联学联建；参加广东分署巡察工作研讨会，交流经验做法；1篇研究文章获广东分署采用，7篇次信息获总署、广东分署采用。

【巡察五年全覆盖】2022年，江门海关党委成立2个巡察组，对办公室（党委办）、督察内审处、人事处（组织部）、政工办（宣传部）、监察室（纪检组）5个部门领导班子开展专项巡察。结合被巡察部门的职能特点，制定巡察监督清单5份，做到“一部门一清单”，巡察组开展个别谈话83人次，查阅资料950多份，发放调查问卷1122份，巡察发现问题127个，提前半年完成对关区31个单位部门领导班子巡察五年全覆盖目标任务。党的十九大以来，关党委组织9轮巡察，其中常规巡察12项、专项巡察20项、巡察“回头看”3项。年内，对党的十九大以来巡察整改情况开展集中清查，截至党的二十大召开前，31个单位部门制定的2054项整改措施均已落实，建立制度机制154项。

撰稿人

张　奕　蔡旖星

纪检监察

【概况】2022年，江门海关学习宣传贯彻党的二十大精神，落实总署党委和驻署纪检监察组工作要求，坚持严字当头、勇于自我革命，坚持以严的基调强化正风肃纪。聚焦“国之大者”开展专项监督11次；开展“海关重点项目和财物管理以权谋私”专项整治，组织开展非执法领域风险排查治理；开展“亲清不分”专题分析，组织开展“亲清不分”小微腐败问题专项治理，深化标本兼治；组织全员观看警示教育片，学习海关系统违纪违法典型案例，汇编违纪违法典型案例警示录，组织警示教育、强化警示震慑；通报查处的违纪违法案例，持续深化“以身边事教育身边人”；建成“江门海关廉政警示教育云展厅”，提升教育生动性、实效性；推进以案促改试点工作，做好案件查处“后半篇文章”；优化调整7个党委派驻纪检组派驻及监督单位，加强对各单位部门“一把手”和领导班子监督；查处案件7宗。

【政治监督】2022年，江门海关围绕贯彻落实习近平总书记重要讲话和重要指示批示精神强化监督，制定政治监督项目清单，明确11项监督重点项目，细化监督指引6份，围绕学习宣传贯彻党的二十大精神、“学查改”专项工作和政治机关专项教育活动、巡视巡察整改等开展政治监督11次。聚焦“疫情要防住、经济要稳住、发展要安全”，围绕疫情防控、促进外贸保稳提质、安全生产等开展实地检查383次、视频监督727次，调研企业61家，收集问题和意见建议29个，发现并跟踪整改问题151个。围绕落实民主集中制、“三重一大”决策等加强监督，约谈2个处级领导班子。落实党委派驻纪检组月报、季报等直报江门海关党委书记和分管党委委员机制，党委委员作出批示23次。每半年向江门海关党委汇报各单位部门“一把手”及领导班子成员信访举报分析情况。加强干部选拔任用的监督，做好党风廉政意见回复工作，严把政治关、品行关、作风关、廉洁关。发挥纪检监察、党委巡察、督察审计“三察联动”工作机制作用，联合开展“飞行检查”5次，共享监督成果80项。

【执纪审查】2022年，江门海关强化系统观念，坚持严的基调，强化“不敢腐”的震慑。深化打私反腐“一案双查”，召开推进会，完善“一案双查”实施细则；与地方纪委监委加强协作，就证据获取、资料查询、培训指导、政策咨询等事项协作配合15次，加大执纪审查力度，查处案件7宗。对在办案件和初核线索开展“拉网式”排查，对“走读式”谈话室开展“地毯式”

安全检查，开展应急演练，完善安全员监督等机制 3 项。

【党委派驻监督】2022 年，江门海关党委派驻纪检组紧盯疫情防控形势，围绕疫情防控重点环节实地检查 391 次，视频监督 795 次，制发纪律检查建议书 26 份，发现并跟踪整改问题 60 个。参加驻在单位党委会议监督“三重一大”事项 116 次，针对存在问题提出意见 75 条。走访 107 家进出口企业了解减轻企业负担、帮助企业纾困解难等工作开展情况，汇总归纳意见建议 51 条。深入一线科室开展干部职工谈话 579 人次，收集防范风险意见建议 156 条。建立派驻纪检组片区协作交流机制，围绕重大决策部署每季度组织开展片区交叉监督检查，深入职能部门、隶属海关、执法一线科室开展监督检查 32 次，发现问题 69 个，形成监督报告 6 份，制发纪律检查建议书 7 份，提出整改建议 78 条。

▲2022 年 6 月 21 日，江门海关通过“云展厅”开展廉政和警示教育　（李保华　摄）

【江门海关廉政警示教育云展厅】2022 年，江门海关针对疫情期间集中学习存在聚集性疫情风险等情况，结合以案促改试点工作，建设“廉政警示教育云展厅”，于 6 月 1 日上线运行。云展厅设“崇廉厅、警示厅、践行厅、互动厅”4 个板块，设置政治理论、党纪法规、勤廉故事汇、专题片、反思集、廉洁书签等 27 个分类，有各类素材资料 1000 余份。“云展厅”得到驻署纪检监察组领导肯定，年内，江门海关有 1.12 万余人次上线参与教育。

【以案促改试点】2022 年，江门海关深刻吸取违纪违法案例教训，制订以案促改试点工作实施方案，召开 3 次会议部署推进，对各级党组织动员部署、学习教育、查摆剖析、整改落实等情况及时督促检查，查摆问题 249 个、制定整改措施 480 条；组织开展编外人员风险调研，排查 4 方面问题风险，完善编外人员管理办法。

【“海关重点项目和财物管理以权谋私”专项整治】2022 年 2—7 月，江门海关按照海关总署党委、驻署纪检监察组的统一部署，组织开展“海关重点项目和财物管理以权谋私”专项整治工作。建立“五项机制”“五载体”跟踪督办，向 511 家企业、80 名特约监督员、江门海关干部职工和离退休干部发送告知书、公开信，开展问卷调查 2175 人次，张贴举报渠道海报 42 份、设置举报箱 30 个。通过逐一谈话、企业调研等开展风险排查，自主建立 8 个筛查模型，对 232 个重点项目开展 4 轮次复核复查，筛查重点项目和财物管理领域问题及廉政风险 29 项，制定完善中标企业廉洁预警谈话实施办法等制度机制 58 项，优化工作流程指引 17 个。

▲2022 年 2—9 月，江门海关开展“海关重点项目和财物管理以权谋私”专项整治工作　（司徒劲生　摄）

【“亲清不分”小微腐败问题专项治理】2022 年，江门海关围绕“亲清不分”违纪违法案件主要特点及表现形式等进行调研分析，撰写的调研报告得到俞建华署长、王林组长批示，驻署纪检监察组将调研报告作为向中央纪委国家监委推选报送的 2 篇报告之一。结合调研情况，组织开展为期 6 个月的“亲清不分”小微腐败问题专项治理，通过纪法学习、警示教育、政策宣传、走访调研、排查风险、监督检查等，集中排查和整治违规接受管理服务对象宴请、收受礼品礼金等“亲清不分”小微腐败问题隐患，查找风险点和薄弱环节 135 个，制定风险防控措施 282 条，建立完善制度机制 56 项。

撰稿人

尹渊博　施　敏　康　丹

干部队伍建设

【概况】2022年，江门海关学习宣传贯彻党的二十大精神，践行新时代党的组织路线，聚焦选育管用，建设堪当民族复兴重任的高素质干部队伍，坚持“一把尺、一张单、一盘棋”评价使用干部，树立“重政治、重品行、重基层、重担当、重实绩”的鲜明用人导向。落实新时代好干部标准，坚持把政治标准放在首位，做深做实干部政治素质考察，突出把好政治关。聚焦深化改革融合，健全“三应”运行机制，厘清职责边界，优化机构设置，科学配备人力资源。加强专业人才队伍建设，搭建专业人才发挥作用平台，形成大抓人才的鲜明导向和强大合力。加强干部实践锻炼和专业训练，增强干部推动高质量发展本领、服务群众本领、防范化解风险本领。加强干部斗争精神和斗争本领养成，增强防风险、迎挑战、抗打压能力。激励干部担当作为，加强典型培树，1人获评全国“人民满意的公务员”。加强对干部全方位管理和经常性监督，营造风清气正政治生态，总署反馈的年度选人用人“一报告两评议”结果中，选人用人总体好评率100%。

【机构编制管理】2022年，江门海关党委专题学习《关于加强机构编制违规违纪违法行为预防教育的指导意见》等党内法规，研究制定贯彻落实措施13项，将机构编制事项纳入关党委议事清单，明确议题确定、制订预案、充分酝酿、形成决议、决策实施等决策程序。推进“三定”规定执行情况调研评估和优化完善工作，成立工作专班，开展职责、编制、机构设置等3个方面12个重点的评估分析，根据工作需要对科室和编制进行调整。厘清部门职责边界，开展业务条线专题分析论证，规范隶属海关稽查、查检业务主要职责、岗位设置，解决业务“结合部”问题，推进关检业务深度融合。

【口岸防疫人力资源调配】2022年，江门海关建立划片管理、统筹使用的人力资源调配模式，组建3大片区123人的疫情防控一线集中封闭管理工作人员队伍，从3个班次轮换逐步拉大至5～6个班次轮换。建强用好272人组成的一线、预备、应急3支疫情防控梯队，确保梯队人员始终处于激活状态，为一线防控提供坚实人力保障。

【干部选拔任用】2022年，江门海关坚持把政治标准、政治要求作为首要标准、首要要求，创建干部“政治素质表现档案”系统，建立12项正面负面清单，年内开展选拔晋升前政治表现把关155人次。开展干部队伍实地调研，完成领导干部队伍年龄、专业、经历等结构专题分析，实施近期、中期、长期“三步走”规划，推动处科级领导班子年龄、专业、经历结构持续优化。年内优化调整处级领导班子19个，处、科级领导干部平均年龄比上年分别下降0.5岁、0.8岁。

加强执法一线科长队伍建设，在选拔任用、考核评优等工作中向执法一线倾斜，隶属海关班子有执法一线科长经历的成员持续增加，占隶属海关班子成员总数的70%，40岁以下执法一线科长增长超过4倍，保持有30岁以下执法一线科长、执法一线科长兼任隶属海关党委委员。1人获评全国海关“百名优秀执法一线科长”，选拔为隶属海关副关长。实施执法一线科长分类考核、优秀名额单独核算，执法一线科长优秀比例超过30%。

【干部培养锻炼】2022年，江门海关制定加强优秀年轻干部培养的具体措施，定期开展年轻干部队伍调研分析，实施年轻干部选拔“889”计划。选派2名年轻干部驻村担任第一书记，6名年轻执法一线科长参与地方改革发展专题调研。选拔培养优秀年轻干部，35岁左右执法一线科长增加到10人，比上年增长60%；30岁以下的执法一线科长增加到2人，比上年增长100%。

【干部监督】2022年，江门海关严格监督“关键少数”，全方位抓实领导干部个人有关事项报告工作，强化对基层单位领导班子选人用人监督检查，实现对8个隶属海关、4个事业单位选人用人检查全覆盖。开展风险隐患监督排查、企业违规兼（任）职清理，构建“自查—检查—核查”三级监督机制清查“问题死角”；针对辞去公职人员政商“旋转门”风险，制定从业行为限制清单和关区限制从业互联网平台企业名单。拓宽干部监督渠道，加强与有关部门信息沟通，建立重点监督人员名单。

【考核考察机制建设】2022年，江门海关加强干部政治素质考察，坚持把政治标准放在首位，将政治表现作为考察谈话必谈内容，将政治审核结论性意见纳入干部选拔任用档案必需材料。持续完善关区“三位一体”考核体系，出台处级领导班子和领导干部年度考核、公务员平时考核实施细则，建立关区年度考核客观指标体系，组织开展防范化解重大风险等3个专项考核工作。应用队伍建设综合管理平台开展考核考察工作，平台使用效率稳居全国海关前列。

用好考核指挥棒，建立涵盖74项一级指标、391项二级指标的关区年度考核客观指标体系，出台年度考核、平时考核实施细则，队伍建设综合管理平台推广使用连续2年在总署客观指标考核中获得满分。优化职级晋升机制，有序提高职数使用率，明确职级干部日常管理要求，选派73名职级干部参与巡视巡察和其他重点

▲2022年6月28日，江门海关举办选人用人和管理监督干部政策培训班 （刘元开 摄）

▲2022 年 11 月 25 日，江门海关举办干部人事工作培训班 （刘元开 摄）

工作，调动职级干部工作积极性、主动性，江门海关优化职级管理机制激励干部担当作为的做法获总署工作情况交流刊载推广。开展专业技术类任职资格评定、职级套转，完成 7 名正高级、17 名副高级专业技术人员任职资格申报。对工作表现突出的 27 名个人给予三等功，190 名个人给予个人嘉奖。

【专业人才培养与使用】 2022 年，江门海关成立党委书记挂帅的党委人才工作领导小组，出台加强关区人才队伍建设实施方案，建立健全 5 项工作机制，实施 10 项人才重点工程，形成大抓人才的鲜明导向和强大合力。建立新关员指导老师制度，选定优秀处科领导干部"一对一""多对一"指导培养。制订专业资质全员覆盖计划，推动关员多学多考加大储备，建立检验、检疫、巡察、审计、科技等专业人才库，入库 1400 余人次；助力各专业领域一线岗位资质增加至 914 人次。搭建专业人才发挥作用平台，加强多岗位培养锻炼，选派 2 名专业人才参与支援香港抗疫，1 人参加广东省疫情防控指挥部集中工作，200 多人次参与口岸疫情防控和重大专项工作，选派 6 名科级领导干部参与地方改革发展专班工作。建立人才队伍定期分析研判机制，深化机关和基层人才交流，开展双向交流 60 人次，优化人才队伍年龄、经历、来源结构。

【事业单位人事管理】 2022 年，江门海关严格按照中央、总署关于事业单位领导职数核定的新标准，根据工作需要调整部分事业单位领导职数。根据总署批复，制订所属各事业单位岗位设置方案，有序开展岗位聘任工作。完成全部聘用合同签订，完成率 100%。

撰稿人

杨　琨　高　俊

教育培训

【概况】2022 年，江门海关坚决贯彻落实习近平总书记重要讲话和重要指示批示精神，落实党中央、国务院决策部署，坚持需求导向、靶向发力，推进干部教育培训工作取得实效。创新培训方式方法，丰富培训手段渠道，提升广大干部的政治素质、业务素质和执法能力。举办各类培训班 120 期，送培训下基层 20 期，培训 9015 人次，培训覆盖率 100%。建成江门海关“云擎”大数据应用实训点，连续两年在关区内举办新录用公务员初任培训班，培养青年人才，持续不断提升培训质量和效能，为口岸疫情防控和促进外贸稳增长工作提供充足的智力支持和人才保障。

【教育资源建设】2022 年，江门海关建立兼职教师知识更新和实践锻炼机制，举办兼职教师能力提升专题培训班 2 期，120 人次参训。通过党委理论学习中心组（扩大）学习、初任培训等方式，推动关党委委员、处科领导干部以及先进典型上讲台授课 84 人次。全年各层级兼职教师开展疫情防控、动植物检疫、全面从严治党等专题授课 147 人次，总授课 420 课时，课程质量评估平均得分 98.61 分，其中 2 名兼职教师入选总署兼职教师库。加强课程资源建设，围绕学习贯彻习近平总书记重要讲话精神、疫情防控等重点工作内容，录制各类“钉钉”培训课程 27 门，在线学习人数突破 3.7 万人次。组织优秀师资参与总署加强政治机关建设、学习贯彻习近平新时代中国特色社会主义思想海关特色课程征集工作，全年 9 门课程被纳入总署年度培训计划的班次。其中，全国“人民满意的公务员”陈锡亮讲授的课程《更好将“数据 + 研究”落实到海关政策研究和统计工作全过程》，超过 9000 人在“钉钉”平台选修。

【新录用关员指导老师制度】2022 年，江门海关选定 24 名优秀科级领导干部担任新录用关员的指导老师，通过“一对一”方式有目的、有重点地指导和帮助新录用关员，促使新录用关员的政治素质、理论水平和业务能力得到提升。指导期间，25 名新录用关员参与疫情防控、资质考核、文明建设等重点工作。除 6 名党员、4 名入党积极分子外，15 名学员全部提交入党申请书，21 人次取得专业资质，3 人获得江门海关优秀共青团员表彰。

【分级分类培训】2022 年，江门海关加强培训管理，把好课程关、课件关、师资关，对在“钉钉”平台组织的 127 期网络培训班和 99 门视频课程及 PPT 课件开展自查，下线 69 门课程，确保课程符合“钉钉”平台上线要求。督促各办

▲2022年12月7日，江门海关举行进出口危险货物及其包装检验监管岗位资质考试（胡蓉　摄）

训部门自觉从政治高度考虑关区培训工作，压实各办训部门教学管理主体责任，严格落实审核制度，对外聘师资的授课内容、课件资料开展提前审核，严把课程教材的政治关、保密关、质量关。

开展党的十九届六中全会精神全员轮训，组织7名党委委员、2名一级巡视员分4批参加总署集中轮训；2022年4—5月，委托中国海关管理干部学院分2期举办处级领导干部学习贯彻党的十九届六中全会精神培训班，二级巡视员、总监、督办以及事业单位六级及以上职员119人参加。组织全关干部职工1130人分批参加海关总署举办的学习贯彻党的十九届六中全会精神网上专题班，培训率和合格率均为100%，平均分99.19分。组织全关干部职工自主学习党的十九届六中全会线上专题课程8门和专题讲座5期，2038人次参训。

加强政治业务能力培训，落实“十四五”海关领导班子建设规划，举办党委理论学习中心组扩大学习4次，826人次参训；组织108名处级领导干部参加专业化能力提升网上培训班；52名执法一线科长参加海关总署举办的执法一线科长网上专题培训；开展基层党支部书记“头雁工程”轮训，覆盖关区126个基层党组织；完成39名科级领导干部的任职培训；依托“江关大课堂”组织政治理论专题讲座3期，439人次参训；选派2名优秀青年干部参加总署、地方举办的党的理论和党性教育研修班，提升各级领导干部能力水平。围绕疫情防控、国门安全等重点工作，举办业务能力和执法能力等培训班97期，培训人员5100余人次；依托关区实训点开展业务专题实操培训7期，148人次参训；组织基层一线关员开展防护装备脱卸及消毒、医疗废弃物处置等实操演练198次，参与2181人次，新上岗人员参训比例100%；举办系列资质专题培训5期、资质认定考试3场次，参训人员350余人次。

【新录用公务员初任培训班】 2022年8月26日至9月29日，江门海关举办新录用公务员初任培训班。培训班采取教师线上指导学、学员互动交流学、身边榜样学等多种形式，自主编排多种类关区特色课程。培训内容包括关区关史关情、关区党团组织建设、干部人事政策等；召开青年关员警示教育座谈会，关领导讲授“廉政第一课”，举办“榜样开讲啦”专题讲座，组织“新老关员面对面共话初心迎国庆”专题座谈。

▲2022 年 9 月 2 日，江门海关新录用公务员进行宪法宣誓　（高瑞莲　摄）

【江门海关“云擎”大数据应用实训点】 2022 年 5 月 5 日，江门海关启动“云擎”大数据应用实训点建设，11 月 17 日通过验收。建设过程中组建“云擎”实训教学与管理两支团队，紧扣基层需求和“云擎”用户类型，分级设计课程 17 门，组织业务骨干开展“教学练战”一体化实训 8 批次，基层一线干部 130 人次参与情景式、实践式实操技能培训班 7 期。

撰稿人

胡　蓉　潘　源

第五篇

业务建设

业务改革与综合业务

【概况】2022年，江门海关坚决贯彻党中央“疫情要防住、经济要稳住、发展要安全”要求，落实海关总署促进外贸保稳提质十条措施，优化口岸营商环境，促进跨境贸易便利化；推广“提前申报”“两步申报”等通关便利化措施，进口报关单应用比例提升至30.93%；进一步压缩关区整体通关时间，推进进口矿产品“先放后检”等改革，降低企业经营成本，加强知识产权海关保护，促进江门、阳江两市外贸发展。年内，江门、阳江两市外贸进出口值分别为1772.6亿元和268.7亿元。

【支持地方外贸发展】2022年，江门海关加强企业调研、政策宣讲等工作，主动服务企业，指导企业用足用好政策，助力地方行业发展，促进外贸保稳提质。关区摩托车产品、印刷电路、塑料制品分别出口79.5亿元、75.5亿元、52.4亿元，分别比上年增长3.1%、10.5%、4.8%。开通鲜活易腐农食产品属地查检绿色通道，实行“随报随检”“即检即放”，保障4.4万吨供港澳冰鲜禽、海捕水产品快速通关。提高粮食通关效率，加快粮食等进境检疫审批，压缩初审时长50%。助力本地特色农产品出口，加强对活鳗、荔枝、富贵竹等相关企业技术帮扶，指导“新会陈皮”“阳江豆豉”等特色农副产品办理地理标志证明商标知识产权备案。

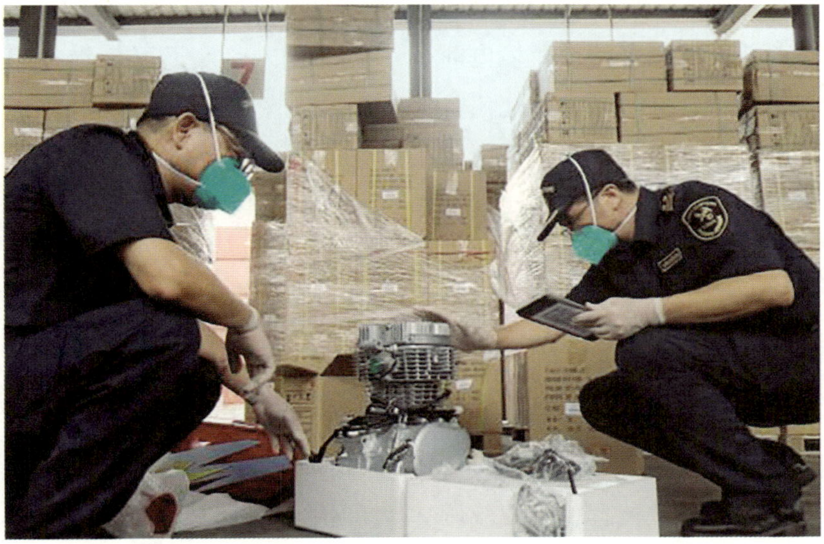

▲2022年8月10日，江门海关查获涉嫌侵犯某品牌摩托车知识产权商标案　（黄志刚　摄）

【优化口岸营商环境】2022年，江门海关着力优化口岸营商环境，推进全业务领域一体化改革，深化4项业务集约化改革，制定、评估、优化促进外贸保稳提质“23＋6”项具体工作措施、50项工作细化清单，支持地方外贸高质量发展。落实国务院物流保通保畅要求，为口岸物流“疏堵点”，加强实时监控，摸排滞港货物，快速协调解决通关难题；做好前置服务，主动对接地方政府、重点企业，指导对到港或即将到港的大宗散货、能源、粮食等货物通关。助推江门北站首列“江门号”中欧、中老国际货运班列开行。年内，开行中老国际货运班列5列、中欧国际货运班列6列，监管出口货物货值超7500万元。

【优化服务企业措施】2022年，江门海关发挥关地企“直通车”“手拉手”工作机制作用，加强与地方政府、重点企业“点对点”联系，落实“一企一策”措施，及时收集并解决企业问题115个，确保“件件有落实，事事有回应”。通过“江门海关12360”微信公众号发布“促进外贸保稳提质”专题宣讲4期，为企业答疑解惑。参与中央专班物资出口模式规划，结合地方疫情防控要求制订海关监管方案，保障援港防疫物资便捷通关，监管船舶228艘，出口活动房屋等货物货值27.68亿港元。

【全业务领域一体化改革】2022年，江门海关继续推进全业务领域一体化改革，深化“检验检疫证书集约化审核”“出口原产地证书审核集约化管理”“优化跨境电商快件集中审核改革模式”“拓展加工贸易集中审核范围”4项业务集约化改革。强化大数据应用，创建“云擎”大数据应用实训点，应用大数据开展风险监测排查工作，获总署批复设立大数据海关应用创新示范点。推进业务改革融合研究工作，参与总署业务改革融合研究，《关于完善海关风险防控体系中涉检风险的研究》被纳入总署研究课题。

【服务区域经济】2022年，江门海关服务区域经济发展战略，支持“双区”和三个重大平台建设，阳江市获批广东自贸试验区联动发展区，复制推广63项自贸区海关创新制度。支持江门、阳江两市跨境电商综合试验区建设，开通江门首条跨境电商海运专线。

【压缩通关时间】2022年，江门海关持续压缩整体通关时间工作，积极推动“提前申报”、进口“两步申报”和“两段准入”等一系列通关业务改革：设立快速通关业务窗口，优化口岸通关流程，有效减压货物留港时间；完善通关业务链条各环节的工作机制，破解重点企业、重点商品通关瓶颈问题。年内，企业使用“提前申报”的进出口报关单占报关单总数的比例分别为80.33%、85.47%，“两步申报”“两段准入”进口报关单比例分别为30.93%、5.20%。

【报关单运行监控】2022年，江门海关服务国家战略发展大局，持续增强对重点国家、重点区域、重点商品的进出口通关保障能力，加强报关单日常运行管理工作，丰富拓展报关单运行监控系统功能，强化对重点区域外贸发展态势、进出口货物通关运行整体状态、进出口报关单证审核业务等情况的研究及监测。年内，江门关区通关运行整体平稳顺畅，关区进出口报关单21.51万票，比上年下降15.08%；人工审核报关单9302票，占报关单总量的4.32%，比上年下降39.51%。

【禁限管理工作】2022年，江门海关严格落实海关总署关于进一步完善进出口货物禁限管理证件事后核查机制的要求，加强关区进出口货物禁限管理证件的事后核查工作，建立现场海关日常验核及每月事后核查、相关业务职能部门每季度复核的两级核查常态化工作机制。加强现场海关一线岗位培训，查找禁限证件管理中存在的制度、系统、人员、手段等各方面问题，及时向总署报送发现的趋势性、区域性、敏感性问题以及重大执法风险隐患。年内，向海关总署报送涉及进口重点旧机电产品及进出口野生动植物种管理的执法建议2个。

【技术性贸易措施应对】2022年，江门海关制定关于进一步加强技术性贸易措施交涉应对工作的8项措施，推动21家关区企业入选全国海关国外技术壁垒交涉应对重点企业库。结合出口产品特点动态收集和发布主要贸易国家的技贸预警信息70条，覆盖14个行业、17个国家和地区，帮助企业规避贸易风险。推动多部门协同，优化“信息收集—分析研判—交涉应对—精准帮扶”的交涉应对工作模式，由各隶属海关收集素材，业务职能部门总体研判，技术中心及阳江五金刀剪产品技术性贸易措施研究评议基地数据分析，综合形成关区通报评议和特别贸易关注议题，提升关区交涉应对的质量和水平。向总署报送WTO/TBT、SPS例会特别贸易关注议题8项，通报评议1项，其中1项SPS特别贸易关注议题及1项TBT通报评议意见获总署采用并通过WTO规则进行反馈。完成154家企业的技术性贸易影响调查，向总署报送8个典型案例，反映企业诉求并进行跟踪帮扶。创新开展检验检疫证书验核工作，梳理形成涵盖328种进口证书、31种出口证书的检验检疫证书核查方法清单及证书样品库。

【知识产权海关保护】2022年，江门海关落实全国海关知识产权保护专项行动工作部署，组织开展“龙腾行动2022”“蓝网行动2022”“净网行动2022”等专项行动。年内，采取知识产权海关保护措施53批次，涉及货物数量13.45万件、价值1246.61万元；扣留涉嫌侵权货物和物品45批次、数量6.62万件、案值1112.90万元，分别比上年增长12.50%、16.55%、34.36%。查获案值942.35万元的侵犯“龙腾企业”商标权摩托车配件案件。在“蓝网行动2022”期间，扣留涉嫌侵权物品34批次、数量375件、案值16.12万元。在“净网行动2022”期间，结合3次粤港澳海关联合执法行动，扣留经香港转运的涉嫌侵权货物10批次、数量2.24万件、案值73.79万元。深化部门协作，推动侵权案件链条式治理，提升执法合力。年内，走访地方市场监督管理局、人民法院8次，开展研讨交流。在查办的案值942.35万元的侵犯“龙腾企业”商标权案中及时通报相关线索，协助法院将该案扩展为总货值超2000万元的侵权案件。

加强对19家重点培塑企业的日常联络和指导，推动1家“龙腾企业”成为江门市首家知识产权海外侵权责任保险保护企业，助力2家“龙腾企业”被认定为“广东省知识产权示范企业”。创新常态化疫情防控下的企业调研方式，收集及解决企业知识产权备案诉求20个，打击侵权产品诉求3个，“一企一策”指导企业制定综合维权策略和防范国际贸易知识产权风险。开辟知识产权海关保护预确权快速通道，协助20家中小企业在签订订单前甄别侵权风险，避免因信息不对称而发生侵权行为。推动71家中小企业申请海关备案，关区备案用户数比2021年增长25%。结合江门市摩托车产业规模位居全国第一的产业特点，建立主要摩托车出口企业数据库，涵盖25家企业133件海关备案知识产权，解决企业涉外政策法规、品牌布局、备案管理等问题 28 个，助力摩托车出口连续 4 年保持正增长。

推动知识产权海关保护宣传和执法培训，助力地方特色农产品出口，对关区内“新会陈皮”“阳江豆豉”等重点农副产品，指导相关行业协会办理地理标志证明商标的知识产权海关备案工作，完成“强化海关对地理标志保护助推侨乡经济振兴”课题研究。在“4・26”全国知识产权宣传周等重要节点向广大企业开展知识产权海关保护宣传，提高企业守法维权意识。强化执法培训，提升一线执法关员查发侵权案件能力。年内，开展相关培训 6 期，参训关员 277 人次。江门海关宣传海关知识产权保护及加强执法培训的做法，获人民日报客户端、海关总署门户网站、“学习强国”、《南方日报》等媒体刊载 58 篇次。

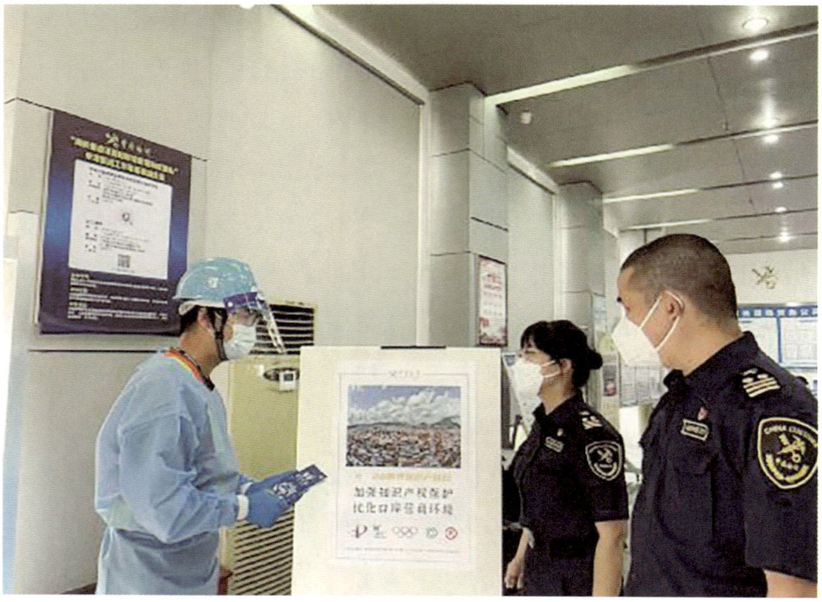

▲2022 年 4 月 26 日，江门海关开展“4・26”全国知识产权宣传周活动　（陈艳冰　摄）

撰稿人

任文红　张　权　陈锐斌　林靖雅　曾墨环

法治建设

【概况】2022年，江门海关深入学习贯彻习近平法治思想，将党的二十大报告的“法治元素”落实到关区法治建设规划中，制定年度法治建设工作要点和普法责任清单。年内，参与总署和地方立法，推动重点领域、新兴领域立规，升级完善“江门海关智慧制度管理平台”；践行新时代“枫桥经验”，建立“未诉先办、协同研处”机制，挂牌运行3个“枫桥式接办室”，在执法一线科室培育规范执法“样板间”，深入落实行政执法“三项制度”，推动执法更加严格规范公正文明，预防化解行政争议；推动“谁执法谁普法”普法责任制落实，围绕促进外贸保稳提质等重点，强化普法品牌培育，紧贴需求精准对接，“普法快线”品牌获广东省“谁执法谁普法”优秀普法项目，通过新媒体推出“海关法治直播间”普法品牌，制作的普法微视频《门神把关》获广东省法治动漫微视频评选总决赛银奖，融入江门市法治文化，“朗读者”法治文化品牌入选江门市年度法治文化“十佳”品牌，“法声嘹亮”青年普法服务队获评江门市青年文明号。相关普法工作做法获中央、省市级媒体和总署等宣传报道近80篇次。

【学习宣传贯彻习近平法治思想】2022年，江门海关把习近平法治思想及党的二十大报告中全面依法治国内容纳入江门海关党委理论学习中心组学习重点，开展专题党委集体学习和中心组（扩大）集中学习研讨16次，两级党委加强各类宣讲督学86次；纳入年度法治建设工作要点和普法责任清单，完善关区法治建设量化考核指标5项；纳入关区干部教育培训体系，分级分类开展各类政治、业务和执法训练近200期。

【立规工作】2022年，江门海关统筹制度立改废释纂，全口径常规集中清理规范性文件218项，修订55项。推动重点领域、新兴领域立规，制订年度立规计划52项；结合“海关重点项目和财物管理以权谋私”专项整治工作，优化补齐非执法领域制度短板工作流程指引17个。强化制度全口径全周期全要素管控，推动关区制度工作更加标准化和规范化，相关经验做法被总署综合信息呈报刊发。

【法制审核】2022年，江门海关参加海关总署立法工作，对《中华人民共和国海关法（修订草案）》提出58条意见建议，参与43部海关行政规章立法后评估，反馈22条修改意见和2条废止意见；对关区7项业务制度进行合法性审查，提出120条审查意见；对全关制度性文件进行事后抽核，5份制度文件中存在的合法性及程序问题得到纠正。

【制度平台完善】2022 年，江门海关升级完善“江门海关智慧制度平台”，优化更新 12 项功能，分类分级收录关区 830 个制度文件，应用 2.2 万人次，为干部提升用法执法水平提供支撑。该平台被纳入总署“三智”先行先试项目。

【为改革赋能】2022 年，江门海关复制推广自贸区海关监管创新制度 63 项，支持广东自贸试验区阳江联动发展区建设，提出改革重点领域立规计划 13 项、优化促进外贸保稳提质“23 + 6”项措施；对全业务领域一体化 4 项业务集约化改革方案、江门海关关于优化调整促进外贸保稳提质工作措施等对接“两个合作区”的若干措施实施法律论证，降低改革风险和成本；出台事业单位改革相关经济合同管理制度。

【“放管服”改革深化】2022 年，江门海关全面落实行政许可事项清单和“证照分离”管理要求，在办行政许可事项 9 项全部在互联网公布，均实现通过电子方式送达许可结果；深入实施审批流程优化再造，推行行政审批网上自助办理，全年线上办结行政许可 229 件；推行事项告知承诺制，对关区 7 项事项推行证明清单化管理；持续对 2 项“审批改备案”、1 项“告知承诺”、9 项优化行政审批项目跟进问效。

【“三项制度”落实】2022 年，江门海关深入落实行政执法“三项制度”，参与全国海关系统权责清单编制，编制江门海关年度行政执法年报并通过门户网站向社会公示；严格落实海关重大执法决定法制审核 12 项事项；以 1 本“标准手册”、2 步“阳光晒权”和 3 层“法治体检”为抓手，在执法一线科室培育规范执法“样板间”，有关做法获《中国国门时报》专题报道。

【践行新时代“枫桥经验”】2022 年，江门海关建立“未诉先办、协同研处”机制，挂牌运行“枫桥式”接办室，确立新会海关、鹤山海关等 3 个基层海关为首批先行先试践行“枫桥经验”示范点培育单位。年内，研究解决“穗东方 839 船拍卖”等 23 项行政执法争议，推动解决进境固体废物处置等 5 个争议较大的问题；通过“说理式”释法疏解矛盾，2 宗行政复议案件申请人均主动申请撤回。相关做法先后得到《中国国门时报》《羊城晚报》等媒体宣传报道。

【推动关区民事活动合法合规】2022 年，江门海关进一步做好法治服务保障，出台经济合同管理办法；对隶属关推行后勤

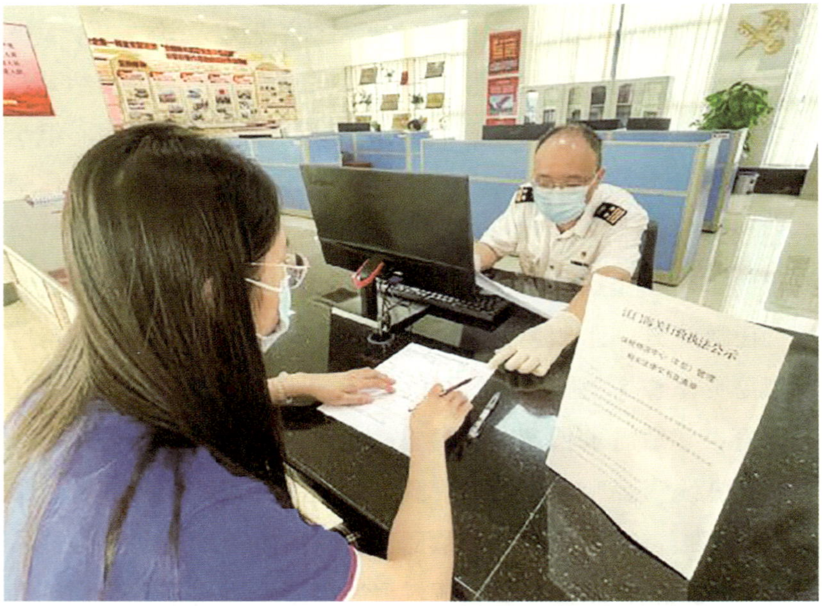

▲2022 年 10 月 11 日，江门海关关员在窗口开展行政执法服务　（陈慧燕　摄）

保障合作机制等17项民事活动进行法治审核，有效降低法律风险。

【法治工作队伍建设】2022年，江门海关进一步拓展包括事业单位在内法制岗人员31人，实现关区法制岗设置全覆盖；不断培养壮大公职律师队伍至20人，推动公职律师参与制度合法性审查、行政复议诉讼、法律疑难问题研究等，其中2名获评为江门海关优秀公职律师；搭建“法声嘹亮”青年普法服务队，送法进乡村、进社区、进校园，为群众提供各类法律法规政策普法宣传及咨询50多次，年内获评为江门市“青年文明号”。

【“谁执法谁普法”责任制落实】2022年，江门海关制定“谁执法谁普法”普法责任制实施办法、普法责任清单等3份法治工作文件，明确落实“谁执法谁普法”普法责任制的相关具体要求，以清单式管理压实各单位部门普法工作责任；建立年度《法治学习大纲》、月度《学法清单》和每周《法治早知》动态发布维护机制，发布《法治早治》44期、《月度学法清单》12期，编发《江关法制》10期、《江关新语》普法微信11期，加大对重点法律法规、政策措施、制度文件的宣传解读力度，保持日常普法文化感召，形成“尊法学法守法用法”氛围。

▲2022年9月1日，江门海关开展国门生物安全“开学第一课”普法活动 （邱景杨 摄）

【精准普法】2022年，江门海关紧扣“4·15”全民国家安全教育日、“8·8”海关法治宣传日、“12·4”国家宪法日等重要时间节点以及国门生物安全、安全生产、促外贸稳发展等重点领域，组织“青少年法学院”深入中小学开展国门生物安全“开学第一课”，参与策划“广东省4·15国家安全教育日主题活动线上云直播”，开展“微场景”口岸安全生产多部门“多合一”嵌入式普法等；开展“100个电话”精准普法调研，主动收集并协调解决企业问题；对接江门“法治政府面对面”访谈平台，专题宣传海关促外贸保稳提质政策措施等；参与乡村振兴法治共建，以“民法典进农村”为重点开展“云普法”活动，为村民“一对一”连线解决法律疑难问题。

【特色普法品牌建设】2022年，江门海关拓宽“特色化”普法路径，强化普法品牌培育，推动基层“一关一品”形成特色品牌8个，开展AEO创建示范课堂等活动，做法获《中国国门时报》专题报道；继续深耕“普法快线”服务品牌，完善5条普法“线路”和多个“站点”运作，为企业提供更便捷的海关政策指导；融入“侨都法治文化”，推广“朗读者”法治文化活动，输出法治精神；运用新技术、新媒体，打造覆盖30多个商区社区的“海关法治直播间”，让法治海关走近街头巷尾。

撰稿人

陈慧燕

风险管理

【概况】2022年，江门海关落实总署党委工作要求，按照“充分发挥风险管理业务运行中枢作用，建立风险整体管控与精准靶向有机结合、智能化管理与协同防控高效运作的业务运行管理机制，推动风险管理高质量发展”的风险管理工作思路，持续开展以供应链为单元的风险防控，保障产业链供应链安全稳定，坚持防风险优服务，促进外贸稳中提质；提高风险信息应用的深度和广度，应用风险信息和大数据查获多起涉枪涉毒、濒危物种情事，把牢国门安全关口；推进风险管理业务运行中枢建设，完善重大系统性风险防控工作机制，组织定期开展风险监测排查和联合研判，打造集约高效的风险防控体系；继续承担好全国海关“云擎”（海关大数据通用分析平台）系统业务运行管理职责，运用“云擎”大数据开展一体化风险防控，推进大数据在通关监管、风险防控、打击走私等各业务领域的深入应用。年内，货运渠道人工分析布控查获安全准入（出）情事66起，自主分析下达稽查指令89条，快件渠道人工分析布控查获安全准入情事1391起。

【信息数据共享】2022年，江门海关落实风控—缉私“双向融合”工作机制，为缉私工作提供数据支持，协助缉私部门查办案件。通过收集风险信息，组织联合研判，归纳风险特征，开展风险分析，移交线索，查获多起案件；查获海南离岛免税“套代购”案件2宗，案值210万元。

【供应链风险信息收集】2022年，江门海关制定供应链风险防控措施，拓宽内外部信

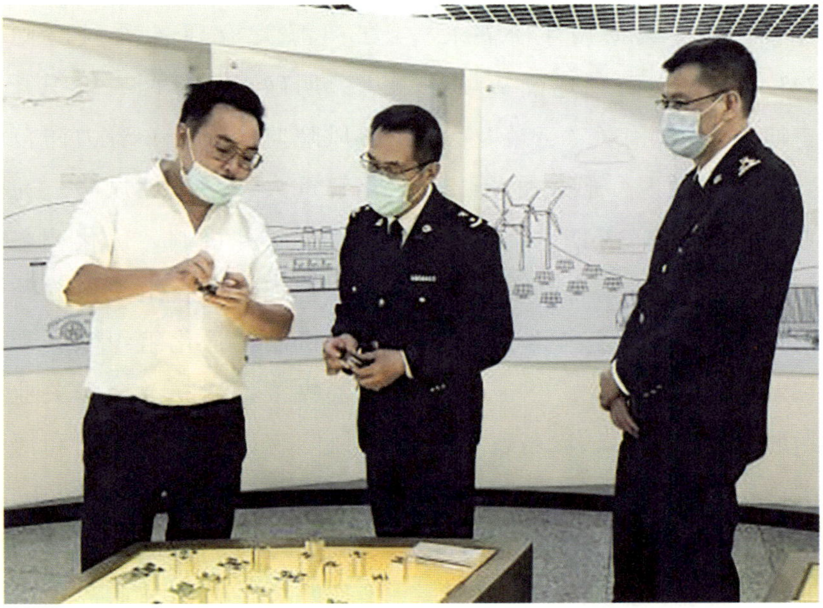

▲2022年3月8日，江门海关关员到辖区企业开展供应链调研　（冯卫东　摄）

息来源渠道，规范分析作业流程，组织开展钢铁、大豆、煤电等15个行业的供应链调研分析，对分析研判风险可控的商品、企业优化布控措施，提供通关便利，助力行业做大做强。

【大数据业务管理】2022年，江门海关持续做好全国海关“云擎”业务应用管理工作，拓宽“云擎”应用的广度和深度。以“项目攻关、模型共建”为牵引，推动卫生检疫、动植物检疫、进出口食品安全、商品检验等领域15个业务系统数据入池，参与总署专项工作10项。审核全国海关共享模型251个，筛选出高质量模型65个向全国推广应用。收集全国海关数据使用需求和建议，提交数据表注册需求243条，提交问题建议9项。定期评估全国海关“云擎”大数据应用情况，形成月报12期，工作动态33期。关区用户构建模型2338个，比上年增长35%，发布全国共享模型12个。

【协同应用】2022年，江门海关创建全国海关首个“云擎”大数据应用实训点，并于11月17日通过验收，承接全国海关各级大数据应用培训任务，开展“教学练战”一体化的技能实操培训，提升大数据综合应用能力水平。年内，该实训点开展3期线上培训，5期线下培训，覆盖总署相关司局和直属海关16个单位部门，培训人数超过6000人次。

▲2022年4月15日，江门海关举办“云擎”基础应用培训班　（林源　摄）

【风险监测预警】2022年，江门海关梳理各项风险隐患，明确责任部门，组织开展风险监测排查，着力防范化解重大、系统性风险。完善风险防控机制，优化调整风险管理委员会组织架构和会议机制，强化组织领导和统筹决策；建立健全海关业务风险跨部门联合研判和海关风控部门与业务现场联动“两个机制”，加强部门间工作呼应，强化与业务现场间的工作响应和反应。守住系统性风险底线，发布疫情风险预警提示44条；发布风险信息121条，总署采编15条。

【口岸疫情风险防控】2022年，江门海关开展进口冷链食品和高风险非冷链集装箱货物新冠病毒检测和预防性消毒指令日常监控工作，加强国外疫情形势分析研判，动态调整进境运输工具监控工作预案，安排专人监控进境船舶，核实运输工具经停轨迹；做好非洲猪瘟、拉沙热、埃博拉等其他疫情输入风险防控，防范疫情叠加风险。

【联合研判和风险布控】2022年，江门海关通过联合研判掌握关区风险态势和走私动向，围绕各类业务风险组织开展联合研判144次；风险分析、现场监管与缉私侦查联动配合，健全现场查发快速反应机制，通过缉私合成作战机制深挖扩线、扩大战果；发挥风险分析在稽核查对象选取方面的优势，应用大数据，提高稽核查精准度；梳理安全准入风险清单，开展全过程风险分析监控，结合货物风险状况下达相应布控指令，布控查获安全准入（出）情事1457起。

撰稿人

张纾予 梁国庆

税收征管

【概况】2022年，江门海关落实中央减税降费措施和“十四五”期间进口税收优惠政策，做好重大技术装备、科教用品的减免税审核确认工作，加强税政调研，助力高水平对外开放。以RCEP实施为契机，加强优惠原产地规则和关税减让政策宣传，对重点企业开展“一对一”指导，推动RCEP等自贸协定生效落地，释放原产地证书“纸黄金”红利。统筹有效征管与纳税便利，巩固深化汇总征税、自报自缴、预裁定、多元化税收担保和原产地证书自助打印、智能审核等改革成效，优化口岸营商环境，提升贸易便利化水平。围绕税收征管要求，综合运用“云擎”系统、HLS 2017系统提升内控成果，堵塞内控漏洞、消除风险隐患。落实“六方”协同治理综合治税新机制，加强综合治税，实现税收量质再上新台阶。年内，税收入库69.35亿元，比上年增长24.7%。其中关税6.55亿元，比上年下降5.76%；进口环节税62.8亿元，比上年增长29.22%。隶属海关具体情况见表5－1。

表5－1 2022年江门海关所属隶属海关税收净入库情况

隶属海关	税款（万元）	比上年增长（%）
外海海关	79997	11.42
高沙海关	58921	25.76
新会海关	107010	－1.67
鹤山海关	28397	35.26
开平海关	7035	－35.23
台山海关	56382	142.89
恩平海关	684	18.96
阳江海关	355036	30.16
合计	693462	24.75

【税政调研】2022年，江门海关聚焦国家战略开展税政调研，通过线上宣传、实地走访、远程会议等形式深入听取企业和行业的合理政策诉求。参与总署课题研究，在化工原料全国范围课题调研和进口环节消费税等税政专题调研中积极建言献策，服务国家宏观经济、推动新型化工产业发展。

【减免税管理】2022年，江门海关贯彻落实财政部、海关总署、税务总局关于“十四五”期间支持科技创新进口税收政策等进口税收政策及管理办法，对科技创新相关行业和领域予以税收政策支持。通过对外发放减免税业务调研问卷和举办减免税政策线上宣讲会的形式，了解企业申请办理减免税相关业务遇到的问题，对办理减免税业务的流程和相关注意事项进行政策宣讲。做好

▲2022 年 5 月 27 日，江门海关在江门市“关地企”直通车会议上进行税收政策宣讲（詹文 摄）

H2018 减免税管理系统后续管理模块的推广应用，为新旧系统的数据安全切换提供保障。5 月 10 日，首次为科研院所制发“进出口货物征免税确认通知书”。11 月 2 日，首次为“双碳”科研项目制发“进出口货物征免税确认通知书”。

【税收征管方式改革】2022 年，江门海关推动以企业为单元的税收担保改革落地生效，关区企业通过关税总担保方式可缓缴税款 25.54 亿元，占税款总量的 36.83%。推广并审核通过关区首份企业集团财务公司担保，单笔保函金额 1.80 亿元，为同期全国海关最大担保额度的同类型保函。原产地证书自助打印率 93.63%、自报自缴率 93.25%，分别比上年提升 25.47 个百分点和 8.25 个百分点。

【商品归类管理】2022 年，江门海关做好归类预裁定工作，服务企业和促进贸易便利化。提前了解企业在进出口通关业务中存在的商品归类难点，对有意向申请归类预裁定的企业给予提前指导服务；设置咨询热线，开展“一对一”归类疑难讲解服务，指导企业规范申报相关归类要素；对重点疑难商品、行业开展归类风险分析，推送规范申报和归类易错商品宣传微信稿，助力企业提高疑难商品归类申报准确性，提升通关时效。年内，江门海关制发归类预裁定决定书 26 份，比上年增长 4.2 倍。

【行邮物品价格资料库上线】2022 年，江门海关为进一步提高关区行邮物品税收征管效能，依托关区进出口商品智慧平台建立“行邮物品价格资料库”并上线运行。该资料库数据来自价格鉴定机构发布的价格资料并定期维护。年内，维护行邮物品参考价格资料及图片 10.26 万条（幅），为行邮物品审价工作提供技术支持。

【进境邮件税款信息联网项目试点】2022 年 11 月 29 日，江门海关在辖下外海海关启动进境邮件税款信息联网项目试点工作。试点上线运行当日，完成个人支付缴款书数据自动对碰，实现进境邮件税款自动对账、自动汇总、及时入库，有效解决缴款书自动对账汇总缴税及时性问题。

【案件计核业务智能化】2022 年，江门海关开发应用“审价管理子系统（江门海关）案件计税应用”系统。该系统自动整合数据资源，为计核货物物品征管质量监控、统计分析提供数据支撑，确保走私违规案件偷逃税款计核的准确性、时效性，实现案件计税全程操作无纸化、计税标准规范化、参数调用智能化、监督检查常态化。年内，应用该系统办理案件计税 148 宗。

【税收风险防控】2022 年，江

门海关针对关区涉税风险特点和易发高发环节，定期开展税收风险分析排查，加大对大宗货物、敏感商品、异动商品等的税收风险分析力度，对存在风险下发处置单，提升风险处置效能。年内，开展跨部门税收风险专题联合研判7次，通过HLS 2017系统分析处置异常数据4192条。

【原产地和贸易救济实施】2022年，江门海关推动RCEP等自贸协定原产地规则和关税减让政策落地见效，辖区企业优惠贸易协定项下享惠进口货值91.85亿元，税款减让5.52亿元，分别比上年增长126.62%和86.49%。特别优惠关税待遇项下享惠进口1260.27万元，税款减让93.09万元，分别比上年增长216.39%和90.96%。签发原产地证书7.21万份，货值40.16亿美元，分别比上年下降6.90%和1.02%。受理外方对我方发起的原产地证书核查请求10份，为出口货物国外享惠提供保障。对日本聚苯硫醚树脂、日本热轧不锈钢卷板、美国牛皮纸等17项商品

▲2022年7月21日，江门海关为企业签发RCEP原产地证书　（王熙程　摄）

【RCEP原产地政策落地实施】2022年1月1日，RCEP正式生效首日，江门海关签发RCEP项下原产地证书2份。年内，签发RCEP原产地证书2897份，货值1.44亿美元，货物主要输往日本、新西兰、澳大利亚等国家。2月21日，江门海关RCEP项下首票进口享惠货物通关。年内，RCEP项下进口享惠货物115票，货值3596.97万元，减让税款57.91万元。

【经核准出口商制度实施】2022年1月17日，江门海关审核认定关区RCEP项下首家经核准出口商，2月16日关区首份RCEP原产地声明开出。年内，经核准出口商自主开具RCEP原产地声明77份，货值5263.85万美元，货物全部输往日本。

撰稿人

丘锦堂　关慧婵　李颖元　孟胜男

卫生检疫

【概况】2022年，江门海关坚决贯彻落实习近平总书记关于疫情防控工作的重要指示批示精神，坚持“外防输入、内防反弹”总策略，坚持“动态清零”总方针，将疫情防控作为各项工作的重中之重，严格落实“疫情要防住、经济要稳住、发展要安全”的要求，切实把筑牢国门检疫防线作为胸怀“国之大者”、心系“两个大局”的具体行动。制定年度卫生检疫重点工作8方面24条，推进关区卫生检疫各项工作。严格人员检疫，全年检疫进出境人员6.18万人次。坚持“人、物、环境”同防，对172个位点开展环境监测。坚持“多病共防”，在入境船员中检出肝炎、流感等其他传染病5例，同步严防埃博拉、猴痘等传染病疫情叠加。强化安全防护，严格落实安全防护措施，修订3版防护装备穿脱指引，“分岗位”“全流程”“重细节”指导规范穿脱；组织全梯队技能实训、全方位监督考核和全过程实战比武。强化监督检查，持续发挥“挑毛病”专班作用，对安全防护工作开展专项自查和常态化排查，完善相关预案、指引35个。对关区口岸登临检疫作业人员按照“划片集中管理”工作模式实施管理。关区内设置新会海关、台山海关、阳江海关3大片区集中封闭管理场所：新会海关牵头负责外海海关、高沙海关、新会海关、鹤山海关的登临检疫作业；台山海关牵头负责台山海关、开平海关的登临检疫作业；阳江海关负责阳江海关的登临检疫作业。组建123人的疫情防控一线集中封闭管理工作人员队伍。年内，严格落实国务院优化防控措施二十条，制定关区离岗居家健康监测管理工作指引，优化疫情防控一线集中封闭管理工作人员管理政策。持续开展关心关爱，先后出台125项关心关爱措施。6月起开展“关长走进口岸封管区”，总关及各隶属关分管卫生检疫工作的关领导9人分批进入封管区参加口岸登临检疫工作，调研解决困难48个，优化工作措施52条；建立“每日问需”“节日连线”“跑腿服务”等关心关爱机制，及时解决疫情防控一线集中封闭管理工作人员的需求和困难106个。开展国境口岸卫生监督和病媒生物监测，截获输入性病媒生物5.32万只。实施国境口岸食品安全监督年度计划，抽检采集样本457份。严密特殊物品监管，坚持生物安全风险防控，提升实验室检测能力，首次开展入境船员猴痘样本PCR检测。强化业务培训，以“线下现场观看+线上钉钉直播”的培训方式，结合“远程教学演示+现场实操练习”的实操形式，举办16期口岸疫情防控、卫生监督等

▲2022 年 12 月 29 日，江门海关关员到新会港指导口岸疫情防控工作　（汪海琳　摄）

技能培训，参训人员超过 2000 人次。开展安全防护比武，组织口岸疫情防控工作人员“全梯队技能实训”“全方位监督考核”“全过程实战比武”，提升一线人员个人防护能力及防护监督能力。

【出入境人员、交通工具检疫查验】2022 年，江门海关坚持“外防输入、内防反弹”总策略，严格执行健康申明卡核验、体温监测、医学巡查、流行病学调查、医学排查、采样检测等检疫措施，检疫出入境船舶 6979 艘次、出入境船员 6.18 万人次，实施新冠病毒核酸采样检测 1265 人次，进出境交通工具发现卫生学问题 7 次（其中 6 次发现传染病病例、1 次发现医学媒介生物）；在出入境人员中检出慢性病毒性肝炎 4 例、甲型流感 1 例。

【出入境货物、集装箱检疫查验】2022 年，江门海关检疫出入境集装箱 52.86 万标箱，发现卫生问题 52 标箱（其中 44 标箱发现医学媒介生物、8 标箱发现卫生条件差），全年截获蝇类、蜚蠊等输入性病媒生物 5.32 万只；检疫出入境货物 1.65 万批次，未发现卫生学问题。坚持“人、物、环境”同防，严格按指令开展进口非冷链物品口岸环节新冠病毒监测检测，创建“非冷链商品监控”模型，制定 4 类工作要点，修订 4 版“检测结果异常应急处置预案”，口岸命中高风险非冷链集装箱货物新冠病毒监测检测相关布控 13 批次，检测结果均为阴性。以口岸为单位对 7 个隶属海关作业场所、3 个集中封闭管理场所 172 个位点开展环境监测。

【出入境人员疾病监测】2022 年，江门海关加强传染病的监测预警，严防重大传染病通过口岸传入，防止疫情叠加。年内，开展疾病监测体检 1460 人次，其中境内人员 210 人次，境外人员 1250 人次；发现 37 例传染病病例。

【联防联控】2022 年，江门海关持续巩固与卫健、边检、海事、环保等部门建立的联防联控机制，强化口岸公共卫生安全联合治理；作为广东省、江门市、阳江市疫情防控指挥部相关专班成员，参加地方联防联控工作会议 181 次，协调属地联防联控机制做好海关疫情防控一线集中封闭管理工作人员 5 天离岗居家健康监测期间核酸检测等工作，联合开展传染病健康宣教，并对 5 例输入性疟疾病例开展回顾性调查。

【病媒生物检出】2022 年，江门海关按照总署统一部署，开展口岸病媒生物监测。关区口岸设 11 个监测点，开展鼠及其体表寄生虫（蚤、蜱、螨）、蚊类和游离蜱监测 308 次。监测发现鼠密度超标 3 次、蚊幼

▲2022年6月24日，江门海关举办特殊物品卫生检疫监管培训　（刘鸿雁　摄）

密度超标3次，均及时督导口岸运营单位开展灭鼠灭蚊等密度控制工作。截获输入性病媒生物5.32万只。其中，在入境装载盐湿牛皮的集装箱中截获蝇类5.32万只；在来自香港入境船舶中截获鼠类2只，在入境集装箱中截获鼠类1只。

【出入境特殊物品监管】2022年，江门海关进一步优化特殊物品卫生检疫审批工作，向7个隶属海关下放D级特殊物品（即已取得药品监督管理部门进口药品注册证或出口销售证明的用于预防、诊断、治疗的生物制品或血液制品）卫生检疫审批权限；邮包、快递渠道截获特殊物品不合格案例11批次，货值237美元。

【国门生物安全体系建设】2022年，江门海关加强关区生物安全风险防控和制度体系建设，对接海关总署相关建设方案，制订江门海关生物安全体系建设方案，制定落实19方面26条措施，筑牢国门生物安全屏障。

【口岸食品安全监督】2022年，江门海关开展国境口岸食品安全抽检和口岸食品安全监督，完成口岸食品实验室检测项目5类172项次，快速检测项目12类272项次。江门关区口岸餐饮服务单位6家，食品销售单位6家，根据分级情况实施相应频次的日常监督48家次；依托江门海关执法“双随机”管理应用系统，随机抽取监督对象和监督人员，开展双随机抽查，并在江门海关门户网站公布抽查情况。

【口岸核心能力建设】2022年，江门海关落实“政府主导、企业主责、海关主管、相关部门联动”的工作机制，推动口岸核心能力建设。制订口岸公共卫生核心能力动态管理自查工作方案，完成新会港扩建口岸自查并向海关总署提交达标考核申请。

撰稿人

叶万年　刘卫东　刘鸿雁　许雨绚　李建新　汪海琳
林伟权　林筱珊

动植物检疫

【概况】2022年，江门海关学习宣传贯彻党的二十大精神，推进海关动植物检疫各项工作开展。夯实能力基础。阳江海关技术中心检测实验室通过总署初筛鉴定室能力核定，做好新增认定动植检现场查验岗、授权签证官工作。强化安全监管。保障供（香）港澳（门）活猪、活鸡苗、活鱼安全稳定供应；推进“跨境电商寄递‘异宠’综合治理”专项行动、“国门绿盾2022”行动。服务特色产业。加大对出口活鳗、荔枝、富贵竹企业“全链条”的技术帮扶力度，助力乡村振兴战略取得新成效；助推“粤港澳大湾区‘菜篮子’供应体系建设”，关区79家企业被认定为“广东省农产品出口示范基地”“粤港澳大湾区‘菜篮子’生产基地。”

【重大动物疫情疫病“多病同防”】2022年，江门海关强化人兽共患病监测，制订实施进境动物、进境非食用动物产品、供港澳活猪活禽、出境水生动物等动物疫病监测计划。严格落实“多病同防”措施和要求，加大一线防护物资保障力度，开展动植物检疫监管个人安全防护培训，明确生物安全管理要求和操作规范，强调防护服穿脱和洗消作业要点，提高一线执法关员个人防护能力意识，严格个人安全防护，严防疫情叠加。关注实验室生物安全，防范和消除实验室样本使用、保管、处置等各环节安全风险。加大进境动物隔离场、注册禽场日常防疫巡查力度，加强关区注册饲养场人员、运输车辆进出管理，督促企业使用供港澳活禽专用车辆，规范注册饲养场大门消毒池、喷雾装置等设施运作，推动注册登记、日常监管、出境前检疫、出境后溯源管理、应急处置全链条。

【进境隔离动物检疫监管】2022年，江门海关严格落实进境动物隔离检疫各项措施，做好120只来自荷兰的羊驼进境隔离检疫工作。严格审批隔离场使用申请。依规审核申请材料，对隔离场进行实地考核。考核合格的签发“隔离场使用证”；严格落实进境隔离检疫，制订进境动物检疫监管工作方案，监督隔离检疫场做好动物进场前的防疫消毒，开展运输押运监管，隔离期间严格落实相关动物疫病监测要求；隔离期满后做好动物流向跟踪，监督隔离场做好场地、用品、设施等消毒工作。

【“跨境电商寄递‘异宠’综合治理”专项行动】2022年，江门海关深入关区13家运营企业，科普“异宠”知识，督促严格执行收寄验视制度；强化“云擎”大数据应用，承接“异宠”全国风险监测模型的搭建和监测任务；对寄递渠道近12万条查获情事开展梳理，形成200条查发关键信息档案，新增优化151条布控规则；会同地方政府部门建立外来物种防控协调机制，在寄递渠道一体开展分析、同步防控。年内，向总署报送工作简报35条，获采编16条；制作推送专题微信宣传稿，录制“异宠”微课程，为关区学员二次培训提供学习资源。

【“国门绿盾2022”行动】2022年，江门海关持续压紧压实责任，强化贸易渠道检疫监管，严格落实布控指令要求，重点关注进境粮食、原木等风险较高货物，对来源红火蚁、松材线虫等外来入侵物种发生国家和地区的货物、运输工具、集装箱等加强检疫查验。强化非贸渠道检疫监管，利用机检、工作用犬、智能审图等技术手段，重点关注非法携带、寄递、夹带外来物种和种子苗木查发力度。年内，截获植物有害生物189种787种次，分别比上年增长33.09%、13.07%，其中检疫性有害生物21种130种次，在全国海关系统首次检出3种有害生物。在寄递渠道查获安全准入情事1477起，其中，查获植物种子、花卉、活体昆虫、活体鱼类53起；涉濒危物种制品情事552起，涉检验检疫情事364起。

【国门生物安全监测和风险监控】2022年，江门海关严格执行年度国门生物安全监测工作。发现并处置检疫性实蝇6种、1.83万头，林木害虫41种、164头，杂草73种；外来物种普查行动采集物种121种，其中6种列入外来入侵物种清单。强化进境隔离动物检疫监管。对荷兰进境120只羊驼实施疫病监测合格后放行。认真落实进境农产品安全风险监控，在5批次进境农产品中检出安全风险监控项目不合格。

【动植检领域系统风险排查和管控】2022年，江门海关认真开展供港澳活动物重大疫情疫病防控专项督查；规范检疫除害处理单位资质核准注销管理；加强进境粮食安全风险管控。年内，及时排除进境粮食现场检疫、后续监管和调运3个环节查发的风险隐患。妥善处置1起进境美国高粱被海水浸泡突发情事，确保安全生产“零事故”。

【粤港澳大湾区“菜篮子”供应保障】2022年，江门海关落实海关总署促进外贸保稳提质部署要求，支援香港抗疫，稳定顺畅安全保障港澳“菜篮子”鲜活物资供应。成立工作专班，开通“24小时应急处置热线”，应对深圳口岸跨境司机短缺、跨境运输闭环管理调整、接驳点减少、清水河中转仓动物疫情等负面影响。并妥善处置供港澳活动物在运输、通关等环节遇到的应激死亡、水生动物缺氧等突发情事15起。建立点对点服务机制，实时掌握活猪养殖场存栏量情况，备足供应货源。妥善应对新冠疫情期间供港活猪暂停及恢复情事，保障3月7日首日恢复供港的活猪安全、顺畅供应，仅恢复活猪供港首日，江门关区供港活猪占全国供应总量的21%。聚焦供港鸡苗出口受阻难题，建立部门协作机制，协商深圳接驳点采用“属地施检＋口岸视频监管”模式，助力鸡苗3月23日恢复供港。全年供港澳活猪1930批6.89万头，供港活鸡（苗）141批235万只，供港活鱼1136批2010吨。

【特色农产品扩大出口】2022年，江门海关利用“互联网＋海关”平台“线上”审批新增注册业务，新增供港澳活猪注册饲养场2家、水生动物注册养殖场3家，新增石斑鱼、黑鲷鱼、紫红笛鲷鱼等供港高价值新品种。加大对出境活鳗、荔枝、富贵竹企业“全链条”技术帮扶，建立健全可溯源残留物质监控体系和质量安全保障体系，实行出口申报前预约、

▲2022 年 8 月 9 日，江门海关对辖区出境水生动物注册场进行业务指导　（尼桂祯　摄）

▲2022 年 11 月 15 日，江门海关开展动植物检疫岗位资质考试　（尼桂祯　摄）

快速核放、优先办理签证等措施，助推关区出口鳗鱼比上年重量增长 42%、金额增长 67%，荔枝出口英国、迪拜、印度尼西亚等国家，富贵竹首次出口伊拉克。

【动植检岗位资质能力提升与资质管理】2022 年，江门海关强化关区动植物检疫队伍建设。年内，关区先后举办外来入侵物种普查技术培训、动植物检疫岗位专业资质培训班等 4 期。并有序组织推动年度动植检岗位资质培训考核认定工作，经总署认定高级签证官 8 名，申请备案新增签证官 2 名，查验岗 141 人次。高级签证官人数与转隶前人数比上年增长 50%，普通签证官人数比上年增长 31.25%，动植物检疫查验岗人数比上年增长 528.13%。

【口岸动植物检疫查验能力提升】2022 年，江门海关落实口岸海关有害生物和外来物种初筛鉴定室分期分批建设规划，实地调研口岸初筛鉴定室的基础建设工作，现场办公，推动解决鉴定室的规划设计、功能布局、修缮改造等问题。加强口岸初筛鉴定室检测设备的需求申报、预算批复、采购执行、项目设备评估和统筹调配管理。实施全国海关动植检能力提升工程建设项目，落实年度预算资金，购置口岸动植物检疫初筛鉴定室设备，推动口岸实验室检疫鉴定、样品快速处理、标本处理以及有害生物初筛鉴定等硬件装备升级，促进能力提升。年内，阳江海关技术中心检测实验室成功通过海关总署初筛鉴定室能力核定，成为江门海关首个获得能力核定的有害生物和外来物种初筛鉴定室。

撰稿人

邓皓中　罗干兵　黄桂林

进出口食品安全监管与商品检验

【概况】2022年，江门海关坚持以习近平总书记对食品安全工作提出的“四个最严”要求为根本遵循，发挥江门海关进出口食品安全领导小组统筹协调作用，落实《中华人民共和国进出口食品安全管理办法》和《中华人民共和国进口食品境外生产企业注册管理规定》，严格准入审查与口岸监管，全年检出进出口不合格食品10批，拦截不予准入食品18批。加强供港澳食品安全监管，保障供港澳食品安全稳定供应。年内，检验检疫进出境食品化妆品3.7万批，货值82.2亿元。其中进口食品化妆品1337批，货值9.7亿元，主要品种有坚果和籽类、食用植物油、糖果及巧克力、粮食制品等，从美国、印度尼西亚、意大利、泰国等国家进口；出口食品化妆品3.6万批，货值72.5亿元，主要品种有水产及其制品、调味品、粮食制品、禽肉等，出口到美国、日本、中国香港、中国澳门等国家和地区。

2022年，江门海关学习宣传贯彻党的二十大精神，统筹推进商品检验各项工作，严把进出口商品质量安全关。年内，检验进出口商品1.5万批，货值235.0亿元，检出不合格58批。落实生态文明建设总要求，严厉打击“洋垃圾”入境，对部分进口矿产品、再生金属等高风险货物实施口岸固体废物排查。开展“口岸危险品综合治理”百日专项行动，严格进出口危险化学品、危险货物及其包装检验，检出进出口危险化学品不合格批次比上年增长24%。加强检验检测机构事中事后监管，推动取消检验检测机构行政许可，对2家检验检测机构实施监督管理。推进“放管服”改革，落实进口铁矿“先放后检”、重量鉴定依企业申请实施等改革措施，比上年压缩检验时长超50%。

【进口食品“国门守护”行动】2022年，江门海关推进进口食品“国门守护”行动，加强对进口食品境外生产企业注册的验核以及进口食品随附合格证明材料的审核把关。强化进口食品安全监督抽检，抽样124批次、检测1215项次，检出不合格食品8批；采用线上线下联合监控，紧盯进口坚果、食用植物油等重点进口食品输入安全风险，开展风险研判，将不符合准入要求食品拦截在国门之外，2022年拦截不符合准入要求的食品18批；严格防范进口食品安全舆情风险，收集整理安全预警信息报总署食品安全局，获采用47条。

【进出口食品化妆品监督抽检和风险监测】2022年，江门海关严格落实年度进出口食品化妆品监督抽检和风险监测计

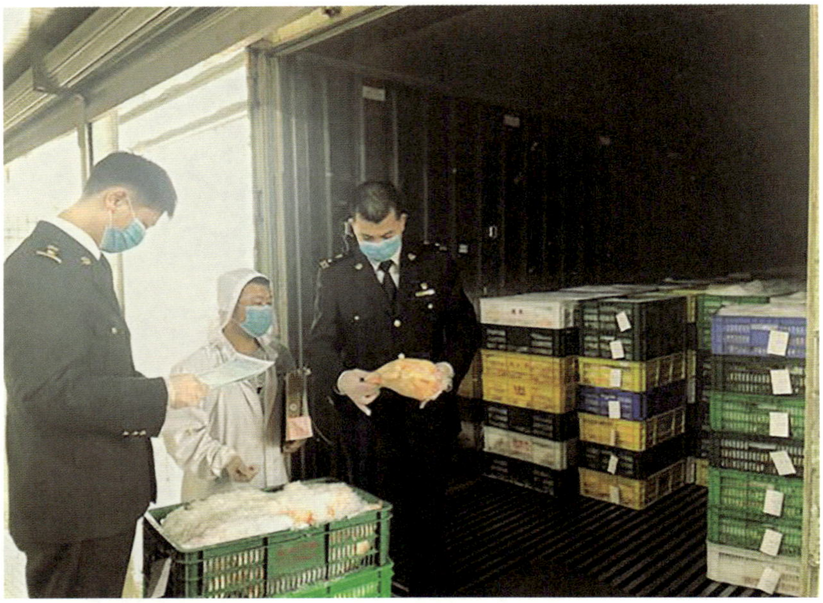

▲2022 年 11 月 8 日，江门海关关员开展出口食品现场查验　（智昱博　摄）

划，抽样检验进口食品 124 批次、检测 1215 项次，检出进口食品不合格 8 批次，分别是 1 批枯茗子检出氯氰菊酯超标、1 批盐焗开心果检出霉菌超标、1 批开心果（圆开心果带壳闭口果）检出黄曲霉毒素 B_1 超标、1 批开心果（未去壳）检出霉变粒超标、1 批带壳扁桃仁检出霉变粒超标、1 批糖果检出菌落总数超标、1 批多种维生素矿物质片检出维生素 A 含量不达标、1 批 B 族维生素片检出维生素 B_2 含量不达标。抽样检验出口食品 1009 批次、检测 5511 项次，检出不合格 1 批次，在 1 批冻脆肉罗非鱼片检出磷酸及磷酸盐超标。抽样检验进口化妆品 1 批次、检测 13 项次，未检出不合格。抽样检验出口化妆品 37 批次、检测 366 项次，在 1 批定型泡沫检出微生物超标。完成出口动物源性食品风险监测 333 批次、检测 1292 项次，发现 10 例风险隐患，按要求通报地方农业农村局，监督企业暂停收购相关原料加工和出口相关产品，督促和指导企业排查超限原因，采取措施整改。完成供港蔬菜专项检查，抽样 8 批次、检测 1776 项次。

【供港澳食品检验监管】2022 年，江门海关加大出口食品源头管理力度，落实供港冰鲜禽肉检验检疫要求，加强高致病性禽流感疫情防控；设立鲜活易腐农食产品查检绿色通道，落实“优先申报、优先查验、优先检测、快速出证”机制，为供港澳食品提供通关便利。监管供港澳冰鲜禽 2.2 万吨、5.9 亿元，供港海捕水产品 2.2 万吨、10.2 亿元，其中供港海捕水产品占香港市场份额超过 80%。

【食品安全风险信息收集】2022 年，江门海关持续跟踪、收集和研判关区主要产品及其进出口国家（地区）疫情管控措施和食品安全技术性贸易措施对企业出口食品的影响，强化信息成果转化与应用，不断提升信息应用成效，定期为企业提供境外通关政策信息，指导企业应对国外最新标准要求，帮助企业提升自检自控水平，分析收集信息 47 条。

【“食品安全宣传周”】2022 年，江门海关围绕“尚俭崇信　守护阳光下的盘中餐”主题，多形式开展系列宣传活动，普及进出口食品安全知识，展示进口食品安全监管工作成效，引导社会各方参与食品安全共治。制作 60 个宣传展板、张贴 40 张海报、派发 8000 多份宣传小册子、接受 900 多人次咨询。通过电话、微信、网络视频会议平台开展“线上”活动，组织开展“食品安全口岸行”活动，面向口岸食品生产经营单位宣传口岸食品安全知识，利用新媒体加大宣传力度，制作2篇微信稿向社会群众和企业普及法律知识及办事流程。

【“口岸危险品综合治理”百日专项行动】 2022年，江门海关开展“口岸危险品综合治理”，加强危险品进出环节监管，制定18条常态化监管措施、26项责任清单，查处出口企业使用虚假报告情事1起，查发伪瞒报情事4起。狠抓通关效率，压减危险品滞港时间，关区危险品进出口通关时间均压减50%。有力支援香港抗疫，优化通关流程，开设供港消毒水检验监管水陆快速验放通道，香港特区政府发展局渠务署致函感谢。

【大宗商品检验监管】 2022年，江门海关开展“先放后检”贸易便利化措施效果评估，联合广东分署、广州、黄埔海关加强政策执行与政策优化研究，向总署提出工作建议。建立煤炭通关与检测监测机制，检验监管进口煤炭数重量、货值分别比上年增长1倍、1.4倍。实施“先放后检”通关模式，监管进口铁矿223.1万吨，压缩检验时长超过50%。依法退运申报为再生铸造铝合金的固体废物238吨。

▲2022年7月31日，江门海关关员进行进口煤炭取样 （朱煜建 摄）

【进出口商品质量安全风险监测】 2022年，江门海关发挥进出口商品质量安全风险监测点的作用，向海关总署报送风险信息554条、专题监测报告3篇、特别贸易关注措施1条，报送信息数量比上年增长58.3%。2022年9月，监测点助力江门摩托车出口企业扩大海外市场的做法获《南方日报》报道。

【资质认定与能力提升】 2022年，江门海关加强业务培训及岗位资质认定工作，提升干部业务能力水平。年内，新增进出口危险货物及其包装检验资质人员54人；开展实操培训3期，创设危险品辨识、危险化学品检验、防护装备选用及穿脱、申报审单等4大类实操课程；编发关区进出口危险品检验监管不合格案例11个，组织总署公布的案例教学6次。结合岗位实际需求开展进出口食品安全业务分类培训，突出实操开展涉及进出口食品安全的动植物检疫签证官、加工食品签证官培训、考核和资质认定工作。截至年底，加工食品签证官资质33人，签证兽医官资质27人，植物检疫签证官资质28人，专业执法力量不断壮大。推荐业务专家参与总署工作，建立人才梯队，提升队伍专业能力和专业水平。

撰稿人

丰 威 黄耿龙 魏 伟

口岸监管

【概况】2022 年，江门海关贯彻总体国家安全观，落实全国海关口岸监管工作会议精神，抓好口岸疫情防控工作，加强二级监控指挥中心与现场海关联动，监控检查现场作业情况 4282 票（次）。持续强化口岸正面监管，加大贸易禁限监管力度，加强关区再生金属、再生纸浆监管风险管控，严打口岸货运渠道“洋垃圾”走私进境，查获国家禁止进口固体废物 6 批次、238.25 吨。促进外贸保稳提质，推动首列“江门号”中欧、中老国际货运班列开行并常态化运行，支持江门、阳江两市跨境电商综合试验区建设，推进“船边直提”和“抵港直装”试点工作，组织实施“湾区一港通”业务模式。着力提升智慧监管能力，加快推进智慧物流监管平台建设，推进智能审图应用。年内，监管进出口货物 2549.25 万吨，比上年增长 31.96%；其中，进口货物 2069.47 万吨，比上年增长 36.74%；出口货物 479.78 万吨，比上年增长 14.69%；监管进出境船舶 6979 艘次，比上年下降 25.73%。

▲2022 年 3 月 2 日，江门海关验放首批供港集装箱板房　（刘宇静　摄）

【进出境船舶监管】2022 年，江门海关贯彻落实党中央、国务院疫情防控决策部署，密切关注疫情态势变化，准确掌握来往运输工具疫情防控工作中出现的新情况和新问题，以科学防治、精准防控为目标，动态调整口岸疫情防控措施，督导规范执行，研定应急预案，开展应急演练。持续提升二级监控指挥中心监控检查效能，发挥每日监督检查通报机制作用。年内，关区水运口岸进出境来往港澳小型船舶和国际航行船舶数总数 6979 艘次，其中国际航行船舶 792 艘次，来往港澳小型船舶 6187 艘次；新冠检测采样 1174 人次。

【中欧、中老国际货运班列监管】2022 年，江门海关发挥职能作用，开展专题研究，主动建言献策，引导地方推动国际货运班列业务的发展。加强与地方政府和企业的联系沟通，

▲2022 年 4 月 27 日，江门海关关员对中欧国际货运班列运载货物实施监管 （李保华 摄）

成立“支持珠西物流中心建设发展专班小组”，对设立监管作业场所、出口监管仓库、保税仓库、海铁联运业务开展等提供政策指引，推动江门北站铁路类海关监管作业场所设立进度提前 2 年完成，为江门市首家铁路类监管作业场所。3 月 16 日，江门北站始发首列中老（挝）班列；4 月 28 日，始发首列中欧国际货运班列。中欧、中老国际货运班列开通运行，补齐大湾区西翼国际物流短板，助力江门成为有效衔接“一带一路”的国际物流枢纽基地。年内，江门北站出口始发中欧国际货运班列 6 趟，436 标箱，货值 5876.50 万元；出口始发中老国际货运班列 5 趟，156 标箱，货值 1634.00 万元；进口中欧国际货运班列 1 趟，货物 4 标箱，货值 50.90 万元。

【智慧监管】2022 年，江门海关加快推进智慧物流监管平台建设，试点口岸逐步实现场内作业物流管理信息化和智能化。推进智能审图应用，制标图 2021 幅，CT 机智能审图识别商品增加至 1171 种、加载安全准入智能算法 5 个、统一智能算法阈值设置 8 项。应用 H986 机检 74 万个自然箱，比上年增长 4.10%。

【惠企措施落实】2022 年，江门海关开展政策宣讲，严格落实查验情况复核，确保国家关于免除查验没有问题外贸企业吊装移位仓储费用的惠企政策落到实处。年内，免除费用 114.14 万元，惠及企业 1658 家次。

【违禁物品查缉】2022 年，江门海关持续强化对毒品的口岸监管查缉，加强风险分析研究，加大与地方公安部门协同配合力度，寄递渠道查获咖啡因胶囊等管制类精神药品 1.40 千克。推进“扫黄打非”工作，建立违禁印刷品及音像制品审核、截获定期移送等制度，口岸监管环节查获各类违禁印刷品及音像制品 648 件，违禁内容播放器 3 个。

【跨境赌博和枪爆治理】2022 年，江门海关强化口岸监管，推进跨境赌博和枪爆治理，加强进出境货运、寄递、运输工具等渠道管控，持续加大打击治理力度，在寄递渠道查获涉跨境赌博物品扑克 98 副、骰子 5 粒和四色筹码 200 个，查获枪支配件走私情事 2 起、4 件。

【快件邮件监管】2022 年，江门海关严格进出口快件邮件监管，开展“清邮”专项行动和快件专项风险排查，提升监管查缉成效，建立进境快件机检前风险排查制度和揽货商备案机制，提升精准监管水平，年内查发安全准入情事 1527 起。

【跨境电商监管】2022 年，江门海关贯彻落实促外贸稳增长措施，助力江门市和阳江市跨境电商综合试验区建设，推动关区跨境电商业务高质量发展。加强跨境电商政策研究，探索开展跨境电商水陆联运转关出口模式，助力企业开通江门地区首条跨境电商海运专线，降低物流成本；加强政策宣讲，助力培育跨境电商业务经营主体，对有意向开展网购保税电商、B2B出口业务的企业进行“一对一”政策辅导；强化服务保障，指定专人对接做好通关服务和协调指导；加强业务调研，积极建言献策，向江门市政府提出加快推进跨境电商综合试验区建设工作建议。年内，跨境电商进出口值约2.7亿元。

【监管作业场所管理】2022年，江门海关加强监管作业场所（场地）日常管理和巡查工作，规范配置监控摄像头，开展常态化监控摄像头巡检，确保运行良好。年内，关区监管作业场所18个、集中作业场地3个。其中，水路运输类场所12个，铁路运输类场所1个，公路运输类场所1个，快递类场所4个，旅客通关类场地2个，邮件类场地1个。各类监管作业场所配置摄像头1050个。

【场所场地监管】2022年，江门海关强化监管场所场地规划设置指导，开展监管作业场所场地实地调研，推动原木指定监管场地整改工作。年内，推动江门北站铁路类海关监管作业场所提前2年完成设立，填补江门市铁路类海关监管作业场所的空白，拓展江门市产品的进出口渠道，使江门市同时拥有水路、陆路、铁路海关监管作业场所。3家企业按时完成原木指定监管场地（B类）整改和验收工作。

【口岸检疫】2022年，江门海关开展进口高风险非冷链集装箱货物口岸环节新冠病毒检测和预防性消毒监督，做好入境交通工具终末消毒监督，强化进境邮件快件疫情防控和监管工作，严防疫情通过进口货物输入风险，进口高风险非冷链货物采样16票、预防性消毒5票，及时整改发现问题，完善和动态调整防控措施和监控清单，加大落实情况通报力度，压实主体责任，提升口岸疫情防控的精准度和实效性。

【“口岸危险品综合治理”百日专项行动】2022年，江门海关成立专项行动工作组，推进“口岸危险品综合治理”百日专项行动各项工作。制订专项行动工作方案，确立科学高效、精准研判的工作目标，重点解决进口环节的“滞”和出口环节的“瞒”等问题。专项行动期间，制定落实措施21条，危险品进出口通关时间比上年压减50%，查发伪瞒报情事4起。总署采用江门海关经验做法25项、典型案例1个。

撰稿人

叶其械　黄志良　阚光全

政策研究和统计

【概况】2022年，江门海关贯彻落实习近平总书记系列重要讲话和重要指示批示精神，传达学习全国海关政策研究和统计工作会议精神，推进关区政策研究和统计分析工作，撰写要情信息获总署采用25篇次，被中央办公厅、国务院办公厅采用19篇次；组建“全国‘人民满意的公务员’陈锡亮统计研究工作室”，加强统计人才培养；强化关区虚假贸易管控，贸易统计连续16年“零差错”；参与总署安排的调查调研任务，问卷填报率和及时率均保持100%，年内出口先导指数调查样本企业轮换工作统计口径及统计方法建议获采纳。加强数据安全管理，保持数据管理工作“零事故”。

【关区政策研究及统计工作会议】2022年3月7日，江门海关召开年度政策研究及统计工作会议，传达学习全国海关政策研究和统计工作会议精神，统筹安排年度政策研究与统计工作。会议要求强化组织领导，健全完善分析研究机制，加强各业务领域特色研究，强化统计监督，确保数据管理安全，统筹开展政策研究和贸易统计、业务统计等工作，更好支持地方经济社会发展。

【政策研究】2022年，江门海关统筹推进政策研究工作，明确工作重点，制定任务分工表，加强督导落实，推动课题研究、论文写作等研究工作开展。年内，开展署级研究课题2个，参与数字贸易、疫情防控等署级课题10个，实现江门海关参与署级课题数量新的突破。各类稿件获相关政研采用3篇，相关编译参考采用1篇。组织推动关区调查研究工作，向总署上报3篇调研报告。

【“陈锡亮统计研究工作室”组建】2022年，江门海关发挥

▲2022年4月21日，江门海关关员参加总署统计司专题工作视频会议　（谢晓翔　摄）

▲2022 年 11 月 15 日，“全国‘人民满意的公务员’陈锡亮统计研究工作室”成员开展外贸形势分析研究工作　（谢晓翔　摄）

全国“人民满意的公务员”陈锡亮的榜样力量和激励作用，组建“全国‘人民满意的公务员’陈锡亮统计研究工作室”。工作室发挥先进典型的示范引领作用，参与促进外贸保稳提质、服务国家重大战略、推动绿色低碳产业发展等重点课题研究；注重人才培养挖掘，通过现场授课、视频授课、以干带训等方式传承海关统计研究技能；加强实践锻炼，参与总署统计司青年理论小组、大数据研究小组、全球贸易监测分析中心等相关工作，完成 12 个课题和重点项目，关区内 16 名同志入选总署外贸景气度指数研究小组、全国海关统计专家组、全球贸易监测小组等专业工作组，有效带动全关政策研究水平的提高。

【统计分析工作成效】2022 年，江门海关落实总署统计分析工作“首报、首发、首用”要求，“加强、加密、加深”开展统计分析。参与总署贯彻落实党中央、国务院决策部署专项研究工作 7 次；撰写的要情信息获总署采用 25 篇次，获中央办公厅、国务院办公厅采用 19 篇次；牵头开展总署《中国海关统计摘要》相关编写工作。

【外贸发展和特色产业调研】2022 年，江门海关围绕外贸发展和特色产业开展调研，贯彻落实中央一号文件和中央农村工作会议精神，开展调查研究，推动 RCEP 协定落地，助推关区企业竹藤草制品出口，对关区企业与 RCEP 贸易伙伴进出口情况进行分析，收集并协调解决影响企业享惠问题。年内，开展关于外贸发展和特色产业的调研 20 多次，撰写的《广东部分产能向越南转移情况分析报告》《关于利用地方特色资源发展乡土工业推动乡村振兴的调研报告——以阳春竹藤草产业发展为例》等为地方政府部门提供有价值的决策参考。

【海关统计专项调查和专题调研工作】2022 年，江门海关开展出口先导指数问卷调查 12 次，开展中国海关贸易景气（进口）试点调查 5 次，开展 2021 年跨境电商试点调查、跨境电商全口径规模测算调研、外贸企业出口订单情况专项调研、2022 年出口先导指数样本企业轮换工作情况的摸底调研、2022 年上半年跨境电商试点调查等 5 次，及时率、填报率均为 100%。

【统计制度方法建言献策】2022 年，江门海关参与协助总署完善统计制度以及开展专项统计调查方案设计 11 人次，就统计指标、口径及其统计方法向总署提供意见建议 26 条。

参与总署2022年中国外贸出口先导指数调查样本企业轮换以及中国海关贸易景气指数编制工作专班，针对中国海关贸易景气指数编制工作对中国进口情况进行分析研究，向总署提出关于指标设计的6点建议，2022年度出口先导指数调查样本企业轮换工作统计口径及统计方法建议获采纳。

【贸易统计】2022年，江门海关加强关区统计基础数据审核，以海关贸易统计系统（TSD系统）、报关单数据质量检控分析系统（CSD系统）和海关统计日报系统为抓手，加强基础数据审核，强化统计监督，保障进出口统计数据质量，审核数据174万条，纠正差错470条，贸易统计数据连续16年保持“零差错”。发挥统计监督职能作用，研究制定关区细化落实措施，强化统计监测，坚决有力打击虚假贸易，充分发挥统计监督协同作用。编发统计监督信息10期，审核发现问题并移交相关部门28起，其中统计处罚案件20宗，案值2720万元。加强虚假贸易风险研判，强化企业真实性核查，下达风险布控指令5条。年内，对涉及虚假贸易的“陶瓷电感”“银手镯”商品出口，向总署统计分析司申请实施暂缓统计处置，涉及金额1.8亿元。

【业务统计】2022年，江门海关严格落实总署关于维护海关统计数据真实准确的工作要求，落实统计数据月审核机制，纠正业务数据差错29条。编制统计监督信息，通报差错情况，提高业务统计工作质量，切实保障海关业务统计数据的真实性、准确性、完整性和及时性。年内，参加总署组织的业务统计改革研究，从指标设计、系统架构和功能等方面提出意见，并形成专题报告报总署；及时宣传推广使用业务统计系统中新增的检验检疫指标。

【业务数据管理】2022年，江门海关强化业务数据安全管理，开展关区业务数据应用系统安全审计，建立对外提供业务数据台账，加强合规性检查，推动关区业务数据内部使用操作规范化，数据安全工作保持“零事故”。年内，协助总署开展重要数据目录和信息化系统梳理工作；开展2022年度关级海关数据分类分级工作。经对全关33个单位部门使用数据情况的全面梳理，关级数据无核心、重要级别数据，11项数据为“一般数据”级别。

【统计服务】2022年，江门海关加强外贸形势分析，向地方党政部门报送外贸进出口专题分析报告14篇。多篇外贸信息新闻稿件被《人民日报》、“学习强国”、新浪、搜狐等媒体刊载。每月在江门海关门户网站、地方政务大数据平台维护统计数据资料，方便社会公众查询。指导社会公众使用海关总署门户网站贸易统计数据在线查询功能，便利获取海关统计数据。根据社会公众申请提供统计数据服务。年内，向地方党政部门、社会公众提供数据服务43次，江门海关门户网站维护统计资料72篇次。

撰稿人

苏彩华　范海燕　林锦朗

企业管理和稽查

【概况】2022 年，江门海关加强企业管理和稽核查工作，加大信用培育力度，推进 AEO 管理措施落实，推进高级认证企业持续合规管理，持续强化出口食品生产企业境外注册工作质量；推广企业集团加工贸易监管模式，强化保税仓库和出口监管仓库实货监管，深化保税监管业务改革；落实稽查业务改革和企业主动披露制度，推进“多查合一”改革，实施核查领域跨部门联合抽查工作；开设属地查检绿色通道，实现涉检行政处罚案件职能管理平稳交接工作。

截至 2022 年 12 月 31 日，江门关区备案企业 8322 家，其中高级认证企业 49 家，年内增加 6 家。实际运作加工贸易企业 289 家，加工贸易企业进出口 462.20 亿元、比上年下降 6.00%，保税物流进出口 10.10 亿元、比上年下降 5.70%；办结稽查作业 96 起，查发问题作业 89 起；办结核查作业 602 起，查发问题作业 471 起；属地查检进口检验检疫申报 0.87 万批，出口检验检疫申报批 6.83 万批。

▲2022 年 7 月 27 日，江门海关关员正在校对海关总署—马来西亚海关 AEO 互认协议文本　（高瑞莲　摄）

【AEO 认证】2022 年，江门海关加大 AEO 认证培育力度，推进认证工作，落实各类企业培育计划，线下培训企业 173 家，线上培训企业 108 家，“一对一”培育企业 30 家，新增高级认证企业 6 家。落实高级认证企业管理措施，对关区 AEO 认证企业实施分级监管便利措施 21 条。高级认证企业向海关提出预约通关申请的时间由提前 24 小时缩短至提前 8 小时。

对特色企业开展摸底调研和信用帮扶，推动符合条件的企业“走出去”。2 家高级认证企业入选全国首批 AEO 互认观摩企业名录库；1 家高级认证企业入选世界海关组织企业咨询组成员。组织专家团队参与海关总署与马来西亚海关 AEO 互认多轮磋商会议，并完成中马 AEO 互认协议文本校对工作，推动相关协议不断完善。

【“多证合一”应用推广】2022 年，江门海关统筹和推动“多证合一”应用推广和宣传工作，对 250 家进出口企业分类分批召开 9 场政策宣贯会。建立协同推进工作机制，安排专人参与 97 家企业“多证合一数据异常排查”工作，排查 137 个问题，并提出有针对性的解决方案。通过“多证合一”办理海关报关单位备案占比 60.29%。

【出口食品生产企业境外注册】2022 年，江门海关帮扶关区出口食品生产企业拓展国际市场，推荐企业对境外注册，对有出口意愿的企业，精准推送出口目标国家或地区相关法规培训，指导企业对安全质量体系、HACCP 计划和车间进行升级完善，确保符合国内外法规要求，并加快企业对外注册推荐工作。办理对外注册出口食品生产企业信息变更 15 家次，增加对外注册品种 2 家。开展对香港注册企业专项帮扶工作，为企业排除 7 项安全隐患，确保供港食品稳定。受海关总署委派，与香港食物环境卫生署磋商，确定供港备案企业调查问卷内容，并牵头完成涉及 26 个直属海关 142 份供港备案肉类和蔬菜加工企业及种植养殖场的调查问卷数据整理分析工作。

【保税监管】2022 年，江门海关加强保税企业监管，建立“一企一档”，规范 17 家纸制品行业加工贸易企业的基本情况数据库，为保税监管集中审核提供后台数据支持。强化金关二期保税监管风险管理系统的应用，增设、完善 7 条风险参数规则，缩短审核时间。落实边角废料内销网上公开拍卖共管机制，江门关区 29 家加工贸易企业通过此拍卖形式处置边角料 3130 吨。推广企业集团加工贸易监管模式，对适用企业集团加工贸易监管模式的某集团 3 家企业开展实地指导，规范企业内部管理。大力推广介绍该集团的经验做法，强化服务指导，年内实现 4 个集团的关联企业适用上述监管模式，便利流转保税料件货值 2813.50 万元；因免办内销征税手续而减轻税负 313.10 万元。年内，梳理保税仓库和出口监管仓库各业务环节的管理流程和存在的监管薄弱环节，制发业务操作指引，强化监管细化措施和操作规范，实现规范流程管理、细化执行要求、严格实货监管、着力防控监管风险的目的。

【海关稽查】2022 年，江门海关注重稽查执法人员的能力提升，优化调整工作模式，提升工作效能。围绕简易程序和快速办理行政处罚案件执法程序、出境竹木草制品企业分类管理、主动披露政策实施等业务举办培训班，着力提升稽查人员业务素质和实操能力。9 月 14 日，江门海关组织 43 名稽查人员参加全国海关稽查岗位练兵技能比武，比武人员平均分高于全国平均水平，1 人进入全国前 100 名；优化调整部门职能，实行稽查部门自主查发的简易程序和快速办理案件直接自行办理，全年办理稽查部门自主查发的快速办理案件 43 宗；推动《海关总署关于处理主动披露涉税违规行为有关事项的公告》落地，多渠道宣传主动披露政策，设立专人专岗跟进主动披露事项，鼓励企业开展自查自报，全年办理主动披露作业 47 宗。

▲2022 年 6 月 16 日，江门海关关员对出口蛋制品实施现场查检　（余卫民　摄）

【联合抽查工作】2022 年，江门海关与江门、阳江市市场监管部门以“执法行动联合、抽查内容整合”的集约化方式推动开展“出口备案食品生产企业核查”联合检查，实现“进一次门、查多件事”，达到“1＋1＞2”的执法效果，共对 18 家企业实施联合抽查作业，检查结果公示率 100％。联合执法得到市场主体肯定，现场检查评价满意率达 95％以上。

【属地查检】2022 年，江门海关推进关区进出口货物属地查检工作，设立农食鲜活产品供港澳出口属地查检绿色通道，实行“5＋2”预约查检服务，对特色农产品优先开展检验、检疫工作，保障重要农产品快速通关。享受绿色通道企业 61 家，出口货值 18.47 亿元。强化属地查检业务领域队伍建设，推动建立属地查检专业人才库，更好发挥专业人才作用，提升业务管理水平，促进属地查检工作质量提升。年内，向总署稽查司属地查检人才库推荐 6 名人员。

【涉检行政处罚案件管理】2022 年，江门海关保障简易程序和快速办理案件职能办理调整后案件管理规范有序，工作不断不乱。成立工作专班，深入现场调研了解涉检行政案件处罚基本情况和存在问题，收集意见建议 19 条；及时办理涉检行政案件处置系统授权 31 人，开展专题执法培训，参训 120 人次；建章立制，明确工作模式要求，强化日常督导，适时开展执法检查，提升办案人员执法能力水平。年内，办结涉检行政处罚案件 38 宗。

撰稿人

杨　军　柯伟轩　施颖君　黄昭仪　程紫雯　黎杰麟

查缉走私

【概况】2022年，江门海关坚决贯彻习近平总书记关于打击走私工作的重要指示批示精神，严格落实公安部、海关总署关于打私工作部署要求，推进全年重点目标任务落地见效。年内，刑事立案36宗、案值11.42亿元、涉税2.70亿元，比上年分别下降30.77%、增长173%、增长275%；行政立案191宗、案值8591.70万元、涉税327.70万元，比上年分别下降24.51%、下降67.58%、下降57.10%。

【“国门利剑2022”专项行动】2022年，江门海关研究制订“国门利剑2022”行动方案，明确打击重点、各部门任务分工，不断提高专业打私能力，切实深化“全员打私”，推进综合治理，破获“洋垃圾”走私大案，打掉走私团伙2个，查证走私进口废塑料1万余吨；破获濒危物种走私案，打掉走私团伙4个，查扣石首鱼鱼胶103只及其他濒危野生动物制品1批；破获1宗濒危红木走私案；立案侦办涉枪案件4宗；立案侦办毒品走私案件4宗；立案侦办淫秽物品走私案件6宗，查证淫秽书刊等2000余册；破获涉美坚果走私等案件5宗，侦办涉检犯罪1宗。

【“国门绿盾2022”专项行动】2022年，江门海关坚决贯彻落实总署统一部署要求，组织开展严防动植物疫情疫病传入和外来物种入侵“国门绿盾2022”行动。年内，缉私部门对1起濒危红木走私案持续深挖扩线，案值4079.66万元。

【“国门勇士2022”缉枪行动】2022年，江门海关成立打击枪爆走私专项领导小组，抽调精干警力组成工作专班，广泛搜集线索、主动拓展案源、滚动开展打击。立案侦办涉枪案件4宗，查获追缴枪形物57支，其中气动枪支2支，美国走私进口枪管5支，BB弹、气瓶等38件。

【“清源断流”禁毒专项行动】2022年，江门海关坚决落实公安部“清源断流”禁毒专项行动部署要求，探索建立现场查缉快速移交处置机制，立案侦办毒品走私案件4宗，查扣毒品及精神药品94.52千克。对开平市苍城镇挂点禁毒工作站开展帮扶，协助开展相关工作。联合江门市禁毒办、江门市打私办等单位到江海区万达广场，派发禁毒宣传单，为群众讲解毒品的种类、性质及危害等禁毒知识，提醒群众远离类似“跳跳糖”“奶茶”等具有伪装性的毒品，如发现及时报警举报。

【重点涉税商品走私查缉】2022年，江门海关部署开展“以打促税”百日攻坚行动，成立“以打促税”百日攻坚战行动领导小组，明确各单位部门打击重点和任务分工，制定

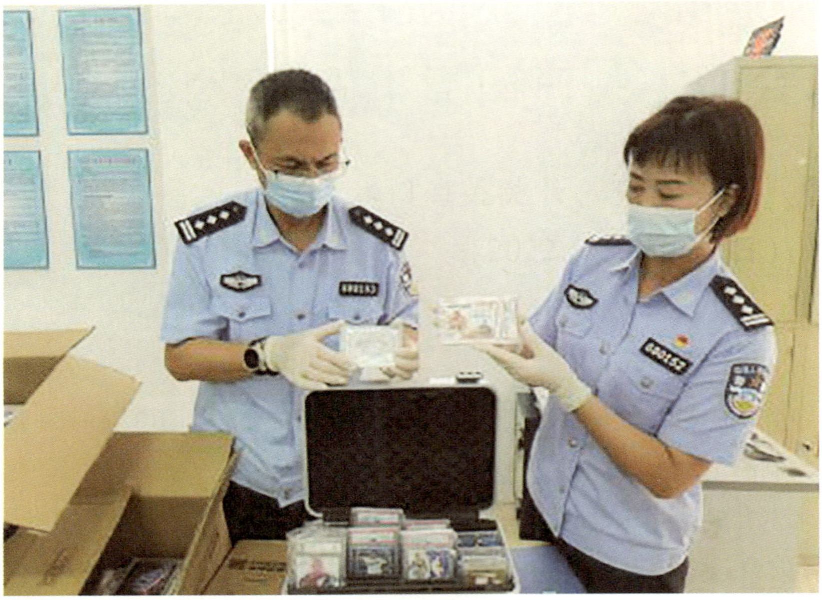

▲2022年8月3日，江门海关缉私局打掉一个快件渠道低报价格走私“球星卡”团伙 （吴超 摄）

部门措施坚决推进专项行动。立案侦办涉美坚果走私案件1宗，案值约5亿元；奢侈品走私大案1宗，案值约1.50亿元；成品油走私大案1宗，案值1.77亿元；“球星卡”走私案件2宗，案值1000余万元。

【非法有害出版物走私查缉】2022年，江门海关优化关警协同机制，保持联合链条式打击，立案侦办淫秽物品走私刑事案件2宗，行政案件4宗。强化案件证据梳理和数据比对，并成功深挖扩线，查证涉嫌走私淫秽书刊等2000余册。

【涉检犯罪打击】2022年，江门海关加强涉检犯罪手法特点研究，密切部门间的协作配合，立案侦办涉检犯罪1宗，查证犯罪嫌疑人通过伪报原产地方式逃避商检申报进境的盐湿牛皮1.02万吨，案值5073万元。

【全员打私】2022年，江门海关落实总署关于全员打私的相关要求，优化指标考核体系，下达全员打私业务指标，传导打私责任压力。建立定期听取缉私工作汇报、每季度通报全员打私指标完成情况的工作机制，及时发现问题并分析原因，制定针对性措施，压紧压实全员打私责任，进一步促进关区各部门在打私工作中紧密配合、协同作战。

【改革项目和重点项目】2022年，江门海关缉私局开展第5轮“深调研、找差距、理思路”专项工作，制定改革项目、重点项目任务书，明确3项改革项目、9项重点项目、69个节点计划，通过问卷调查的形式对改革项目和重点项目督导问效，推进各项改革工作开展。

【司法鉴定中心】2022年，江门海关完善司法鉴定中心实验室管理体系，通过年度公安机关刑事技术实验室能力验证和CNAS实验室认可复评审。年内，完成鉴定检材271个，出具电子数据鉴定报告80份，扩展刑事技术声纹专业项目研究力度，稳步推进实验室场地规划、人员招录和人员培训等相关事项。

【智慧缉私改革】2022年，江门海关持续推进智慧缉私二期建设，建立完善重点企业、枪爆物品等专题数据库，探索搭建淫秽物品、石首鱼、涉枪、涉毒等6大主题作战模型；优化完善水上缉私“情指行”一体化作战体系和水陆空“三位一体”打击模式，探索优化集装箱船走私冻品研判模型和集装箱“空进空出”风险模型。

【执法质量】2022年，江门海关强化刑事案件审核把关，对案件全过程质量管控，将法制审核嵌入刑事案件全流程，严格执行法制审查、分级审批、集体议案等制度；强化行政案件执法指导，推进行政案件快查快办；强化法制执法监督发现问题能力，成立执法质量考核工作组，依照案件自评、交叉考评规则开展刑事、行政案件集中考评，完善执法质量考评、执法检查工作。

【案管中心】2022 年，江门海关进一步发挥缉私局案件管理中心（以下简称“案管中心”）作用，强化执法办案过程监测，推动执法问题整改落实，对 20 宗案件的实体、程序、法律适用等方面进行动态监督，从案件定性、法律适用、证据搜集、强制措施等方面提出专业意见。

【综合治理】2022 年，江门海关加强与地方公安等执法单位部门联系，拓展联合执法、警务培训等领域合作。与江门市公安局禁毒支队签订打击毒品违法犯罪联系配合办法，共同打击毒品违法犯罪。与中国人民银行江门市支行签订预防和打击走私洗钱犯罪联系配合办法，共同预防和打击涉走私洗钱犯罪活动。主动融入地方反走私综合治理格局，参加地方“双反”工作、缉枪治爆、缉毒禁毒等专项会议 41 次，会同地方公安就涉枪涉毒走私案件线索开展联合研判 9 次，参与地方执法部门联勤巡防，联合地方打私部门开展水上执法行动 15 次，联查案件 27 宗，查扣“大飞”33 艘。在“6·26”国际禁毒日，开展系列禁毒宣传活动，参加地方缉毒部门毒品公开销毁仪式。深入沿海乡村镇社，开展多种形式反走私宣传。

▲2022 年 6 月 26 日，江门海关缉私局开展禁毒宣传进社区活动　（吴超　摄）

撰稿人

袁　平

第六篇

综合保障

政务管理

【概况】2022年，江门海关健全落实“第一议题”制度，每月对“第一议题”议定事项开展督查并通报落实情况。持续精文简会，年内发文和会议数均达到压减目标。统筹督查检查考核事项，职能部门下基层督查检查考核减少39%。加强公文审核把关，连续保持总署“零退文”。多维度发出“江关声音”、讲好“江关故事”，推送稿件被各类媒体采用1167篇次。发挥12360服务热线的沟通桥梁作用，回访满意度和问题解决率均为100%，12360服务热线工作室获评江门市“巾帼文明岗”。信息工作取得突破，信息采用及获署领导批示篇次均创历年同期新高。规范值班应急保障，组织各类应急演练33场次。加强国际合作，报送的3个项目被总署纳入“三智”先行先试项目。机要保密工作严密规范，年内未发生泄密情事。

【督查督办】2022年，江门海关对督查检查考核项目实行年度计划管理，制订年度督查检查考核计划，督查检查考核事项减少至18项。确有必要临时新增的项目需进行报备，其他未列入计划、未按要求备案的一律不得开展。改进督查检查考核作风，采用“四不两直”方式，纠正层层听汇报、过度填报要材料、简单翻笔记查台账的做法，有效减轻基层负担。坚持问题导向，对督查检查考核发现的问题深入研究、一跟到底，加强收集共性问题，深入研究分析问题原因，通过业务指导、蹲点调研、加大培训力度等方式，指导解决共性问题，切实提升整体工作水平。健全落实“第一议题”机制，建立任务台账，加强跟踪问效，形成抓落实闭环，确保习近平总书记重要指示批示精神和党中央决策部署落地见效。年内，对“第一议题”议定的贯彻落实十九届六中全会精神、疫情防控、稳外资稳外贸、安全生产、做好“三农”工作、贯彻全国“两会”精神等44项重点任务进行立项督查，均有效落实。开展落实“第一议题”制度情况“回头看”，明确重点，规范实施，增强“第一议题”制度效能。

【应急管理体系和能力建设】2022年，江门海关构建科学高效的扁平化指挥体系，整合政务、缉私、监管、后勤等各条线值班值守力量和资源，完善“集中指挥+协同处置+现场执行”三位一体应急处置模式，明确责任分工，细化工作机制，完善工作方案和应急预案15份，确保指挥系统高效运转；分类定向制定应急处置“一事一预案”10份，为推进值班值守、应急处置等工作提供制度保障。统筹开展消防、安全保卫、内部疫情等突发事件实战演练 83 场次。年内，江门海关没有发生重大突发事件。

【应急值守工作】2022 年，江门海关推进应急值班值守队伍专业化建设，科学做好日常值班值守人员安排，针对党的二十大等重要时间节点，增设应急在岗值带班、应急小分队、专项值班 3 支应急值班值守队伍，“平战结合”确保不同时期应急值班值守工作平稳有序；建立健全“大课堂全覆盖 + 小课堂面对面 + 小手抄岗前考”培训模式，通过“实境式”课堂开展值班人员“沉浸式”教育培训 20 次，以“实地检查 + 电话抽查”方式开展值班检查 832 人次，全面提升值班人员纪律意识和值班工作技能；加强应急值班值守工作科技支撑，开发“智慧值班”应用系统，及时掌握值班人员到岗、离岗等情况；严格对照总署规范值班视频点名工作的要求，提前 1 个月完成值班视频点名系统全接入等工作。

【政务信息】2022 年，江门海关修订完善信息工作考核评分办法，明确信息工作导向，规范信息报送工作机制。改版升级信息工作交流平台，及时更新优秀信息和学习资料库并开展信息工作月度分析通报。通过“江关声音”每日视频公示总署采用情况，强化学习交流和氛围营造。组织开展信息会商，强化重点信息攻关。建立每月信息选题报送及通报工作机制，汇聚群智、强化督办，挖掘关区信息工作潜力。组织开展关区信息工作专项培训，根据需求送培训下基层 3 期，以“面对面 + 电话连线”方式开展信息工作专题指导，促进信息人才培养。强化热点信息题材分析，编制报署信息要点、分类信息参考、热点信息日历表，根据署领导批示和总署重大工作安排编制重点信息选题方向，年内开展信息约稿 72 期，获上级采用率 80% 以上。政务信息质与量都取得新的进步，延续近 3 年来署内排名年年均有进步的良好态势，总署在 2022 年海关信息工作通报中点名表扬江门海关“在信息质量提升、获得署领导批示等方面进步快”。年内，总署采用江门海关 17.5 篇要情信息、7 篇综合信息、71 条快报信息，国家级载体采用要情信息 15.5 篇次，均创历年新高。

【公文办理】2022 年，江门海关完善收文精准拟办规则，精准拟办分发，及时流转办理。建立重要文件快速处理和文件办理提醒机制，明确收文办理期限，加强督办提醒和通报，提升文件办理效率。注重政策研究，充分发挥以文辅政作用，高质量完成各类重要文稿起草审核工作，用好“退文查错”“二次校核”“双人唱校”等公文审核机制，加强公文审核把关；建立完善重要文稿盯紧机制，压紧压实部门办文责任，推动提升公文办理质效，保持总署“零退文”。加强通报提醒和培训学习，梳理编发 4 期办文办会工作情况通报，并点对点提醒相关部门，压紧压实部门办文责任。持续精简发文，对各部门文件实行配额管理，加强发文数量管控，严格发文必要性审核，减少发文数量。

【会议管理】2022 年，江门海关严格落实“第一议题”制度、“三重一大”决策制度等要求，加强江门海关党委会、形势分析及工作督查例会、关长办公会等重要会议组织管理，确保会议材料、议题设置、组织安排、议事程序等符合政治要求和制度规定。周密组织各类会议和重要活动，完善重大会议活动清单化管理工作机制，做好上级领导调研指导以及地方党政、企业来访等活动组织安排。贯彻落实党中央关于精文简会的精神，通过制订配额计划、统筹合并等方式加强会议数量管控，控制压缩会议时长、参会人员数量、会议文件篇幅，持续改进会风。加强疫情期间会议活动管理，严格控制关区内聚集性会议和活动。严格会议费管理，落实中央和国家机关会议费管理要求，按照规定的额度标准、开支范围执行。

▲2022 年 11 月 28 日，江门海关举办保密及档案业务培训班 （李保华 摄）

【建议提案办理】2022 年，江门海关把人大建议、政协提案办理工作作为履行法定职责、主动接受监督、了解社情民意、推动改革发展的重要内容，每件人大建议、政协提案指定专人办理，建立台账制度，明确办理时限，做到“件件有落实，事事有回音”。健全人大建议、政协提案的责任制度，实行单位主管领导、部门负责人、具体经办人员分级负责制，严格办理程序，加强审核把关和催办督办，各有关部门按照职责分工分别做好意见研究、办理落实和结果反馈。年内，加强与人大建议、政协提案交办单位保持密切沟通联系，及时了解掌握办理情况、反馈信息，加强成果应用转化，把办理建议、提案与深化改革、推进改进工作结合起来，发挥好重点建议、提案示范作用，办理答复各级人大建议、政协提案 5 件（均为会办），涉及禁毒工作、跨境电商、中欧国际货运班列、RCEP 协定、跨境电子商务综合试验区等领域，按时办结率保持 100%。

【保密业务建设】2022 年，江门海关严格按照保密工作规定，加强定密、涉密人员、网络“三大”管理，持续强化保密宣传教育和监督检查，未发现失泄密情事。年内，对 22 名新增涉密人员进行保密审查；组织调离涉密岗位的 18 名涉密人员签订离岗承诺书，实行脱密期管理；对干部职工经常性开展保密工作提醒，严禁通过互联网、手机等非涉密网络和智能电子设备存储、处理、传输涉密敏感信息资料，严守网络保密“红线”；开展保密宣传教育，围绕“4·15”全民国家安全教育日，结合“强化政治机关建设专项教育活动”，通过举办保密教育专题课、观看保密警示片，增强保密防范意识和法治意识；以“自查自评 + 突击检查”的方式，组织保密自查自评、党的二十大保密专项检查等，有效防范失泄密情事；组织领导干部及涉密人员 180 人参加保密教育线上培训并完成考核，增强安全保密意识，提升保密工作技能。

【档案业务建设】2022年，江门海关贯彻落实习近平总书记关于做好新时代档案工作和安全生产的重要指示批示精神，严格落实档案安全主体责任制，通过自查、飞行检查等方式对所属海关的档案管理制度落实情况进行常态化检查；落实国家档案事业“十四五”规划和海关总署部署，推进档案数字化工作；加强档案队伍建设，组织参加海关档案第一协作组工作交流会、广东省新冠疫情防控档案线上培训、广东省档案专业人员岗位培训，举办全关区档案业务培训班，进一步提升档案干部队伍的专业能力，年内12人次取得“广东省档案专业人员岗位培训证书”；完成2021年度4180件文书档案归档工作，设立新型冠状病毒感染疫情防控档案专题目录，继续收集整理江门海关新型冠状病毒感染疫情防控资料汇编，收集整理江门海关党史学习教育专题汇编；充分发挥档案服务工作大局的作用，开展红色档案征集活动，实地访谈离退休老干部，抢救完成6个口述史料整理，年内1739人次对2953卷（件）档案进行调阅、借用，为红色人物撰写、补充完善新中国成立前海关系统参加革命工作人员名录、中国海关大事记编写等工作提供重要查考。

【国际档案日活动】2022年，江门海关以“喜迎二十大，档案颂辉煌”为主题开展国际档案日宣传活动，举办走进档案室参与“体验式”档案整理活动；通过组织干部职工参观关史展馆、开展档案知识测试、参加国家档案局举办的专题讲座、编写推送普法微信稿等方式增强干部职工的档案意识和档案法制观念；与江门市档案馆以“喜迎二十大、档案颂侨乡”为主题合作拍摄“百年江关”微视频；组织全关区人员参加主题征文活动，1篇征文获广东分署、海关学会广州分会举办的“喜迎二十大·档案颂辉煌”主题征文活动二等奖。

【基层政务公开标准化规范化】2022年，江门海关深入落实党中央、国务院有关决策部署和政府信息公开条例，准确把握新时代政务公开工作的职责定位和面临的新形势新要求，对照海关总署制定的25个基层政务公开事项，结合江门海关权责清单和公共服务事项清单，全面梳理细化权力运行和政务服务全环节产生的政府信息，编发《江门关区基层政务公开标准目录》等文件。年内，完成关区基层政务公开标准化规范化建设试点工作，提炼出试点海关的经验做法，扩大实施范围，在隶属海关中全面铺开，有序推进基层政务公开标准化规范化建设工作。

【特色政策宣传解读】2022年，江门海关以利企便民、实用好用为原则，在门户网站新增“中国海关经认证的经营者”“经核准出口商”两个场景式服务和“国门生物安全”等三个专栏，为企业群众提供便捷的政府信息查阅体验；创新解读回应形式，针对企业群众关心、关切的政策焦点，制作“海关知识90秒”系列动漫微视频3期，推动政策解读的品牌建设；突出关区行邮监管特色，将海关行邮监管政策、国门生物安全知识等宣传内容制作成“海关知识小贴士”，在进境邮包上粘贴，对高频使用国际寄递服务的群众进行精准宣传，覆盖近3万人次。

【信访工作】2022年，江门海关落实第九次全国信访工作会议精神，按照海关总署工作要求，制订加强和改进海关信访工作的实施方案、信访突发事

▲2022 年 9 月 13 日，江门海关 12360 服务热线接线员在接听市民咨询　（李保华　摄）

件应急处置的预案，细化工作任务和责任分工，组织开展信访风险排查治理工作，建立重点信访事项台账，进一步压紧压实访工作责任，切实提高信访突发事件快速反应和应急处理能力。年内，办理信访事项 4 件，其中 1 件为 2021 年结转，均于年内办结。

【江门海关 12360 服务】2022 年，江门海关强化 12360 服务热线作为海关与企业群众沟通联系的桥梁纽带作用，擦亮“全国青年文明号”为民服务窗口，为企业和群众提供统一、规范、权威、高效的服务。年内，12360 服务热线解决企业群众问题超过 5000 次，均按要求完成答复，回访满意度和问题解决率均为 100%。通过自建新媒体平台“江门海关 12360”微信公众号推送文章 400 余篇，向企业群众精准投放政府信息，并根据企业调研反馈，针对性发布《一文读懂供港冰鲜、冷冻肉类生产企业注册要求》等 8 篇图文解读材料，有效提高政策解读的可读性。在全民国家安全教育日、“8・8”海关法治宣传日等时间节点，紧扣海关工作主题开展生物安全、治理“异宠”等宣传活动，推动海关普法宣传进社区，进校园。

【新闻宣传】2022 年，江门海关加强传播手段和话语方式创新，全方位多维度开展新闻宣传。年内，举办新闻发布活动 1 次；紧扣学习宣传贯彻党的二十大精神、促进外贸保稳提质、优化口岸营商环境等重大专题，围绕中欧国际货运班列开通、援港抗疫等关区特色亮点工作，多维度宣传优化口岸营商环境，服务企业成效。年内，推送稿件 129 篇，被各级媒体采用 1167 篇次，其中中央电视台、新华社、《人民日报》等中央媒体采用 117 篇次，《中国国门时报》、海关总署门户网站、海关发布等全国海关系统媒体采用 185 篇次，《南方日报》、广东卫视、《江门日报》等省市媒体采用 865 篇次，全面、立体地发出“江关声音”。

撰稿人

刘剑云　许　甜　陈海艳　周嘉俊　柴俏青　谭博文

财务管理

【概况】2022年，江门海关健全财务保障和管理机制，严格落实中央“过紧日子”要求，集中财力“优先保民生、重点保运转、精准保发展”，统筹各类资源，提高财务保障能力。落实海关系统国企改革三年行动任务，规范企事业单位财务管理。聚焦财务重点领域开展监督检查，强化内控管理，加强财务职能监督，保障资金安全，防范财务领域风险。推进税费管理信息化应用，智慧财务建设取得阶段性成果，资金使用效益提升。稳妥推进部门预决算公开，预算总体执行率连续3年创新高。

【税费财务管理】2022年，江门海关督促商业银行按规定办理税款入库手续，实时掌握海关税款缴款时间及入库时间，密切与国库部门核查监控合作，确保税收入库准确。规范海关税款入库、退库工作，提高纸质单证流转时效，确保保证金转税（罚没）、退还及提升税款退库业务办理时效，完善相关纸质单证传递登记台账，加强配合，做好税款入库、退库工作。年内，江门海关征收关税和进口环节税净入库69.35亿元（其中关税6.55亿元，进口环节税62.80亿元），比上年增长24.75%。

【预决算管理和预算绩效管理】2022年，江门海关持续推动预算执行质效提升，狠抓预算执行，通过落实实时监控、定期通报、目标考核、预警约谈、督促检查等管理措施，提升预算执行质量。通过建章立制，修订预算绩效管理办法、项目支出绩效管理实施细则，加强预算绩效评审管理、优化指标体系建设、硬化预算绩效管理双监控和双约束等措施，提升资金使用效益，促使预算绩效管理提质增效。

【“过紧日子”长效机制】2022年，江门海关坚决落实党中央、国务院关于中央政府带头“过紧日子”的常态化要求，坚持艰苦奋斗、勤俭节约办一切事业，从严从紧控制“三公”经费等一般性支出，严禁超预算、无预算、超范围、超标准开支。严格预算编制，严守财经纪律，严禁铺张浪费，控制经费支出规模，持续推进建立“过紧日子”的长效机制。

【经费管理】2022年，江门海关严格经费支出管理，坚持开源节流、精打细算，加强对支出政策和支出标准的审核把关，严禁预算、超范围、超标准支出。推进“智慧财务”信息化建设，升级完善包干经费管理系统、医疗费报销系统。完成中央预算管理一体化系统国库集中支付业务基础数据收集、流程梳理、开展系统操作培训等工作，确保预算执行业务上线使用。

【财务管理监督检查】2022年，

▲2022 年 8 月 10 日，江门海关关员到涉案财物仓库开展安全检查　（麦启明　摄）

江门海关聚焦财务重点领域，组织开展关区财政资金支付规范检查、海关财物管理领域专项检查、疫情防控经费保障情况检查，加强资金风险防控，排查资金管理方面的风险，规范财务核算，保障资金的安全使用和运作。

【涉案财物管理】2022 年，江门海关压紧压实安全生产责任，加强涉案财物安全保管，做好涉案财物仓库安全防范工作。将精品仓库和存储涉案危险化学品仓库作为检查的重点，对涉案财物仓库的制度、监控、消防、财物保管等方面开展隐患排查。年内，对涉案财物安全开展 4 次常规检查和 11 次专项检查。完成新旧“海关涉案财物管理系统”数据的转换导入工作，确保新系统中的数据准确；加强对仓储企业的监督和指导，督促其按涉案财物的特性做好保管工作；推动库存超过 2 年的涉案财物清理工作，动态更新、通报未下达处置决定的涉案财物 4 次；加强与地方主管部门的沟通协调，建立濒危野生动植物及其制品的移交机制。

【海关系统国企改革三年行动任务】2022 年，江门海关落实国企改革三年行动任务，清算注销企业 1 家，完成国企改制企业 1 家，国有企业资本产权占有登记 2 家；3 家一级企业纳入国有资本经营预算范围，开展国有资本收益申报工作，规范国有资本管理，提高国有资本收益。

【事业单位财务管理】2022 年，江门海关落实海关总署助企纾困降成本措施，建立健全海关企事业单位经营服务性涉企收费动态管理机制，组织开展交通物流领域涉企违规收费专项整治，参加和配合全国减轻企业负担和促进中小企业发展综合督查，整治涉企违规收费。明确事业单位固定资产处置审批权限，制定事业单位固定资产管理办法，规范财务管理，防范财务风险。

【基建项目管理】2022 年，江门海关在建项目 3 个，分别为缉私业务技术用房、技术中心改造、保健中心改造。年内，修订基本建设管理制度，规范基建管理，督促指导项目主体责任单位结合疫情防控工作推进项目实施，加强基建项目现场监督。完成技术中心改造和保健中心改造 2 个项目的竣工验收，有序开展项目竣工财务决算工作。

【脱贫地区农副产品采购】2022 年，江门海关发挥海关政府采购政策功能，组织关区 12 家注册预算单位通过“脱贫地区农副产品网络销售平台”加大对脱贫地区农副产品采购力度，超额完成年度预留额度，通过政府采购需求牵引脱贫地区农副产品销售，支持乡村产业振兴。

【政府采购管理】2022 年，江门海关结合“海关重点项目和财物管理以权谋私”专项整治工作，系统梳理关区采购管理的做法、成效及存在的薄弱环节，定期开展采购管理风险分析研判，建立采购代理服务监督机制，提高采购质效，规范采购活动。开展 3 期线上业务培训，提高采购工作规范化和专业化水平，防范非执法领域风险。

▲2022 年 6 月 15 日，江门海关开展“绿色低碳　节能先行”宣传培训　（黄福浩　摄）

【资产装备管理】2022 年，江门海关加强资产装备制度建设，修订完善固定资产管理、公有住房管理、公务用车管理等制度，明确职责分工，理顺管理链条，规范管理行为。组织开展房屋安全专项整治，落实定期安全巡查工作，确保安全责任落实到位。落实“过紧日子”要求，优化关区资产调剂渠道，从严把控新购资产审批，严格执行国家规定配置标准，提高存量资产使用效益。

【节约型机关建设】2022 年，江门海关持续推进节能减排和节约型机关建设。制定管理制度，细化节能减排措施，聚集绿色改造，新建太阳能光伏发电装置 3 个。年内，用水量、用电量分别比上年下降 18.8%、1%，完成总署下达各项节约能源资源指标，推动所属 7 个单位获节约型机关称号。

撰稿人

甘云峰　李星辰　李慧荃　谷旭鹏　张颖怡　陈惠芬
徐兆强　容月珍　黄颖欣　黄福浩　温学威　魏　洁

科技发展

【概况】2022年，江门海关优化科技管理体制机制，推进"智慧海关"建设，为促进江门海关高质量发展提供坚实科技支撑保障。制定落实"十四五"海关科技发展规划，形成优化科技体制机制等4个方面16项重点任务。制定江门海关专业技术委员会工作细则，优化科技委各专业委组成，吸收更多年轻专家并发挥各专业委智力支持作用，年内召开专家论证会6场。创新研发执法"双随机"管理平台，推广应用"智慧物流监控平台"，实现关区CT机智能审图模式全覆盖。完成涵盖监管、人事、办公、监察、后勤等多领域具有江门海关特色"微创新"应用12个。强化检测技术攻关，扩展检测项目，全年完成检测25.06万次，法定检验自检率提升至98.38%。抓好安全生产各项工作，实现网络与信息安全事件"零发生"、网络"零中断"、系统"零重大故障"，网络可用率100%。推进"我为群众办实事"实践活动，开展跟班作业，全年解决基层问题超200项，服务好评率100%。

【署级项目建设运维】2022年，江门海关完成所承办署级项目"报关单数据质量检控分析系统"运维工作，解决业务、技术故障12次；完成总署科技司下达的开发任务，上线"全国数据查询统计"等5项功能，为建立全国海关统计数据质量控制中心工作机制提供科技支撑。加强"智能审图系统"运维保障力度，加强与现场海关、信息中心联系配合，及时处理审图、图像标注故障；推进智能审图图像标注工作，年内完成H986标图185项，CT设备标图683项，智能审图系统自动识别商品准确率提升超10%。

【智慧海关信息化建设】2022年，江门海关完成"智慧管理"项目建设，基于自研"低代码平台"，创新"敏捷开发"模式，上线"政治素质表现档案""智慧会议""江关智享"等功能模块12个；运用"大数据"技术研发"江关智搜"应用，为用户提供一站式精准数据查询服务；建设"廉政警示教育云展厅"，创新运用前端设计框架，打造包含图片、动画、视频、PDF文本等多媒体融合展示的线上"廉政警示教育基地"，上线以来，1.5万人次通过"云展厅"接受廉政教育。

规范信息化应用项目全生命周期管理，做好"智慧物流监管平台"试点运行技术保障，建立监管部门、科技部门、现场海关、码头企业、研发公司五方联动的故障问题处理机制，实行清单式挂账销号，升级完善系统10余次，处理故障30余次，推动系统不断优化完善。上线以来，监控船舶4056艘、车辆39万次、集装箱8.9万个，提供预警信息1164次，助力企业实现闸口无人值守，为企业减少人力投入超30人，提升码头周转效率30%。

【系统网络安全运维】2022年，江门海关推进设备升级换代，完成400台紫光云桌面和280台客户端部署；研究国产化操作系统和数据库系统对现有系统替换技术，发现和解决现有软硬件产品与国产系统的兼容性问题20余个，将32套操作系统替换为国产化系统；优化关区通信网络，应用VX-LAN技术改造关区IP电话机网络，实现各类设备信息安全的分类管理。聚焦网络安全隐患，重点细查"信息系统运行失常、失控、失效风险"。建立动态台账，细化风险隐患表现形式和应对措施；综合应用潜听威胁发现系统、网络安全检测系统和网络流量回溯分析系统，构建具有监测、防护、诱饵、溯源的动态立体网络防护体系；落实"总署—直属关—隶属单位"联系配合及应急响应机制，强化信息系统安全运行风险的监控、预警、响应和处置；开展应急演练、桌面推演2次；定期对300多台服务器、1700多个客户端进行安全扫描，修复高危漏洞。年内，未发生网络中断、系统重大故障等网络与信息安全重大事件。

▲2022年10月10日，江门海关组织开展机房消防及网络安全事件应急演练　（黄嘉锐　摄）

【实验室建设与管理】2022年，江门海关切实强化实验室技术支撑和保障能力，围绕法定检验自检率提升，夯实实验室检测硬件基础，购置液质联用仪、连续流动分析仪、碳硫测定仪等检测设备27台套。严格实验室资质、备案管理，关区4个技术机构通过CNAS/CMA"二合一"评审，认可项目2016项；关区5个病原微生物实验室均取得地方卫生健康部门颁发的广东省二级病原微生物实验室资质备案，保健中心取得地方卫健部门批复的临床基因扩增实验室资质。提升实验室检测能力，新开展食品、动植物疫病、病媒生物、煤炭等领域检测项目258个，全年完成法检项目检测25.06万次，法定检验自检率提升到98.38%；新冠病毒核酸日检测能力从720份提升至1044份，完成核酸检测5.29万份；严格质量管理，参加能力验证活动，完成能力验证76项。

统筹实验室建设布局，推进实验室业务整合，新会海关、开平海关实验室法检业务分别融入技术中心和保健中心，提升进出口食品、动植物

▲2022 年 5 月 7 日，江门海关远程连线隶属海关实验室开展安全检查 （胡业明 摄）

及其产品、消费品及口岸疫情疫病等检验鉴定能力。加强实验室建设，阳江海关于 3 月 8 日完成新建新冠病毒核酸检测实验室建设及启用，保健中心于 4 月 1 日整体搬迁至新址办公，技术中心新实验大楼改造项目于 10 月 14 日竣工总验收，新会海关为新会陈皮提供全产业链实验室检测特色服务。

加强安全监督管理，制定实验室安全管理办法，组织关区各实验室参加危险化学品安全管理、生物安全、猴痘检测等安全培训 15 次，开展实验室危险化学品安全和生物安全应急演练 22 次。通过常规检查、专项督导、“挑毛病”专班监督等形式开展实验室安全监督检查 35 次，发现安全和质量管理问题 63 个，建立问题隐患台账，实行整改挂账销号。组织“回头看”，确保问题“清零”和“不贰过”。落实新冠病毒检测实验室生物安全每日巡查制度，报送安全巡查情况 365 期。

【科研管理】2022 年，江门海关承办署级科研项目“仿真技术在海关教育培训中的实际应用”通过总署验收，该项目研究成果被确认为优秀。开展 2022 年度署级科研项目申报，年内科研项目“标准化助力我国外贸打破技术性贸易壁垒研究——以阳江五金刀剪产业为例”获署级项目立项，“转基因大豆、玉米和水稻外源基因检测用标准分子试剂盒”获得实用新型专利授权。

撰稿人

张文斌

督察审计

【概况】2022年，江门海关综合运用督察、审计、内部控制、执法评估等方式强化对权力运行的制约和监督。聚焦习近平总书记重要指示批示精神落实等情况开展督察审计监督，发挥督审监督职能作用推动各项政策措施落地见效；贯彻总署关于配合国家审计工作的部署，做好配合审计署对江门海关审计工作；紧盯重大资金管理使用、权力运行等重点内容组织开展专项审计自查，配合做好专项审计调研；严格执行海关内部审计查出问题整改工作实施细则，推动落实审计问题整改长效机制；落实执法评估项目清单管理，结合关区业务特色开展关区监管场所运行及监管设备应用情况专题执法评估，参与完成署级专题评估项目。探索创设“内控示范科室”，树立基层科室内控管理标杆，发挥示范单位典型引领、辐射带动作用。以内控节点为手段压实基层自控责任，依托HLS 2017内控平台预警监控风险，结合内控评价、内控前置审核等手段推动内控机制建设。年内，组织完成督察审计自查1个、署级督察自查2个、关级督察4个、工程造价审计监督3个、经济责任审计1个、专项审计调研4个、关级执法评估项目1个。

【督察监督】2022年，江门海关根据总署年度重大政策措施落实情况跟踪督察重点项目清单，结合国家审计、年度督察审计自查发现问题，紧扣食品安全、疫情防控、安全生产等重点领域、重大风险，先后开展署级督察自查项目2个、关级督察项目4个。年内，通过进一步优化督察清单管理、深化联合督察、强化重点核查，查发问题23个，比上年增长130%，提出需要关注的风险点12个，比上年增长200%。开展疫情防控“飞行检查”，紧盯重点部位、关键环节的风险漏洞，查找薄弱环节，督促15个问题的整改落实，提出优化完善建议37项。制定年度督察项目清单，对隶属海关税收政策及税收风险防控落实、快件税收征管、规范口岸查验作业及检疫作业、“三重一大”决策制度落实情况等开展督察，发现问题12个，推动完善相关管理机制。

【配合国家审计】2022年5月26日至7月28日，审计署长沙特派办派出审计组对江门海关2021年以来履行监管职责和税收征管情况进行审计。江门海关组织制订关区配合国家审计工作方案，建立“信息沟通、联系交接、跟踪督办、值班”4项协同工作机制，组建“综合、业务、数据、后勤”4个专项工作组，开展专题研究30余次，编发工作动态76期，反馈资料434份、配合谈话325人次、配合现场调研和延伸审计 62 次，保障现场审计工作完成。

【内部审计】2022 年，江门海关根据《党政主要领导干部和国有企事业单位主要领导人员经济责任审计规定》制订年度经济责任审计计划，于 2022 年 10 月 17 日至 28 日对台山海关原关长履行经济责任情况开展经济责任审计。对下属江门国际旅行卫生保健中心改造（装修）、下属技术中心改造项目（电梯）、下属技术中心改造工程项目等 3 个项目开展工程造价审计，提出审核意见 25 条，核减费用 5.27 万元。对照总署下发的督察审计自查要点清单，紧密结合“学查改”专项工作、强化政治机关建设专项教育活动和“海关重点项目和财物管理以权谋私”专项整治工作等，制定 4 批自查清单，细化自查要点 577 个，组织各单位部门对照开展自查整改。建立“基层单位全面自查、职能部门条线监督、工作专班重点研判”的联动机制，分析电子数据近 10 万条，查阅文件制度 1000 余份，制发相关联系单、处置单 73 份，开展实地核查 14 次。建立督察审计自查问题整改台账，针对自查发现问题，建立“周督办、周报告”工作模式，对整改措施和验证资料严格把关、逐一验核，推动问题立行立改。查发问题 50 个、排查重点风险要素 49 个。

▲2022 年 10 月 18 日，江门海关关员开展现场审计工作 （伍冬耀 摄）

【专项审计调研】2022 年，江门海关根据总署开展贸易管制措施落实情况专项审计调研的要求，开展“‘洋垃圾’进境措施落实情况”“进口冷链食品、高风险非冷链食品集装箱货物监管措施落实情况”“贸易管制相关风险防控机制运行情况”3 个专题开展专项审计调研，归纳 20 个相关问题和风险，提出 18 条相关意见建议。

【内控机制建设】2022 年，江门海关开展关区“内控示范科室”试点创设工作。对照政治建设、科室管理、内控工作、否定性情形 4 个方面 14 项标准，经过基层单位推荐、江门海关内控工作领导小组办公室

▲2022 年 5 月 23 日，江门海关开展 HLS 2017 内控平台数据分析培训 （黄瑾 摄）

复核确定13个试点科室，覆盖全部基层单位，并通过健全内控机制、完善内控措施，推动健全完善经费支出管理、小额采购操作等制度机制13项。江门海关风控分局风险分析一科获评总署第一批署级“内控示范科室”。组建由内控办人员和各职能部门、隶属海关相关业务骨干组成的HLS 2017内控平台数据分析组，采取集中分析、委托分析、自主分析的工作模式开展工作，建立隶属海关日常分析、职能部门专项分析、督审部门重点分析的工作机制。分析组成员开展实战培训4轮，搭建分析模型10个，开展监控核查120次。

【执法评估】2022年，江门海关发挥执法评估的宏观评价、服务决策和内部监督作用，根据海关总署2022年度专题执法评估项目清单要求，参与总署“全国海关属地查检工作情况专题评估”工作，牵头设计直属海关的书面调研事项和企业调查问卷，组织全国25个直属海关完成企业调研事项，收回企业问卷782份，根据问卷情况高质量完成调研分析报告。自主开展“江门海关监管场所（场地）运行及监管设备应用情况专题执法评估”工作。优化“数据+指标+分析+调研”评估工作模式，紧扣数据与业务实际情况，科学设计调研方式与内容，推动执法评估工作不断优化。

撰稿人

朱晋飞　黄惠贤

离退休干部管理

【概况】2022年，江门海关坚持以习近平总书记关于老干部工作的重要指示精神为根本遵循，认真学习宣传贯彻党的二十大精神，落实全国海关离退休干部工作会议精神，以强化政治学习、规范组织建设、引导党员发挥作用为抓手加强新时代离退休干部党的建设工作，用心用情做好离退休干部服务管理，抓实抓细离退休干部疫情防控，发挥离退休干部优势作用，深化老干部大学海关分校建设，丰富离退休干部精神文化生活，不断推进离退休干部工作高质量发展。截至年底，关区离退休干部职工505人，其中离休0人，退休505人；党员323人，设1个离退休干部党委和10个党支部。

【党建工作】2022年，江门海关离退休干部党委召开专题会议学习党的二十大精神，研究江门海关离退休干部学习宣传党的二十大精神工作方案，制定3个方面10条具体措施。组织关区离退休干部集中收听收看或自行收听收看党的二十大开幕会盛况，在离退休人员活动中心开辟党的二十大精神专题宣传阵地，通过线上《学习之窗》编发推送会议精神和会议动态25期，通过“线下+线上”方式营造广大离退休干部深入学习宣传党的二十大精神浓厚氛围，推动广大离退休干部主动学、深入学。学习贯彻中共中央办公厅《关于加强新时代离退休干部党的建设工作的意见》和海关总署党委关于加强新时代海关离退休干部党的建设工作的实施意见以及2022年全国海关离退休干部工作会议精神，研究制定贯彻落实加强新时代海关离退休干部党的建设工作措施40条以及贯彻落实全国海关离退休干部工作会议精神具体措施15条。召开离退休干部党员学习会，江门海关党委委员、政治部主任李辉作专题学习辅导，介绍《关于加强新时代离退休干部党的建设工作的意见》的出台背景、突出特点、主要内容以及贯彻落实要求，并传达海关总署俞建华署长关于做好离退休干部工作的要求。举办“光荣在党50年”颁章仪式，为6名党龄50年的离退休干部颁发纪念章，对6名老党员开展访谈，弘扬忠诚于党的坚定信念。

【离退休干部正能量活动】2022年，江门海关组织离退休干部开展“建言二十大”和“我看中国特色社会主义新时代”主题调研活动，通过线上及线下渠道听取老同志的建言建议。组织29名离退休干部代表到珠西综合交通枢纽江门站、江门海关所属外海海关参观，体验江门在新时代的发展变化，通过实时视频观看海关智能化监管作业现场，了解海

▲2022 年 6 月 23 日，江门海关离退休干部参观海关智能化监管作业现场　（离退办　供图）

关做好口岸疫情防控工作流程，感受新时代海关事业发展变化。组织离退休干部代表与青年关员进行专题座谈，激励青年关员珍惜时光，不负韶华，努力奋斗，为党、国家和海关事业贡献青春和力量。组织 2 名老同志参加“新老关员面对面共话初心迎国庆”专题交流会，老同志讲述在海关的奋斗历程、履职故事、宝贵经验，勉励青年关员接续奋斗、奋发有为、积极进取。组织 20 位老同志参加江门海关口述史料抢救征集工作，对老同志逐个开展采访，收集海关历史资料。

【精准化服务】 2022 年，江门海关完善离退休人员健康情况台账等基础数据，开展老同志医疗救助 65 人次。每月邀请专业医生到离退休人员活动中心坐诊，全年为老同志提供中医诊疗、保健咨询等医疗服务 101 人次。针对收集到的离退休干部关于退休待遇等方面的意见建议，召开政策宣讲会，讲清讲透政策规定，现场解答老同志的问题，化解老同志心中疑惑。坚持“三必访”制度，把组织的关心爱护传递给广大离退休干部，全年慰问探访离退休干部 128 人次。及时向离退休干部推送疫情防控政策要求，引导老同志认清疫情复杂形势，做自己健康的第一责任人。落实外出报备、返回报告机制，建立台账，每天跟踪维护，督促离退休人员落实管理要求。做好离退休人员活动中心开放期间的登记、验码、消毒、通风等工作，确保活动场所安全。开展新冠病毒疫苗的接种情况摸查，安排专人对接，做好离退休干部接种疫苗工作。

【老干部大学海关分校建设】 2022 年 3 月 7 日，江门海关举办老干部大学海关分校首学期开班仪式，江门海关党委委员、政治部主任李辉作开班动

▲2022 年 8 月 30 日，江门海关组织离退休人员观看警示教育片　（傅学军　摄）

员，江门市老干部大学副校长张其中出席。开班仪式后，首学期开设的声乐、手机摄影、民族舞、书法艺术、山水绘画5门课程陆续开始教学。采取“线上 + 线下”教学模式，2022年度2个学期5门课程顺利办学，报名参加学习的老同志有232人次。运用海关总署“智慧银海”服务管理平台“云课堂”为离退休干部开展“运动健康”等专题学习，离退休干部精神文化学习渠道进一步拓宽。

【精神文化生活】2022年，江门海关组织离退休干部创作并朗诵作品《别说我们老了》，抒发对党、对祖国的忠诚热爱，表达对美好明天的期许与赞美。组织离退休干部编排、演绎舞蹈《侨乡葵韵》，表达绿水青山就是金山银山的理念，传达绿色发展、人与自然和谐共生的美好愿望。组织老同志参与江门海关举办的“我们的生活充满阳光”“清风国门”等多个主题作品征集，创作书画摄影作品36件，其中获优秀奖11幅，入围奖2幅。

撰稿人

黄志勇

第七篇

隶属海关

外海海关

【概况】外海海关，是江门海关正处级隶属海关，于2019年1月正式建关，前身为江门海关驻外海办事处、现场业务一处，负责江门市国家级高新技术开发区、江海区开放口岸和区内海关监管通关、检验检疫、加工贸易、保税监管、稽核查、旅检、跨境电商和邮快件等各类海关业务，管辖江门市高新港、跨境电商快件分拣清关中心、邮政速递监管中心、港澳客运码头4个监管点。截至2022年年底，外海海关下设12个正科级内设机构。

2022年，外海海关坚持以习近平新时代中国特色社会主义思想为指导，学习宣传贯彻党的二十大精神，按照党中央“疫情要防住、经济要稳住、发展要安全”重要要求，落实党中央、国务院决策部署，围绕2022年全国海关工作会议、全国海关全面从严治党工作会议和全国海关年中工作会议目标任务，按照江门海关党委的工作要求，以政治建设为统领，推进“学查改”专项工作和强化政治机关建设专项教育活动、党史学习教育常态化长效化、口岸疫情防控、促进外贸保稳提质、“海关重点项目和财物管理以权谋私”专项整治、打击走私等工作；严格落实全面从严治党要求和党风廉政建设责任制，不断深化精神文明建设。年内，监管货物进出口值514.37亿元，比上年增长4.06%；税收入库8.00亿元，比上年增长11.42%；结关报关单8.32万份，进出境船舶1625艘次；安全验放邮递物品、快件件数79.40万件，比上年增长136.30%。

【党建工作】2022年，外海海关坚持“第一议题”制度，第一时间学习领会、研究措施、贯彻落实。年内，召开党委会37次、工作督查例会6次、外贸形势分析会议5次、党委理论学习中心组学习10次，开展“学查改”专项工作和强化政治机关建设专项教育活动，组织“强化政治机关意识”大讨论12次，形成13份284条政治要求清单。坚持用党的创新理论武装头脑，把学习宣传贯彻党的二十大精神作为首要政治任务，紧紧围绕署领导7方面要求、12个点题和38个“深入思考”的讲话精神，结合12项重点工作，研究制订外海海关学习宣传贯彻党的二十大精神实施方案。推进“四强”党支部建设，提升基层党组织政治功能，把基层支部建设成为团结群众的核心、教育党员的学校、攻坚克难的堡垒。突出支部特色，推动“一支一品一项目”，结合外海海关特点和实际，推动基层党建品牌提档升级，对13个党建工作品牌进行品牌升级和内涵重塑，丰富一批有特色、叫得响的党建品牌。制定外海海关基层党建“双提升”行动工作措施分解表，细化工作举措13条，明确时间表、任务书、路线图，推动各项目标任务落地落实。年内，2个党支部通过江门海关“四强”党支部复核、4个“党员先锋岗”通过江门海关复核，1个党支部党建品牌通过2022年度全国海关党建培育品牌复核。

【干部队伍管理】2022年，外海海关开展“海关重点项目和财物管理以权谋私”专项整治工作，研究制订本级专项整治工作方案，制定细化21项落实措施，学习总署专项整治工作领导小组通报的10起违法违纪典型案例，对照海关总署专项整治工作领导小组最新细化财物管理方面重点参考提纲中4个方面、33项内容，通过查阅智慧财务、税收系统、费收系统等电子及书面资料逐一进行廉政风险排查，确保将自查工作做实做细做到位。做好以案促改试点工作，成立外海海关以案促改试点工作领导小组，先后5次召开专题推进会，制定4个方面16项细化落实措施。与第一派驻纪检组同向发力，深入科室联合开展实地检查督导2次，推动“两个责任”同向发力。党支部书记和纪检委员结合科室职责和业务特点，讲授专题廉政党课32次。深化警示教育，针对点多分散和现场倒班特点，运用云展厅开展常态化廉政警示教育，制作廉洁书签122份，留言80条，录制“加强廉洁文化建设　营造良好政治生态”主题视频12个。各党支部查摆问题36个，制定整改措施108条，处级领导班子查摆问题8个，制定整改措施19条。开展警示教育月活动，围绕典型案例开展学习研讨，组织各支部书记及纪检委员在支部内结合典型案例讲授廉政党课26期。

【疫情防控】2022年，外海海关坚持“外防输入、内防反弹”总策略和“动态清零”总方针，完善监管现场应急处置预案，动态调整场所（场地）消毒管理措施，综合提升疫情防控应急处置工作的质量和水平。年内，监管出入境船舶1625艘次。贯彻落实习近平总书记重要指示精神，保障供港物资快速通关，按照海关总署工作部署和江门海关的工作安排，成立援港抗疫工作专班，开辟绿色通道，实现24小时通关，从申报到放行提供“专窗、专人、专线”服务，加强与口岸联检部门的联系沟通，共商共议深化联检协作，确保供港物资随到随放。3月1日至5月9日，监管出口船舶228艘，验放供港物资27.68亿港元，其中活动房屋9103个，货值20.67亿港元；钢铁制楼梯及走廊构件5308件，货值6.90亿港元。做好内部疫情防控各项工作，完善

▲2022年5月9日，外海海关关员对出口援港方舱医院物资进行监管（钟志杰　摄）

内部防控应急处置预案8份，组织内部防控桌面推演3次，实操演练3次。稳步推进新冠疫苗接种工作，持续加强关心关爱一线干部职工，建立“一人一册”个性化需求档案，动态收集跟踪解决一线人员实际需求及困难，传递组织关怀。

【口岸安全监管】2022年，外海海关加强口岸正面监管，推进寄递渠道“异宠”综合治理。组建“异宠”风险监测专班，建立“每日一分析”工作机制，通过对“异宠”风险隐患的前瞻性分析研判，增强拦截查缉针对性，强化100% CT机检、特殊包装100%下线查验；密切与风控分局、动植检、监管、缉私等部门联系配合，深化与地方林业部门和专业力量合作，加强联合研判、信息互通，形成打击非法引进“异宠”合力。年内，截获日本大锹甲等外来有害生物24批次，2条相关新闻素材被中央电视台《天下财经》栏目专题报道采用。加强邮递物品、快件渠道涉恐涉爆、涉枪涉弹和非法出版物等监管，严把安全准入关。注重与地方公安部门协调配合，加大与缉私部门的合力打击，完善事前、事中、事后监管协同机制，推动“经验型防控”向“大数据防控”升级转型。年内，监管各类印刷品、音像制品3万件，查缉枪支配件4件、管制刀具6把、违禁印刷品及音像制品61份、违背一个中国原则图书3册、国家管制第一类精神药品10毫升，查获2宗案件被海关总署列为典型案例。加强进出口危险化学品监管，推进“口岸危险品综合治理”百日专项行动，运用前中后防控链条管理理念，确保安全生产“三个必须”要求落实，实现“以快治滞”“以准治瞒”。年内，检验监管出口危险化学品1306批次，货值1.13亿元；查获不合格出口危险化学品3批次，货值111.73万元。

【支持扩大开放】2022年，外海海关推进AEO认证助力企业拓展海外市场。选取各个领域和行业的重点企业，针对高质量创新型企业特点施策，推进信用培育工作，整理归纳优先办理、简化手续、减少频次等23条具体优惠措施，将认证企业优惠便利措施落到实处。年内，辖区5家高级认证企业进出口100.39亿元，比上年增长15.82%。开展出口摩托车风险监测专项工作，发挥出口摩托车质量安全风险监测点作用，配合地方税务部门开展“快速对接、实时反馈”双提速服务。年内，辖区摩托车企业出口22.41亿元；开展好口岸知识产权保护工作，对侵权高发企业及商品进行汇总分析，通过常规数据筛查开展批量复核复验，应对“化整为零”侵权行为，加强与口岸联检、地方主管部门的沟通，实现海关监管信息与地方管理动态信息的互通，形成打击侵权产品的合力。年内，立案处理1宗摩托车涉嫌侵权案件，货值942.4万元。优化服务链条，助力外贸保稳提质，宣传推广预约通关、“两步申报”、“多证合一”等通关便利化措施，发挥智慧物流监管平台作用，完成江门高新港—广州南沙港“湾区一港通”项目试点首票实货测试。年内，进口、出口整体通关时间分别为4.06小时、0.34小时。分行业、分类别开展企业享惠指导工作，扩大区域采购受惠范围，年内，辖区企业对RCEP其他成员国进出口79.81亿元，经核准出口商自主开具原产地声明38份，货值2.63亿元。以服务市场主体需求为导向，帮助传统制造更好适应跨境电商出口新节奏，同时成功开通江门

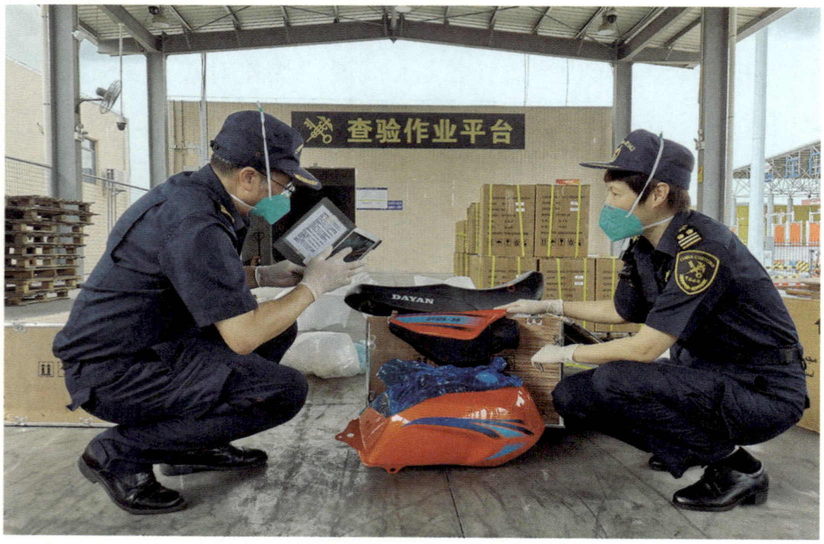

▲2022 年 8 月 1 日，外海海关截获 196 套涉嫌侵权摩托车套件　（梁伟源　摄）

市首条跨境电商海运专线。年内，监管跨境贸易电子商务 B2B、B2C 模式出口 16.59 万件，货值 1.9 亿元。通过地市陆空口岸专班跨部门专题研究供港消毒用品通过水路运输可行性，开设绿色通道，协调指导相关企业通过来往港澳小型船舶出口 6243 吨次氯酸钠。

【政务综合管理】 2022 年，外海海关围绕重点工作，不断改进和提升信息工作质量，通过挖掘各领域工作亮点，发挥好信息工作“主渠道”作用。年内，外海海关政务信息被海关总署采用 9 条，被广东分署采用 35 条，被江门海关采用 289 条，多维度宣传海关优化口岸营商环境、服务企业的成效，撰写新闻稿件 23 篇，被《人民日报》《中国国门时报》《南方日报》等媒体采用 13 次，2 条新闻素材被中央电视台《天下财经》栏目专题报道采用。落实安全生产工作要求，重点开展“防风险、保稳定、迎二十大”风险排查，对标海关总署“7 + 21”任务分工，对照江门海关“12 + 26”具体部署和全领域风险排查清单 323 项内容，通过海关云擎数据、HLS 2017 等系统分析电子数据 2500 余条，现场查阅单证 320 份，发现风险隐患 5 处和潜在风险 3 个。年内，运用“吹哨人”预警制度消除安全隐患 2 处。进一步完善外海海关应急值班管理暂行办法和相关配套制度，举办安全生产宣贯会、安全生产专题会议 3 场次，消防应急培训及演练 4 期，举办值班工作培训班 4 期。贯彻落实“过紧日子”要求，持续巩固节约型机关建设，做好预算保障。严格执行财务支出审批制度，按照序时进度推进预算执行。年内，采购节约率 5%，按要求完成全年预算任务，均实现海关总署考核的 3 个时间节点指标。

【精神文明建设】 2022 年，外海海关发挥先进典型模范带头作用，注重用身边典型身边事迹教育干部、感染干部、激励干部，擦亮“全国文明单位”“全国青年文明号”品牌。外海海关通关攻坚小组通过“关企直通车”“把脉问诊”等机制，为企业制定帮扶措施，开展“讲政策、送信息、听意见”，释放改革红利。年内，外海海关张玲改参加全国海关稽查岗位练兵个人技能比武，排名全国海关第 91 名，入围“百强”人员名单。

撰稿人

尹明皓　钟志杰

高沙海关

【概况】高沙海关，是江门海关正处级隶属海关，于2019年正式建关，是江门海关直接领导的正处级隶属海关，辖区范围为江门市蓬江区，承担江门市蓬江区开放口岸和江门市蓬江区内海关各类管理工作，同时负责江门关区的加工贸易电子化手册集中审核、跨境电商及快件电子报关单集中审单、大型集装箱机检货物集中审图、减免税集中审核业务。截至2022年年底，高沙海关下设14个正科级内设机构。

2022年，高沙海关坚持以习近平新时代中国特色社会主义思想为指导，学习贯彻习近平总书记重要指示批示精神和党中央决策部署，统筹口岸疫情防控和促进外贸稳增长，强化监管优化服务，推动各项工作落实。持续推进学习宣传贯彻党的二十大精神、“学查改”专项工作、口岸疫情防控、禁止“洋垃圾”入境、促进外贸保稳提质、安全生产等重点工作；深化通关便利化改革，加强宣传推动，指导企业应用“提前申报”“两步申报”“汇总征税”“两段准入”等通关便利措施，持续优化口岸营商环境；强化口岸监管，加强安全生产，推进安全生产专项整治三年行动和“口岸危险品综合治理”百日专项行动，防范化解口岸危险品安全风险；推进全面从严治党向基层延伸，加强干部队伍建设，增强干部队伍的战斗力。2022年，监管进出口货物87.8万吨、比上年下降9.4%，货值230.3亿元、比上年增长4.8%；征收税款5.89亿元，比上年增长25.8%；监管直接进出境船舶815艘次，比上年增长7.5%；结关报关单5.8万份，比上年下降9%；人工审核B类快件报关单39.4万票，比上年下降55.3%；集中审像报关单1865票，比上年下降4.9%；备案加工贸易合同50份，比上年下降13.8%。

【党建工作】2022年，高沙海关学习宣传贯彻党的二十大精神，党委班子以党委理论学习中心组学习会等形式开展党的二十大精神学习研讨，组织全体党员干部围绕报告原文、《中国共产党章程》等内容开展集中学习研讨140次，工青妇团分别组织专题学习4次。推进“学查改”专项工作和强化政治机关建设专项教育活动，开展全员学习研讨60次，把“政治机关建设大家谈”融入日常学习和基层党建工作，组织全员撰写心得体会112篇，梳理各业务、岗位政治要求163项，查摆问题清单16项，制定整改措施41项。强化政治功能，提升基层党组织战斗力，推进“四强”党支部建设，集中审核一科党支部、集中审核三科党支部通过“四强”党支部复核，其中集中审核一科党支部党建品牌“e海哨兵”获评为“2022年度全国

▲2022年7月1日，高沙海关组织开展重温入党誓词仪式　（高沙海关　供图）

海关党建培育品牌”。积极推动党员发展工作，年内4名预备党员转正为正式党员，15名干部提交入党申请书，其中5人转为入党积极分子。严格执行中央八项规定及其实施细则精神，推进“海关重点项目和财物管理以权谋私”专项整治，制定高沙海关经费支出管理规定等3项管理制度。开展“亲清不分”微腐败问题专项治理，召开专题座谈会3次，推进清廉海关建设。落实以案促改试点工作，制定落实措施21条，查摆问题整改清单13项，制定整改措施35条。运用监督执纪“四种形态”特别是“第一种形态”开展工作，针对各类监督检查中发现的问题开展提醒谈话8人次。

【队伍管理】2022年，高沙海关加强干部教育培养和管理监督。贯彻落实新时代党的组织路线，坚持正确选人用人导向，把政治标准放在首位，提拔2人、晋升职级5人。落实“三位一体”干部考核体系，发挥考核正向激励作用。注重加强年轻干部教育培养，推动筑牢理想信念、强化实干担当，高沙海关团支部获评“2022年度江门市五四红旗团支部”。

【风险管理】2022年，高沙海关建立健全风险管理工作机制，成立高沙海关风险管理领导小组，完善风险防控协作和风险信息资源共享机制，统筹开展风险分析研判工作。加强与职能部门、缉私部门的联系沟通，对风险信息、风险布控、人工分析稽核查、大数据应用等绩效考核任务量化分解到相应科室，加强科室统筹协作、业务衔接，实现高效协同联动，年内开展企业风险联合研判19次，提升风险防控整体合力。

【税收征管】2022年，高沙海关开展税收征管方式改革，推进属地纳税人管理，落实“以企业为单元”的自报自缴、电子支付等便利措施。建立税收风险研判机制，密切关注税源商品价格归类风险新动态，做好税收进度和商品异动的监测监控。促进内销便利化，指导符合条件的加工贸易企业集中办理内销征税手续。年内，办理内销征税10955.2万元，比上年增长65.7%。

【疫情防控】2022年，高沙海关坚持“外防输入、内防反弹”总策略，落实各项疫情内部防控措施。加强疫情防控一线集中封闭人员管理工作，安排24组次、42人次参加片区集中工作，严格落实封闭管理措施。严格规范实施口岸卫生检疫，验核健康申明卡5593份，实施船舶登临检查105艘次，开展体温监测677人次，坚持多病共防，检出1例乙型肝炎。加强联防联控，与地方交通运输部门协商，制定蓬江区口岸码头新冠疫情联防联控工作机制，厘清职责边界。开展新冠病毒环境监测 12 次，采集点位 288 个，配合蓬江区卫生健康局开展新冠病毒环境监测 8 次，采集点位 160 个。严格做好内部防控，加强人员健康管理，严格实行健康监测“日报告、零报告”制度，加强出差出行管理，高标准建设内部疫情防控隔离用房，加强非工作场所个人安全防护。

【检验检疫】2022 年，高沙海关加强对进出口危险化学品的检验监管，监管出口危险化学品 306 批，危险化学品包装使用鉴定 784 批，检出 4 批不合格出口危险化学品。加强进出口食品安全管理，检出进口的盐焗开心果霉菌项目不合格 2 批、41 吨，检出出口冻脆肉罗非鱼片不合格 1 批、819 千克。办理 1 家出境水生动物养殖场注册登记，隔离检疫 4 批、1.39 万尾日本锦鲤，隔离动物成活率 100%。开展国门生物安全监测 40 次，发现橘小实蝇、南瓜实蝇等检疫性实蝇 4518 只，小黑蜉金龟、赤翅菲隐翅虫等林木虫类 54 只，采集刺蒺藜、牛筋草等杂草样本 45 株，发现红火蚂蚁丘 47 个，监督相关责任单位采取紧急控制、根除等处置措施。

【口岸监管】2022 年，高沙海关加强口岸正面监管，严格进出口贸易禁限管理，加大知识产权海关保护力度，推进“龙腾行动 2022”，采取知识产权保护措施 11 批次，涉及侵权物品 2 万件，货值 13 万元，立案处置 6 宗。推动监管作业场所经营企业完善安全生产管理制度，建立隐患排查治理机制，督促企业切实履行安全生产主体责任。强化快件全链条监管，加强快件报关单的审核，人工审核关区 B 类快件报关单 39.4 万票。推动智能审图应用，查获集装箱内夹藏彩盒、不锈钢柜等未申报货物的案件 1 宗。集中审核关区加工贸易手（账）册设立 332 份，变更 1570 份，核销手（账）册 373 份，新增加工贸易企业 17 家。落实减税降费政策，建立关地重点项目享受税收优惠联动配合机制，办理企业减免税 2061.3 万元。开展“国门利剑 2022”联合专项行动，打击“洋垃圾”、濒危物种及其制品、“水客”等走私，查获行政案件 37 宗，案值 238.3 万元。

【企业管理和稽查】2022 年，高沙海关推进高级认证企业培育工作，1 家重点培育企业通过高级认证。办结稽查作业 15 起，主动披露作业 14 起，查发问题作业 13 起；办结核查作业 81 起，查发问题作业 59 起。加强普法宣传，完善“共筑法治同心圆”普法品牌，把握普法的各项新制度、新措施、新要求，发布“学法驿站”11 期，制作宣传册进行疫情防控法律知识宣讲 12 次，发放调查问卷 6 次，送法到企业 20 次。

【支持扩大开放】2022 年，高沙海关推广企业集团加工贸易监管模式，办理集团内部保税料件调拨 9 批，货值 1689.9 万元，为企业减轻税负及物流成本 95.7 万元。成立促进外贸保稳提质工作专班，研究支持地方外贸高质量发展措施。推广应用“提前申报”“两步申报”模式，实现进口货物“船边直提”、出口货物“抵港直装”，减少企业成本，提高通关效率。优化原产地签证服务，持续推广原产地证书智能审核，企业自助打印原产地证书 9273 份，比上年增长 50%；加强对 RCEP 出口原产地签证的政策宣传，签发 RCEP 原产地证书 469 份，货值 118 亿元。建立关地企联系协调机制，走访地方党委政府，

▲2022 年 8 月 9 日，高沙海关关员到月饼加工企业开展现场监管　（陈丽婷　摄）

梳理减税降费政策清单，支持辖区智能家电、摩托车、高新技术等重点企业发展，推动辖区新增省级智能家电外贸转型升级基地。密切关注地方外贸变化趋势，每月召开外贸形势分析会，开展一企一事一策研究。年内蓬江区外贸进出口总值 496.8 亿元，保持江门关区首位。

【政务综合管理】2022 年，高沙海关落实政府信息公开要求，发布“双随机、一公开”信息 33 条。推进政务信息与新闻宣传，围绕机构改革成果、口岸业务亮点、口岸疫情防控等方面开展信息和新闻宣传工作，被江门海关采用政务信息 324 条，5 篇新闻稿先后被《人民日报》、“学习强国”、广东卫视等媒体报道。落实接受审计联系配合机制，细化落实审计整改长效机制，倒逼完善制度、加强管理、规范执法。设立 HLS 2017 内控平台数据分析组，开展专项监控分析，查获案件 4 宗，案值 20 万元。深化内控节点岗位落实清单应用，提升内控建设体系化水平，4 篇专项成果被总署采编。构建预算保障机制，持续调整优化支出结构，落实“过紧日子”要求，合理安排预算，从严控制“三公”经费，做好一般采购工作。实行防疫物资购置、验收、入库、发放、盘点双人双锁全链条规范管理，保障防疫物资合理使用。

撰稿人

王语琼　王颖苑　叶永强　李　文　李元昆　李宝环
林保行　袁梅青　徐　婧　黄正立　黄贞雯　梁小琴
梁家明　彭　勇　黎　明

新会海关

【概况】新会海关，是江门海关正处级隶属海关，1988 年 3 月 13 日，国务院批复同意设立新会海关，1990 年 10 月 18 日新会海关正式成立。新会海关负责广东省江门市新会区开放口岸和区内海关监管通关、检验检疫、加工贸易监管、保税监管、稽核查等各类海关业务，管辖新会港、大鳌集装箱起运码头、中集新造集装箱专用堆场 3 个监管点，保税监管场所 4 个。截至 2022 年年底，新会海关内设科级机构 9 个，派驻机构 1 个：驻新会港办事处（副处级，下设科级机构 3 个），设 1 个事业单位：新会海关综合技术服务中心。

2022 年，新会海关坚持以习近平新时代中国特色社会主义思想为指导，学习宣传贯彻党的二十大精神，强化政治机关建设，加强党委班子建设和基层党组织建设，持续深化准军事化纪律部队建设，常态化抓好疫情防控工作，强化监管优化服务，支持地方传统产业和特色产业、保税物流中心（B 型）持续发展，促进地方外贸高质量发展。年内，新会海关监管进出口货物 259.8 万吨，比上年增长 33.9%；税收入库 10.7 亿元，比上年下降 1.7%；监管进出境船舶 1395 艘次，比上年增长 33.2%。新会海关获广东省五一劳动奖状。

【党建工作】2022 年，新会海关围绕学习宣传贯彻党的二十大精神，打造个人自学、集体研学、理论讲学、实地教学“四学”机制，通过收听收看直播、参加集中培训、书记委员领学、每周“一学一思考”、到周恩来视察新会纪念馆开展实地教学等方式，把思想和行动统一到党的二十大精神上来。党委委员交叉领学联学督学，各党支部坚持每周“一学一研讨”。落实“第一议题”机制，加大对习近平总书记重要指示批示精神和党中央决策部署落实情况的督查督办力度，持续打击象牙等濒危物种及其制品、“洋垃圾”等走私，用实际行动坚定拥护“两个确立”、坚决做到“两个维护”。扎实开展“学查改”专项工作和强化政治机关建设专项教育活动，形成 107 个岗位的政治要求清单，深入排查存在问题，落实后续整改；党组织书记讲授“走好第一方阵　我为二十大作贡献”专题党课 20 次，结合“双提升”行动，组织“四强”党支部结对子联学建 7 次。形成党委委员联系支部全覆盖的机制，推动落实“三会一课”制度，以 16 个“书记项目”为抓手，促进党建业务深度融合，增强基层党组织政治功能和组织功能。年内，综合业务一科党支部通过江门海关“四强”党支部复核，综合业务一科党支部保税备案核销岗、综合业务二科党支部报关单证审核岗、企业管理科党支部原产地签证岗通过“党员先锋岗”复核。

【干部队伍管理】2022 年，新会海关组织开展“海关重点项目和财物管理以权谋私”专项整治和“亲清不分”微腐败问题专项治理，成立专项整治工作领导小组，研究制订新会海关细化整改方案，对问题举一反三深入查摆整改。召开特约监督员座谈会 1 次，定期听取意见建议，每季度组织开展外勤回访，政务服务“好差评”系统好评率 100%，未收到政风行风方面的不良反馈。强化业务培训，针对核酸采样组织梯队人员全员培训 3 次，17 人参与岗位练兵和技能比武，7 人取得进出口危险货物及其包装检验监管岗位资质，4 人取得动物检疫现场普通查验岗资质，5 人取得植物检疫现场普通查验岗资质，1 人取得加工食品签证官资质，1 人取得企业认证专业资质。依托江门海关业务实操技能培训点，发挥兼职教师队伍作用，牵头组织第一片区疫情防控一线集中封闭管理工作人员的岗前培训 27 班次。

【疫情防控】2022 年，新会海关牵头负责江门海关第一片区入境人员卫生检疫岗位工作人员及进口冷链食品安全监管工作人员的封闭管理，实施封闭管理 273 人次，开展登临 653 艘次。建立 37 人组成的新会海关一线疫情防控三级梯队，开展口岸新冠疫情应急处置演练 4 次。强化与地方联防联控，严格“闭环管理”。发挥新会口岸新冠疫情防控安全防护监督机制作用，安全防护“挑毛病”专班加强监督指导，规范落实各项安全防护工作措施。坚持全员健康监测“零报告、日报告”等机制，抓好疫情内部防控。

【检验检疫】2022 年，新会海关严把进出口食品安全质量关，共检验监管进出口食品化妆品 15476 批，货值 26.64 亿元，监督抽检进出口食品化妆品 714 批次，检出 5 批不合格。扎实做好进境粮食后续监管，对 36.25 万吨粮食进行后续监管，监督处理 6 批带疫粮食。强化进出口危险货物及其包装的监管，检验监管进出口危险品 12061 吨，货值 15.89 亿元；出口危险包装使用鉴定 253 批，检出不合格包装 2 批；出口危险货物包装性能检验 8 批，检出不合格 4 批。

2022 年，新会海关按照“一口岸一方案”要求，动态调整口岸疫情防控工作制度和预案，严格落实“三查三排一转运”等防控措施，做到精准施策，科学防治。登临检疫进出境船舶 211 艘次，其中来往港澳小型船舶 166 艘次，国际船舶 45 艘次；实施核酸检测采样 401 次。有序开展对国境口岸餐饮服务单位、饮用水供应单位、食品销售单位、储存场地及口岸固液体废弃物等日常卫生监督 28 次，发现问题 17 个。扎实开展病媒生物监测工作，防止病媒生物及其传播的传染病经国境口岸传入传出，口岸医学媒介监测鼠类超标 2 次、伊蚊超标 1 次。加强国门生物安全监测，发现林木害虫 798 头 54 种，发现检疫性实蝇 1.66 万头 5 种；外来杂草监测 14 种，监测发现红火蚁蚁情 10 次。

【口岸监管】2022 年，新会海关强化进出口货物监管，开展先期机检 5096 个自然箱。加强对船员行李物品的检查，立案处理 2 宗船舶代理擅自通知其代理船舶驶离码头的案件。利用 H986 大型机检设备加大非侵入式查验力度，严拒“洋垃

▲2022 年 4 月 26 日，新会海关关员登临检疫国际航行船舶　（何练新　摄）

圾”于国门之外。保持打击走私违法行为的高压态势，落实“国门利剑 2022”行动要求。开展口岸监管环节危险化学品处置应急演练，联合口岸单位、地方相关部门开展反恐设备使用培训。强化知识产权海关保护，开展重点企业宣传调研，组织开展“全国知识产权宣传周”活动。

【企业管理和稽查】2022 年，新会海关备案报关单位 1326 家，其中高级认证企业 12 家，备案企业 1311 家，失信企业 3 家。加大对“一带一路”共建国家（地区）贸易往来企业、龙头企业的信用培育力度，新增 AEO 高级认证企业 1 家；加强与地方市场监督管理部门联动配合，落实失信联合惩戒机制，注销企业 37 家。年内新会海关办结稽查作业 16 宗，查发问题作业 14 宗，移交缉私 3 宗；办结核查作业 135 宗，办结率 100%，查发问题作业 97 宗，移交缉私 1 宗。

【支持扩大开放】2022 年，新会海关持续优化口岸营商环境，压缩进出口整体通关时间，推广提前申报、汇总征税、关税保证保险等通关便企政策，年内汇总征税额 5.79 亿元，占应税总额的 66%，应用率位居关区首位。助力粤港澳大湾区建设，协调支持供港抗疫隔离单元生产出口，开设助港抗疫“绿色通道”，保障供港抗疫和民生物资出口，监管供港砂石出境船舶 173 艘次。持续释放 RCEP 政策红利，签发关区首份 RCEP 原产地证书，年内，签发 RCEP 证书 653 份，签证金额 2.36 亿元，帮助企业获得进口国关税减免 231.46 万元。支持新会港码头和保税物流中心（B型）“港区联动”，做好棕榈仁粕、沥青等大宗商品进口监管服务，办理“分送集报”业务 24 票，“整报分送”业务 67 票。支持“传统 + 新兴”产业共同发展，用好关地企“直通车”和“问题清零”机制，发挥关企“面对面”工作室的作用，深入辖区造船、造纸、集装箱、食品等重点企业问需解难，助力辖区造船企业万吨级散货船和江门首艘自航游艇出口；成立工作专班，对接支持造纸、新能源企业等新建、扩产项目，监管进口设备 2.9 亿元。发挥海关职能作用和技术优势，开展陈皮及相关产品检测，支持国家地理标志产品新会陈皮产业健康发展。上线新会电台、电视台《民声热线》节目，宣传海关政策法规，助力新会区外贸高质量发展。

【政务综合管理】2022 年，新会海关加强政务运行管理，强化法治海关建设，落实“谁执法谁普法”和“三项制度”，

▲2022 年 1 月 1 日为 RCEP 生效首日，新会海关关员现场指导企业自助打印关区首份 RCEP 原产地证书　（邓卓斌　摄）

推动开展制度“立改废”，擦亮关企“面对面”工作室普法品牌，依托窗口科室打造“枫桥式”接办室。严格落实保密责任，组织签订保密责任书，严格执行各项保密制度。加强审计整改和内控建设，推广应用“内部控制与监督子系统”，强化对执法和管理各个环节的监督制约，1 个科室被选为江门海关“内控示范科室”试点。创建节约型机关，落实党中央、国务院关于“过紧日子”要求，建立健全厉行节约长效机制，提高资金使用效率，年内新会海关获评节约型机关。

【精神文明建设】2022 年，新会海关持续深化精神文明建设，组织“爱心父母”党员干部和支部集体结对帮扶困境儿童，组织开展爱国卫生运动、法治宣传、海关政策宣讲等形式多样的志愿服务活动，年内开展义工活动 91 次。全方位支持台山市广海镇鲲鹏村“第一书记”工作，持续推进乡村振兴。依托党员先锋岗长效开展“我为群众办实事”实践活动，发挥工青妇组织在精神文明建设工作中的聚合带动作用，展现“广东省五一劳动奖状”单位良好精神风貌。

撰稿人

区嘉燕　李茂生　陈　莉　赵洁芳

鹤山海关

【概况】鹤山海关，是江门海关正处级隶属海关，于1990年6月正式建关，负责广东省鹤山市开放口岸和市内海关监管通关、检验检疫、加工贸易监管、稽核查、旅检、跨境电商和快件监管等各类海关业务，管辖鹤山港货运码头、鹤山港客运码头、万年松跨境电子商务清关中心、南方跨境电子商务清关中心、江门北站铁路类监管作业场所5个监管点。截至2022年年底，鹤山海关下设10个正科级内设机构。

2022年，鹤山海关学习宣传贯彻党的二十大精神，坚持政治机关建设，推进基层党建工作，强化干部队伍管理，开展口岸疫情防控、促外贸保稳提质、打击走私等工作，推广应用“提前申报”“两步申报”等业务改革，严厉打击“洋垃圾”、象牙等走私行为，加强精神文明建设与干部队伍管理，推进清廉海关建设。年内，监管进出口货物32.5万吨，比上年下降16.6%；税收入库2.84亿元，比上年增长35.3%；监管进出境船舶1027艘次，比上年下降5.1%。

▲2022年4月27日，鹤山海关关员对中欧国际货运班列出口货物进行现场监管 （陈秋生 摄）

【党建工作】2022年，鹤山海关坚持以习近平新时代中国特色社会主义思想为指导，通过党委会、党委理论学习中心组学习会，以及各党支部“三会一课”、集中学习等形式学习宣传贯彻党的二十大精神，开展“学党章、悟初心、担使命、齐奋斗”“赓续红色血脉传承奋斗精神”等主题党日活动20余次。落实“第一议题”制度，抓好口岸疫情防控、打击走私、促进外贸保稳提质等工作。推进全面从严治党向纵深发展，制定全面从严治党工作会议重点任务分工方案，明确6方面53项重点任务。统筹开展“学查改”专项工作和强化政治机关建设专项教育活动，全关梳理岗位政治要求515条，党委班子查摆问题25

个，制定措施52项。推进“强基提质工程”，突出“一品牌一特色”，提炼“四重四强”“跨电同心圆”等工作法，综合业务一科党支部通过关区“四强”党支部复核。

【干部队伍管理】2022年，鹤山海关树立选人用人正确导向，突出政治标准，注重工作实绩，营造干事创业良好氛围。落实“六个从严”要求，加强队伍管理，开展内务规范强化月活动，每月采取不打招呼的方式开展纪律作风督察，发现并及时纠正问题11个。紧盯酒驾醉驾问题，节假日和敏感时期强化节前教育和廉政提醒。注重发挥纪检委员作用，落实每季度报告工作制度。坚持抓早抓小，防微杜渐，运用“第一种形态”开展提醒谈话6人次。推进“海关重点项目和财物管理以权谋私”专项整治，梳理15项重点项目清单。推进清廉海关建设，开展纪法和警示教育，强化“以身边事教育身边人”，筑牢干部职工思想防线。

【疫情防控】2022年，鹤山海关严格履行口岸疫情防控职责，强化联防联控机制，加强转内贸船舶船员以及离船入境人员管理，监管“外贸转内

▲2022年2月23日，鹤山海关关员快速验放援港抗疫物资　（陈秋生　摄）

贸”船舶8艘次，对79名船员实施核酸采样；强化“人防、物防”执法作业检查，参加集中封闭管理69人次。严格落实联防联控机制，加强与鹤山市卫健局、科工商务局及边检、口岸经营单位等的协同配合；强化内部疫情防控，抓好人员“零报告、日报告”等日常管理。

【业务改革与发展】2022年，鹤山海关持续推进通关便利化改革，巩固压缩整体通关时间成效，持续推广“提前申报”“两步申报”“两段准入”等便利通关模式，2022年进口整体通关时间4.19小时（排名江门关区第二），进、出口“提前申报”应用率分别为85.89%、92.07%（分别排名关区第一、第二），“两步申报”应用率30.42%、比上年提高50.07%，进口“两段准入”应用率4.75%、比上年提高38.48%。支持中欧、中老国际货运班列常态化运行，自3月16日江门北站首列中老国际货运班列开行以来，支持保障中欧、中老国际货运班列出口11班次，总货值7511万元。优化出口原产地证书管理，签发出口原产地证书8800份（其中，RCEP项下原产地证书259份），签证金额29.58亿元，帮助企业获得进口国关税减免8489.25万元，减免关税比上年增长7.68%。多渠道宣传税收优惠政策，为企业减让税款1097万元，涉及货值1.02亿元。

【检验检疫】2022年，鹤山海关加强口岸重大动物疫情防控

工作，扎实做好供港澳农产品检验检疫，办理进口粮食初审75批、22.49万吨，后续监管86批、22.81万吨；检疫监管供港活猪332批、1.32万头；完成进出口食品化妆品抽样检验26批，检测项目246项。推进“口岸危险品综合治理”百日专项行动，查获违规出口危险货物“酒精湿巾”1批和违规进口危险货物“安全气囊”1批；强化对辖区8家危险化学品包装生产企业和10家危险化学品出口企业的监管，检验监管出口危险化学品694批次、重量1.34万吨、货值3.55亿元，检出不合格情况11批。

【口岸监管】2022年，鹤山海关加强对重点纳税企业和果仁、汽车零配件等重点税源商品的税收征管工作；常态化开展寄递渠道涉税风险排查，寄递渠道征收进口快件税款2204.22万元，征税率比上年提高54.05%。严防外来物种入侵，加强国门生物安全宣传，开展“异宠”综合治理专项行动和“国门绿盾2022”专项行动，截获奇亚籽、绿豆种子等禁止进境外来物种40批次，比上年增长37.9%。严厉打击走私行为，货运渠道查获固体废物2票137.4吨，快件渠道查获咖啡因片剂2千克、2000粒。

【企业管理和稽查】2022年，鹤山海关优化审批服务，做好企业资质管理工作，新增注册备案企业135家，企业信息变更105家，注销32家；对企业信用等级进行动态调整，强化企业信用培育，加强政策宣传和“一对一”辅导，年内新增高级认证企业2家。推动落实稽核查业务改革措施，开展跨部门“双随机、一公开”联合抽查，推广宣传主动披露政策，办结稽查作业20起，核查作业63起。

【政务综合管理】2022年，鹤山海关严格落实24小时值班制度，强化值班应急工作。提高办文办会质效，落实办文各环节责任，严格公文办理时限。强化保密意识，加大保密培训力度。加强新闻宣传，撰写新闻稿件14篇，分别被中央电视台、《人民日报》、《江门日报》等媒体及“学习强国”“海关发布”等采编。落实“过紧日子”要求，推进节约型机关建设，实施节能降耗账本管理，被国管局等4部门认定为节约型机关建成单位。推进内控机制建设，运用HLS 2017内控平台对各业务领域开展数据分析和日常监控，加大内控节点应用力度，开展自查自控，及时排查、处置风险隐患。

撰稿人

邓志豪　龙陈珍　李立国　罗卓君　郭惠乡　熊婧杰

开平海关

【概况】开平海关，是江门海关正处级隶属海关，前身为1983年10月成立的三埠海关，2006年4月1日更名为开平海关，负责辖区企业管理、稽查核查、通关监管、原产地签证、口岸监管、卫生监督、检验检疫、查检等海关业务。截至2022年年底，开平海关下设8个正科级内设机构，设有1个事业单位：开平海关综合技术服务中心。辖区范围包括广东省开平市1个行政区。开平关区有二类口岸1个，海关监管作业场所（场地）2个。

2022年，开平海关坚持以习近平新时代中国特色社会主义思想为指导，学习宣传贯彻党的二十大精神，坚决贯彻习近平总书记重要指示批示精神和党中央决策部署，落实党中央“疫情要防住、经济要稳住、发展要安全”的重要要求，聚焦疫情要防住，坚持“人、物、环境”同防、多病同防，监管进出境船舶549艘次。聚焦经济要稳住，形成20条促进外贸保稳提质细化措施。年内，监管进出口货物40.1万吨，货值62.5亿元，税款入库7035万元。聚焦发展要安全，依托重大风险分析研判机制，召开风险研判会议5次，查找重点风险10个。

【党建工作】2022年，开平海关围绕学习宣传贯彻党的二十大精神，制定并落实7方面15条细化措施，坚持以习近平新时代中国特色社会主义思想凝心铸魂，开展党委理论学习中心组学习12次。党委委员深入基层党支部督学促学20余次，开展专题研讨学习4次。建立每周集中研学机制，依托“青年讲堂”等特色阵地开展学习研讨50余次。坚持“第一议题”制度，围绕疫情防控和促进外贸保稳提质等31个事项开展督查督办。统筹推进“学查改”专项工作和强化政治机关建设专项教育活动，动态梳理完善63个岗位的政治要求248项，“一本账”推动问题全部整改。弘扬“求实、扎实、朴实”海关文化，修订“三重一大”决策等制度实施细则和党委议事清单，召开党委会46次，研究、审议事项121项。

【干部队伍建设】2022年，开平海关一体推进政治教育、纪法教育和警示教育，推动各支部书记委员讲廉政党课33人次，开展廉政专题学习研讨71次，组织观看警示教育片123人次，组织10个支部到开平市风采堂廉政教育基地开展沉浸式现场教学。发展入党积极分子3人、预备党员1人，4个党支部通过“党员先锋岗”复评。在江门海关进出口危险化学品及其包装检验业务实训点（开平海关教学点）举办3期培训班，60人次参训。加强对青年工作领导，开平海关团支部获评“江门市五四红旗团支部”。1 名干部家庭获 2021 年江门市优秀“最美家庭”称号，1 名干部家庭入选 2022 年江门市十大“最美家庭”。

【疫情防控】2022 年，开平海关持续强化口岸疫情防控工作，开展卫生检疫业务培训演练 7 次，安全防护实时监督 270 次，45 人次参与疫情防控一线集中封闭管理工作。支援地方大规模核酸检测工作，获赠“同心抗疫”牌匾。组织青年干部成立关核酸采样志愿服务队，开展 6 轮核酸采样工作。细化公共区域消毒措施 21 条，实施消毒 2176 次。

【检验检疫】2022 年，开平海关做好疫情疫病监测工作，落实供港活猪监装制度，安排 168 人次加班加点对出口香港活猪进行监装，加班时长 520 小时，检疫监管供港活猪 453 批、1.6 万余头。贯彻落实国家粮食安全战略，加强对进口粮食的后续检疫监管，落实安全风险和疫情防范措施，办理进境粮食检疫初审 112 批、31.7 万吨。加强进出口商品检验，保障进口棉花的质量安全，监管进口棉花 8 批、727.1 吨。加强进出口食品检验，落实食品安全“四个最严”的要求，出口食品安全抽检 73 批，监管出口农产品、食品 3892 批、货值 5.2 亿元。加强进出口危险化学品及其包装的检验监管工作，监管进出口危险化学品 54 批、821.7 万元，进出口危险化学品包装 606 批。

【口岸监管】2022 年，开平海关持续强化正面监管，加大口岸监管查验力度，查验报关单 204 份，查获 1 宗来往港澳小型船舶船员违规传递物品上下船案件。综合运用视频监控、实地巡查等手段，加强对海关监管作业场所的监督管理，及时消除隐患，堵塞漏洞，开展安全生产专项排查 5 次，专项应急演练 5 次。加强海关知识产权保护，开展知识产权确权 2 次，查获侵权电烤箱 2208 个，货值 48.8 万元。

【企业管理和稽查】2022 年，开平海关有序推进 AEO 认证工作，对 6 家企业实地开展信用培育，1 家企业通过 AEO 信用认证。持续推进“多证合一”业务，注册备案新企业 54 家，“多证合一”占比 66.67%。加强与地方市场监督管理部门联动配合，拓宽信息交互及业务沟通渠道，落实失信联合惩戒机制，对“出口备案食品生产企业核查”开展联合抽查，完成 5 家出口备案生产企业联合抽查作业，查发问题 14 个。面向 110 家次企业开展海关主动披露制度政策宣贯，办理 10 个主动披露申请。

【支持扩大开放】2022 年，开平海关抓好海关总署促进外贸保稳提质十条措施、江门海关 19 项措施的贯彻实施，推动促进外贸保稳提质的各项措施落地实行，建立对特色产业、龙头企业的跟踪服务档案 11 个，采取实地、电话、问卷等渠道开展企业调研 53 家次，开展政策宣讲，组织 78 家次企业参加。落实关地企“直通车”工作机制，收集并解决企业问题和诉求 33 个。落实企业集团加工贸易监管改革，保障集团内料件调拨 9 批，企业因免办内销征税手续而减轻税负 50 万元。帮助企业用足用好 RCEP 政策，指导 1 家高级认证企业通过经核准出口商资质认定，签发 RCEP 出口原产地证书 371 份，证书自助打印率 99.53%，签证金额超 1.8 亿元。辖区企业向 RCEP 成员国出口 27.7 亿元。加大力度推广“两步申报”“两段准入”

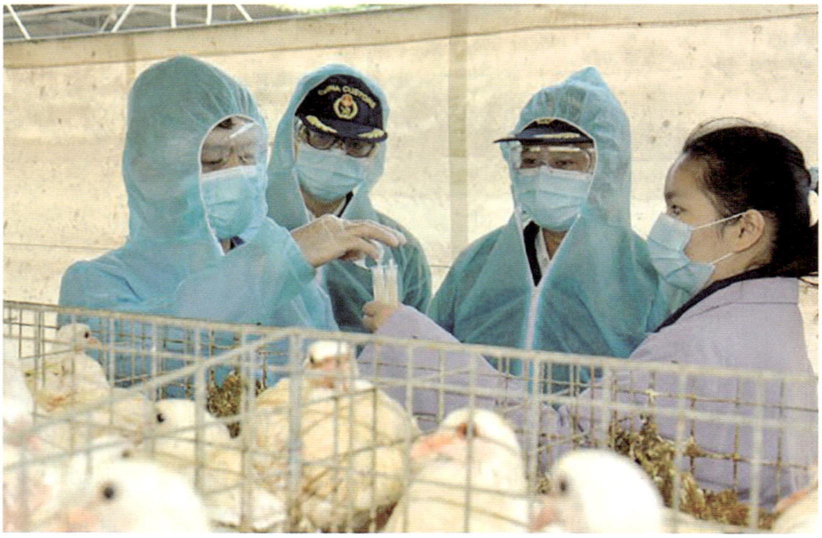

▲2022年12月7日，开平海关关员到供港加工活禽企业实施检疫监管　（利炎棋　摄）

等便捷通关政策，为企业提供预约通关服务233票、货值2.8亿元。年内，开平市外贸进出口值166.5亿元，比上年增长2.8%。

【特色农产品出口监管】2022年，开平海关支持粤港澳大湾区“菜篮子”工程建设，推动本地特色蛋制品出口，通过远程视频、电子邮件等方式对企业进行备案前指导，为企业快速办理养殖基地备案手续，监管出口蛋制品4510吨、货值1.17亿元。推动农食产品快速通关，设立鲜活易腐农产品属地查检“绿色通道”，实施“7×24小时”预约查检服务234批，涉及货物金额超2700万元。保障供港加工用活禽质量安全，组织业务骨干动态收集境内外禽流感疫情，严格执行疫病监测计划，监管供港冰鲜禽类83批、179.5万只。

【支持外贸新业态发展】2022年，开平海关立足辖区特色产业及中小企业众多的特点，深入企业调研了解跨境电子商务B2B等新业态需求，开展政策宣讲3次，解读海外仓备案、通关、退货监管等政策，扩大企业享惠覆盖面。大力支持培育跨境电商经营主体，“一对一”制订企业培育计划，引导水暖卫浴龙头企业优化海外市场布局，新增备案海外仓1个。落实“一次登记、一点对接、简化申报、优先查验”等便利举措，验放跨境电商出口海外仓商品9批次、货值840万元。落实“问题清零”机制，收集分析新业态发展中的堵点问题，专人专岗帮助企业解决海外仓出口申报、清关等问题3个。

【政务综合管理】2022年，开平海关对重点产业、企业进出口发展态势定期开展分析，向地方报送8篇工作专报，推动RCEP政策落地、优质农产品

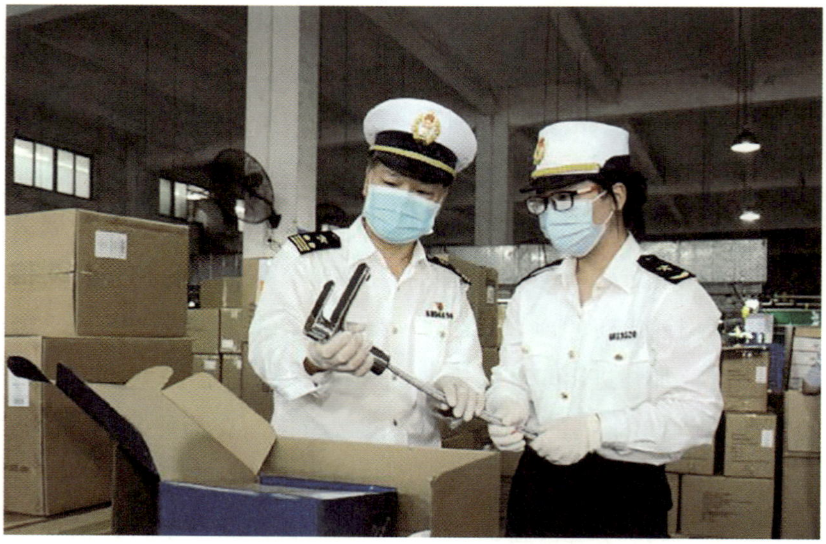

▲2022年11月15日，开平海关关员对五金卫浴产品开展查验工作　（陈湛　摄）

出口等相关工作。优化固定资产配置，通过绿色回收、网上拍卖等处置办公设备177件。坚持从严落实“过紧日子”要求，采取能耗定时监测、公务用车定点加油、定点维修等措施，加强用水、用电和用油消费监测，推动能耗“双控”取得实效，获评国家节约型机关。

撰稿人

利炎棋　张文芝　张心怡　陈　湛　胡子敏　钟　延　黄卫权　谢佩瑜

台山海关

【概况】台山海关，是江门海关正处级隶属海关，前身为1988年成立的广海海关，1996年正式更名为台山海关。业务管辖范围为广东省台山市的各项海关管理工作。关区二类口岸1个，海关监管作业场所（场地）1个。截至2022年年底，台山海关内设正科级机构7个，在编干部职工60人。

2022年，台山海关坚持以习近平新时代中国特色社会主义思想为指导，学习宣传贯彻党的二十大精神，落实习近平总书记重要指示批示精神和党中央决策部署，加强政治机关建设，落实岗位政治要求；贯彻新发展理念，促进高水平对外开放；做好口岸疫情防控，维护国门生物安全；强化口岸正面监管，保持打击走私高压态势；优化口岸营商环境，促进外贸保稳提质；优化机关政务运行，提升综合保障效能。年内，监管进出口货物294.37万吨，比上年增长54.3%；税款入库5.64亿元，比上年增长143%；监管进出境船舶1280艘次，比上年增长50.41%。2022年台山市外贸进出口总额170.50亿元，比上年增长13.8%，增速位列江门市第二。

【党建工作】2022年，台山海关学习贯彻党的二十大精神，党委班子开展专题学习研讨4次，各支部开展专题学习12次，交流研讨60人次，报送心得体会59篇。开展“学查改”专项工作和强化政治机关建设专项教育活动，查摆问题24个，制定整改措施67条。落实“第一议题”制度，深入学习习近平总书记重要讲话和重要指示批示精神，落实党委议事工作规则，年内召开党委会26次，组织开展“政治机关建设大家谈”、基层党建“双提升”研讨交流会、“青马工程”读书会等学习研讨10次，党支部书记、党务干部撰写学习心得53篇；组织关员前往林基路烈士纪念公园开展“踏寻红色足迹　凝聚奋进力量”主题党日活动；组织团员青年拍摄“学习二十大　我想对党说”专题微视频。推动基层支部党建高质量发展，年内对各支部“三会一课”落实情况、智慧党建系统录入情况开展检查8次，坚持全面从严治党，党委班子、支部书记更新主体责任清单11份；每季度召开全面从严治党工作例会，各支部每季度开展队伍思想动态分析；组织开展警示教育月活动，制订工作方案明确6方面活动措施，召开廉政教育专题会议，组织全关干部职工观看警示教育片83人次，党委委员、支部书记讲授专题廉政党课15次；开展“海关重点项目和财物管理以权谋私”专项整治整改工作，完善内控复核机制措施；推进“亲清不分”微腐败专项治理工作，开展以案促改试点工作；推动“现场监管与外勤执法权力寻租”专项整治常态化，聚焦“关键少数”、重点岗位和薄弱环节开展联合监督检查2次。

【干部队伍建设】2022年，台山海关深化准军事化纪律部队建设，坚持正确用人导向，贯彻落实党政领导干部选拔任用工作条例，加强科级领导班子建设，坚持好干部标准，用好各年龄段干部，注重培养青年干部，锻造忠诚干净担当的高素质干部队伍。加强内务规范管理，坚持每周组织1次队列训练，每月开展1次内务督察，年内开展内务督察12次，发出内务督察通报12期，发出整改通知书6份。推进精神文明建设，综合业务二科获广东省“巾帼文明岗”称号，宣传“全国最美家庭”“全国文明家庭”冯佑来等先进事迹，组织开展义工活动30场，参加人员156人次。落实谈心谈话制度，掌握队伍思想状况，年内开展岗位调整、职务调整和日常性提醒谈话12人次。

【疫情防控】2022年，台山海关开展进出境船舶登临检疫工作，更新“一口岸一方案”，对船员实行“三查三排一转运”，对船舶进出境全流程单证资料实行“一船一档”管理。年内，监管进出境船舶1280艘次，监管进出境船员1.35万人次，对船舶实施登临检查196艘次，对离船入境、转内贸船员、转港维修船舶船员实施核酸采样184人次。加强与联防联控部门的联系配合，联合开展口岸疫情防控暨反恐应急处置演练2次，参与人数80人次。严格疫情内部防控，落实网格化管理措施，开展“健康排查”，年内对口岸一线人员和关区重点人员进行核酸采样检测3854人次。严格海关大院疫情内部防控，推进疫苗接种，做到应接尽接。

【集中封闭管理工作】2022年，台山海关负责江门海关第二片区（开平海关、台山海关）疫情防控一线集中封闭管理人员工作，年内完成疫情防控一线集中封闭管理工作人员轮换27次。严格第二片区集中封闭管理，成立“挑毛病小组”和监控小组，规范防护服穿脱操作，实行“一指令一动作”，发现不合规情事立即整改，避免“贰过”。加强关心关爱，开展“每天健康监测”“跑腿服务”“每日问需”“节前慰问”等关心关爱服务193次，组织1期急救知识培训。

【口岸监管】2022年，台山海关监管进出口集装箱2.63万标箱次，箱载货物36.10万吨。维护口岸安全稳定，年内与边检等部门开展口岸反恐联合演练2次，组织反恐设备实操演练培训12次，参加80人次。开展“口岸危险品综合治理”百日专项行动，专题研究危险品监管工作3次，制订方案细化16条具体工作措施。

【国门生物安全】2022年，台山海关推进“国门绿盾2022”行动，开展国门生物安全监测255次，发现橘小实蝇等外来有害生物6091头。对进口原木进行“先检后卸，卸后再检”，从进境原木和其他植物产品中截获植物有害生物51批次，41种226种次，其中7种51种次在国内尚无分布，“斑腿皮亚大眼象”“粗胸美蜥象”和检疫性有害昆虫“金双线窄吉丁”均为全国首次截获。年内截获植物病害225次（包括昆虫218头、杂草1个、木种4个、种子1个、线虫1个）。

【企业管理和稽查】2022年，台山海关深化“放管服”改革，实行行政审批业务“一网通办”，办理企业注册备案、注册变更及注销127家次，新注册企业63家。推进出口原产地证书集约化审核，开展RCEP原产地规则和关税减让政策宣传，签发原产地证书4791份，签证金额20.98亿元。强化保税监管，辖区加工贸易企业47家，在执行电子化手册备案48本，电子账册备案8本，办理电子账册变更101家次，账册核销8家次，免收辖区5家加工贸易企业风险保证金1.28亿元。深化稽查改革，年内开展主动披露政策宣讲5次，办理主动披露作业5起，办结稽查作业9起，查发企业9家，办结核查作业85起，查发违法违规情事67宗；办结一宗出口猫爬架未报检一般案件，涉案货值745万元；办理“两简案件”7宗，涉及案值727.49万元；办结涉检行政案件1宗，移交缉私立案3宗，涉及案值93.64万元。台山海关稽查科获得海关总署缉私总局“2022年打击骗取留抵退税和出口退税违法犯罪成绩突出集体”“2022年打击骗取留抵退税和出口退税违法犯罪成绩先进个人”称号。

【压缩整体通关时间】2022年，台山海关组建两级整体通关时间专项工作小组，对运输企业和申报企业开展业务指导，专人跟进报关单通关全程，年内，台山海关进口整体通关时间20.35小时，出口整体通关时间0.25小时。推进“提前申报”“两步申报”“两段准入”等业务改革，年内，台山海关两步申报比例17.39%，进、出口提前申报比例分别为73.43%、95.29%，两段准入应用率16.88%。

▲2022年1月11日，台山海关关员对进口动力煤进行核辐射探测工作 （邢泓伟 摄）

【税收征管】2022年，台山海关推进属地纳税人管理工作，推广自报自缴、新一代税费电子支付、汇总征税等改革，年内接审报关单6240份，税收入库5.64亿元，自报自缴率91.51%，新一代电子支付率76.41%，汇总征税率4.40%。落实内销保税货物审价作业规定，年内内销征税399.08万元。

【粮食能源安全】2022年，台山海关严格进境粮食属地监管，对辖区6家进境粮食加工企业以及2家进境粮食储存企业开展进境粮食调运后续监管工作，调运审核进境粮食117批，调入进境粮食35.75万吨。指导辖区进境粮食加工存放企业进行生产工艺升级改进，建成全封闭输送管道，督促企业做好码头、下料口地面清扫工作，建立清扫台账，消除洒漏风险因素，年内辖区内所有沿岸进境粮食加工厂完成接卸工艺升级改进工程。组建国能粤电“动力煤”监管工作专班，对10万吨级专用卸货码头制订口岸疫情防控工作方案，保障煤炭“零延时”通关，年内监管进境国际航行船舶40艘次，进口“动力煤”257.26万吨，货值24.94亿元，比上年增长135%。支持国家重点项目台山核电发展，指导企业应用通关一体化、提前申报、汇总征税的方式进口货物，年内监管进口核燃料组

▲2022年1月12日，台山海关关员对供港澳活禽注册场开展日常检疫工作　（陈鲁　摄）

件5.95亿元。

【特色农产品出口】2022年，台山海关助力“乡村振兴”，推动国家地理标志产品“台山鳗鱼”出口，从饲鳗料投入、育苗养殖、活鳗出口到深加工出口等进行全链条监管，保障鳗鱼质量安全卫生，监管出口鳗鱼及其制品14亿元。落实供港澳活猪检疫制度，按规定开展抽样检测、批批监装。监装出口供港澳活猪1.50万头。持续开展禽流感疫情疫病监测，日常巡查、不定期抽查备案养殖场，开展活鸡苗疫病监测17次，检测项目510项次，监装出口供港澳冰鲜禽肉及其制品2.96万吨、货值8.2亿元，供港鸡苗233.24万只。支持“台山富贵竹”品牌建设，收集新增出口目的国（地区）检疫要求，对企业质量管理、防疫体系及日常监督管理等情况开展综合审查。支持蛋制品安全稳定供港，对接供港企业生产计划，了解企业出口中遇到陆路运输受阻困难，研究多种物流运输方案，指导企业首次通过水路航线出口蛋制品至香港。

【政务综合管理】2022年，台山海关加强法制建设，开展“8·8”海关法治宣传日、宪法宣传周活动，落实“谁执法谁普法”责任制，开展“关企面对面”宣传，严格依法行政、依规行政。加强信息宣传和政策研究工作，报送动态信息250条，被江门海关采用182条，被海关总署采用5条；综合信息被江门海关采用3篇。加强意识形态和保密管理，强化业务数据安全管理，开展非涉密网络保密检查，组织干部观看反间谍和保密宣传片。强化财务管理，落实“过紧日子”要求，获评国家级节约型机关。

撰稿人

许竟文　李伟章　罗建辉　林滔略　郑俊贤　甄伟文　谭超颖　谭宏琳

恩平海关

【概况】恩平海关，是江门海关正处级隶属海关，1986年7月，江门海关在原恩平县城设立工作组，1994年6月6日，恩平海关正式开关，管辖恩平市开放口岸和恩平市内海关各类管理工作。2022年有进出境车辆检查场1个。截至2022年年底，内设4个科室，在职干部职工24人。

2022年，恩平海关坚持以习近平新时代中国特色社会主义思想为指导，学习宣传贯彻党的二十大精神，以政治建设为统领，落实党中央“疫情要防住、经济要稳住、发展要安全”要求，一体推进“三不腐”，助推恩平外贸经济保稳提质。年内，监管进出口货物4.8万吨，恩平市外贸进出口总额39.4亿元，比上年增长19%，增速位于江门各区（市）第一位，其中出口总额35.7亿元，比上年增长28.1%，增速位于江门各区（市）第一位。

【党建工作】2022年，恩平海关学习宣传贯彻党的二十大精神，党委班子坚持以上率下带头学，党委班子带头精读，召开党委（扩大）会6次、动员推进会3次，用好“班前一刻钟”，持续开展习近平总书记重要讲话、新党章系统学习。办好“一个学习阵地”，更新恩平海关大楼和业务现场党的二十大精神学习宣传板报设立“党的二十大精神学习专刊”，编发11期。上好“一堂党课”，关党委委员和各支部书记讲授党的二十大精神学习辅导课。办好“一件实事”，为进出口企业办实事解难题，落实促外贸保稳提质工作措施。紧紧围绕总署党委提出的“铸忠诚、担使命、守国门、促发展、齐奋斗”的工作要求以及“12个必”、38个“深入思考”，以党委班子带头深学、支部跟进研学、青年及时通学开展学习研讨，切实履行好海关工作职责。推进“学查改”专项工作和强化政治机关建设专项教育活动，召开专题动员会、推进会9次，组织党员干部谈体会、谈认识，撰写学习心得体会；通过宣传栏、电子屏等设立专项教育活动专栏，编发专项教育专刊25期；举办3期“没有离开政治的业务、也没有离开业务的政治”专题大讨论。梳理各业务、岗位政治要求，形成业务、岗位政治要求清单7份，涉及8方面业务37个岗位146条要求，围绕“四个是否”梳理清单，研究制定整改措施21条，推动整改措施落实。

【干部队伍建设】2022年，恩平海关针对青年干部比例高的特点，完善跨科室岗位AB角机制，通过参加专业培训、集中工作、跟班作业、考取专业资质等形式，培养“一岗多能”青年人才，分类分层开展专业培训和实操锻炼，综合考虑辖区业务实际和个人特长等因素，加强专业能力培养，利用线上线下资源，提升干部口岸卫生检疫、疫情防控等专业能力。发挥团支部作用，组织开展读书班、专题研讨会、政研课题专班等学习活动，提高青年干部理论素养，安排青年干部参与攻坚克难任务，为年轻干部锻炼成长搭建平台。年内，6 人获得疫情防控一线集中封闭管理工作表现突出个人奖励。

▲2022 年 6 月 19 日，恩平海关关员对供港活猪进行检疫监管　（冯汉文　摄）

【疫情防控】2022 年，恩平海关科学做好疫情防控工作，落实“四方责任”，持续加强日常风险监测，严格落实“网格化”管理机制，做好“日报告”“零报告”等工作。加强内部疫情防控，配合属地做好流调和风险人员管控。持续推进干部职工新冠病毒疫苗全程接种；组织学习最新版防控技术方案和有关工作指引，提升一线执法人员安全防护能力，组织参加江门海关新冠疫情口岸防控工作人员安全防护比武，1 名干部获得个人防护三等奖；梳理关键流程和重点环节，开展应急处置桌面推演和实操演练 5 次；做好疫情防控一线集中封闭管理工作人员关心关爱，组织生日慰问、谈心谈话、心理咨询，帮助缓解心理压力，保持身心健康；提供书籍、在线网络视频等资源，建立“一对一”结对机制，帮忙解决实际困难。派出支援阳江口岸疫情防控人员 12 人次。

【检验检疫】2022 年，恩平海关加强日常监管工作，不定期抽查台账记录，落实进口粮食流向管理；对企业进口粮食运输、装卸、加工、下脚料处理全流程实施风险评估和隐患排查，把握风险节点，预防外来有害生物扩散；监管供港澳活猪 186 批、6880 头，全部由动物检疫专家查验岗资质的关员实施现场监装。实施供港澳活猪疫病监测 22 次，监测样品 440 份，监测结果皆为阴性；实施安全风险监控 3 次，监测样品 3 份，监控结果皆为合格。

【企业管理和稽查】2022 年，恩平海关推进外贸提质增效，向企业宣传新政策，畅通自我纠错及救济渠道，释放改革红利；推进核查分类改革，加强部门间联动，推动核查作业畅顺和效率提高，提升核查作业针对性；推进前期风险分析研判，运用“云擎”等海关大数据系统，以数据为先导，进一步优化稽查工作机制。年内办结稽（核）查作业 19 起。

【安全生产】2022 年，恩平海关制定防洪、防汛及防台风相关细化措施，并开展风险隐患排查。加强消防安全教育，开展

▲2022 年 10 月 15 日，恩平海关关员对供港活鸡苗实施现场检疫　（冯汉文　摄）

消防安全检查工作，排查机房等重要部位，确保消防器材及时更新。深入辖区 3 家危险化学品企业全覆盖开展调研，重点围绕危险化学品的生产、储存、使用情况，排查安全隐患。走访恩平市应急管理局，推动建立信息通报机制，设置危险化学品关地企联络专员。开展《中华人民共和国安全生产法》等法规宣传，引导企业合规申报，严格进出境危险货物单证审核，排查发现辖区 1 家加工贸易企业进口及国内购买用于加工生产的危险化学品（胶水）情事，及时将有关情况向相关主管部门发函通报。

【优化口岸营商环境】2022 年，恩平海关贴近地方外贸经济发展思路，为麦克风、电声器材、纺织品、鞋衣制品等外贸传统产业以及新兴制造业扩大出口实行“一企一策”跟踪指导服务，建言献策，围绕促进外贸发展向恩平市委市政府报送专报 4 份，助推恩平打造粤港澳大湾区“菜篮子”基地。巩固“我为群众办实事”长效机制，多渠道收集企业诉求和难点堵点，及时研究解决，为企业纾困解难。加强 RCEP 等政策宣传和培训，有针对性进行政策辅导，年内，为辖区企业签发原产地证 1608 份，签证金额 8801 万美元。引导企业在海关总署知识产权保护系统备案持有商标，辖区获总署商标备案企业 21 家、商标 61 个。强化信用赋能，加强信用帮扶，积极发挥企业协调员作用，助力相关企业通过海关高级认证，提升产品市场竞争力，年内新增高级认证企业 1 家。推进海关全业务领域一体化改革，提高“提前申报”和“两步申报”使用率，强化跟踪督办反馈，推动促外贸保稳提质工作措施落地落实。

【政务综合管理】2022 年，恩平海关做好信息工作，全年报送信息 94 条，被江门海关采用 17 条；推进节约型机关建设，认真落实能耗管理制度和要求，办公楼内外尽可能使用节能灯，逐批更换 LED 节能灯具，节约照明用电；使用节水型器具，所有场所的水龙头均为节水龙头；全面推行绿色办公，购置再生纸，减少一次性纸使用，再生纸、再生耗材使用率 25%，利用自然采光、自然通风办公降低耗能。更换节能灯具，全面使用节水器具，提倡双面打印、循环利用旧笔筒等节能行为，一次性办公耗材购买数量显著下降。

撰稿人

丁　盛　冯汉文　陈大勇　吴玩蓉　洪碧帆　梁丽湘　谢明华

阳江海关

【概况】阳江海关，是江门海关正处级隶属海关，前身为江门海关驻阳江办事处，于1999年1月14日正式建关，负责广东省阳江市开放口岸和市内海关监管通关、检验检疫、加工贸易监管、稽核查等各类海关业务，管辖阳江港通用码头、阳江港保丰码头、阳江良港码头3个监管点。截至2022年年底，内设科级机构7个，派驻副处级机构1个（下设科级机构3个），所属事业单位1个（阳江海关综合技术服务中心），在职干部职工91人。

2022年，阳江海关学习宣传贯彻党的二十大精神，落实习近平总书记重要指示批示精神和党中央决策部署，坚持以政治建设为统领，推进“学查改”专项工作和强化政治机关建设专项教育活动、口岸疫情防控、促进外贸保稳提质、“海关重点项目和财物管理以权谋私”专项整治等重点工作。推动全面从严治党向纵深发展，加强新时代海关廉洁文化和准军事化纪律部队建设，持续推进清廉海关建设，压实全面从严治党责任。深化海关业务改革，推广应用“提前申报”“两步申报”“抵港直装”等业务，持续优化口岸营商环境。强化监管效能，严格进出口商品监管，严厉打击象牙等濒危物种、野生动物及其制品、“水客”等走私，国门安全防线持续筑牢。年内，监管口岸进出口货物1658.28万吨、货值352.98亿元，分别比上年增长38.30%和21.90%。税款入库35.51亿元，比上年增长30.16%，其中，关税1.97亿元，比上年增长11.31%；进口环节税33.54亿元，比上年增长31.47%。

【党建工作】2022年，阳江海关坚持落实“第一议题”制度，学习贯彻习近平总书记重要指示批示精神60次，督办“第一议题”事项11项。学习宣传贯彻党的二十大精神，组织党员干部集中收听收看党的二十大开幕会盛况，制订学习宣传贯彻党的二十大精神实施方案，党委会、党委理论学习中心组开展专题学习研讨6次。推动基层党支部建立每周学习研讨机制，更新党建阵地学习宣传内容，开设“青年微课堂”，录制“学习党的二十大精神”微视频，党员干部撰写学习贯彻党的二十大精神心得体会87篇。围绕党的二十大报告关于“确保粮食、能源资源、重要产业链供应链安全稳定”要求，党委班子成员到阳江港口岸调研疫情防控、进境粮食监管、能源资源原材料通关等专题10次。推进巡视巡察问题常态化整改，开展巡察整改集中清查工作，对2020年江门海关常规巡察反馈17个问题49项整改事项开展

“回头看”，对 131 条整改措施的落实情况进行检视整改。推动党史学习教育常态化长效化，开展“党史故事大家讲”活动，组织党委班子和支部书记到阳江市委党校廉政教育基地等红色教育基地现场教学，为群众办实事 8 件。推进“学查改”专项工作和强化政治机关建设专项教育活动，开展“政治机关建设大家谈”活动，11 个科级党支部梳理政治要求 202 项，查摆存在问题 22 个，细化整改措施 25 项。开展基层党建“双提升”行动，开展党务干部岗位练兵，实施基层党建“书记项目”2 个，规范“三会一课”等组织生活，1 个支部品牌获评全国海关党建示范品牌，2 个支部获评江门海关“四强”党支部。

【干部队伍管理】2022 年，阳江海关统筹推进以案促改试点工作和“亲清不分”微腐败专项治理工作，组织案例警示宣讲 5 场次，开展“书记委员讲廉政党课”活动。开展“海关重点项目和财物管理以权谋私”专项整治，建立政府采购中标企业廉洁预警谈话机制，梳理排查涉及重点项目、财物管理领域相关企业 136 家，查阅纸质和电子资料 319 份，查摆问题 5 个，制定整改措施 19 项，修订完善制度 3 项。优化内设科室工作职责，加强干部选拔晋升和考核推荐工作，建立干部日常表现工作台账、年轻干部档案。树立先进典型，1 名执法一线科长获评全国海关“百名优秀执法一线科长”，4 名干部获记个人三等功，39 名干部获个人嘉奖。做好干部平时考核、年度考核工作，每季度开展干部人事信息数据采集，组织干部配偶、子女及其配偶从业情况自查。推进事业单位人员绩效工资改革，制定下属事业单位绩效工资分配办法和绩效考核管理办法。

【疫情防控】2022 年，阳江海关严格执行最新版口岸防控技术方案，优化口岸联防联控机制，检疫出入境船员 1.48 万人次。严格进境船舶终末消毒和行李物品消毒的监督，监管船舶终末消毒 1 艘次，监督染疫船员行李物品消毒 24 批次。开设紧急救助“绿色通道”，紧急救助入境船员 2 人次。落实疫情防控一线集中封闭管理有关人员封闭管理要求，建立核酸阳性检出者转出方案、疫情防控一线集中封闭管理工作人员紧急就医方案等工作制度，全年 28 班次 120 人次完成集中封闭管理；优化机关内部疫情防控措施 5 项，严格落实外出审批制度。

【税收征管】2022 年，阳江海关推广汇总征税、电子支付和关税保证保险担保等惠企政策，落实以企业为单元的税款担保改革，推进多元化税收担保方式改革。制定转税审价工作指引，做好保金保函转税时限监控，规范担保销案管理。开展原产地和关税减让政策宣讲，引导企业合规自报自缴，提升税款电子支付效能。建立属地纳税人管理制度，运用大数据“云擎”系统对重点税源商品价格开展风险分析，严格进口原产地、价格等涉税要素审核，发挥价格磋商工作小组作用，快速办理大宗进口应税商品的公式定价合同备案、审价、归类、原产地等工作。

【口岸监管】2022 年，阳江海关运用新一代查验管理系统对 161 批进出口货物实施现场查验和检验检疫，检验监管进口铁矿 52 批、重量 225.20 万吨、货值 17.72 亿元；监管发现不符合合同要求铁矿 18 批、重量 78.98 万吨；免予重量鉴定进口法检商品 435.47 万吨，免予品质检验进口铁矿 225.20 万吨；检验监管进口煤炭

346.90 万吨、货值 32.20 亿元，分别比上年增长 239.17% 和 247.36%；监管进口镍矿砂 444.23 万吨、货值 27.62 亿元；检验监管进境粮食 107.61 万吨、货值 48.92 亿元，截获外来有害生物 104 种、616 次，其中检疫性有害生物 16 种、109 次，检疫出种衣剂大豆 1 批。应用“互联网 + 海关”实施免收缓税利息、减免滞报金、预约通关服务等惠企措施，持续压缩进出口货物整体通关时间，年内进出口整体通关时间分别为 50.33 小时和 0.65 小时。

▲2022 年 7 月 28 日，阳江海关关员对首批供港斜带石斑鱼苗开展现场查验　（罗晓月　摄）

【检验检疫】2022 年，阳江海关检验检疫进出境货物 1.62 万批，货值 130.65 亿元。进境货物 160 批，货值 98.84 亿元；出境货物 1.61 万批，货值 31.81 亿元。监管供港活猪 508 批、1.69 万头，货值 4368.7 万元，开展疫病检测 1570 份。强化进出口食品和商品安全监管，监管出口食品 4.83 万吨，货值 18.45 亿元，开展出口食品采样 49 批次，质量检验 1165 项次。开展国门生物安全监测，布置监测点 32 个，捕到实蝇 6 种 2.44 万头。开展有害杂草监测，发现飞机草、薇甘菊、刺蒺藜草 3 种检疫性有害生物，拔除并焚烧处理。

【打击走私】2022 年，阳江海关开展“国门利剑 2022”行动，优化合成作战工作机制，召开合成作战小组联合研判会议 3 场次，强化信息互通、联合研判、联合执法，健全“防控、监管、打击”一体化打私体系。推进严禁“洋垃圾”走私进境、严厉打击“水客”、濒危物种及其制品走私等工作，开展进口铁矿固体废物筛查 52 批次，运用“X 光机 + 人工”检查换班船员行李物品 289 批次。

【企业管理和稽核查】2022 年，阳江海关持续推广“多证合一”“单一窗口”“互联网 + 海关”等业务改革，办理报关单位备案 262 家，比上年增长 13.40%。开展 RCEP 原产地规则和关税减让政策宣讲，签发原产地证书 1.29 万份，签证金额 6.41 亿元。指导企业开展边角料网上拍卖 87 批次。落实高级认证企业便利化管理措施，培育 2 家企业通过海关 AEO 认证，免除高级认证企业加工贸易保证金 4 亿元。加强保税仓库货物监管，监管保税仓库进口纸浆 2.14 万吨，出仓 3.23 万吨。支持加工贸易企业转型升级，阳江市年内加工贸易进出口值 62.05 亿元，比上年增长 26%。加强涉检、涉税领域稽查，办结稽查作业 8 起，开展稽查作业“一事双析” 5 起。引导进出口企业守法经营，办理涉检快办案件2宗；办结核查作业79起。

【安全生产】2022年，阳江海关学习贯彻落实习近平总书记关于安全生产的重要论述，健全完善安全生产工作领导小组机制，推进“口岸危险品综合治理”百日专项行动，开展“安全生产月”活动。建立办公区域楼长负责制和夜间安全巡查制度，运用“吹哨人”预警制度消除安全隐患2处。抓好重大节假日及敏感时节的安全隐患排查，开展安全隐患排查15场次，整治安全隐患12处。修订完善各类应急预案11项，组织开展突发事件应急演练23场次。重点抓好进出口危险品安全监管，落实危险品“持证上岗、双人双岗”制度，监管出口危险品（铁铈齐）52批、重量574.30吨。健全与地方应急管理、公安等部门协作配合机制，形成抓安全生产工作合力。

【支持扩大开放】2022年，阳江海关建立助企纾困减负长效机制，到辖区重点企业调研36次，解决产业链供应链难点、堵点困难22个。推广“提前申报”“先放后检”“抵港直装”等业务改革，进口提前申报率77.71%，出口提前申报率86.99%。发挥海关数据监测预警效能，向阳江市委市政府报送统计分析工作专报23份。服务推动阳江市建设广东自贸区联动发展区、阳江港口岸扩大开放、跨境电商综合试验区、清关中心等系列重点项目，指导广东华夏阳西电厂配套码头和阳江港4号泊位源强码头实施临时对外开放，办理跨境电子商务经营主体备案53家。支持阳江市打造风电装备制造基地，对1艘安装船设备进口实行船边直提、到厂查验，指导企业采取“抵港直装”监管模式出口38台风电机组设备，货值6.26亿元。发挥五金刀剪研究评议基地和国家食品接触材料重点实验室技术优势，向企业推送风险预警、行业技术法规和标准690条，阳江市年内出口刀剪类产品46.66亿元。

▲2022年3月29日，阳江海关关员对首批出口风电设备开展现场监管　（谭永明　摄）

【支持乡村振兴】2022年，阳江海关支持特色农产品出口，制定“一企一策”特色农产品企业帮扶措施，推动8家企业通过广东省农产品出口示范基地评审。支持阳江荔枝出口，指导8家注册果园健全完善溯源管理制度和有害生物监测制度，出口量1062.72吨。开通“鲜活易腐农食产品绿色通道”，提供预约式查验、“检疫验放零等候”等服务，监管供港水海产品2.52万吨、货值12.65亿元。设立科室常驻阳春地区支持竹木草制品出口，指导5家企业获得出境竹木草制品生产企业注册登记资格，出口竹木草制品9618批、货值10.14亿元。

【政务综合管理】2022 年，阳江海关持续规范政务运行管理，落实政府信息公开要求，发布“双随机、一公开”信息 64 份。推进政务信息与新闻宣传，江门海关采用动态信息 233 条，总署采用 5 条，广东分署采用 28 条；江门海关采用综合信息 2 篇；6 篇新闻稿件获《中国新闻网》《人民日报》等媒体报道。落实应急值班工作要求，开展值班培训 5 场次。落实“过紧日子”要求，严格执行财政统一压减政策。推进节约型机关建设，健全节约能源管理工作机构和能耗管理专职岗位，打造暖心食堂。建立防疫物资动态管理机制，合理配备和发放防疫物资。坚持每月自控自查，应用 HLS 2017 平台纠正业务差错 71 次，补证 23 件。配合做好国家审计工作，对国家审计发现的问题立行立改。

撰稿人

冯惠华　刘　婧　刘志东　江静华　许天生　许振明
张杰明　陈计房　陈志宏　欧计浓　周伟光　梁日苗

第八篇

直属事业单位及海关学会

江门海关后勤管理中心

【概况】江门海关后勤管理中心（以下简称“后勤管理中心”）是江门海关所属事业单位，承担江门海关机关后勤保障服务职能。内设部门5个，管辖经济实体2个。

2022年，后勤管理中心认真学习宣传贯彻党的二十大精神，按照江门海关党委的工作部署，推进事业单位改革创新，在食宿保障、内部防控、安全生产、资产管理、涉案财物保管、采购管理等方面主动作为，不断提高后勤保障能力。

【党建工作】2022年，后勤管理中心落实“第一议题”制度，组织学习贯彻落实习近平总书记重要讲话和重要指示批示精神。完善全面从严治党主体责任清单，压紧压实主体责任，坚持将党的建设与后勤管理工作同谋划、同部署、同推进，推动落实“一岗双责”要求。开展强化政治机关建设专项教育活动，梳理出32个岗位、36项重点业务工作，列出岗位政治要求123条。推进“海关重点项目和财物管理”专项整治工作，发现问题2个，制定整改台账5条，制定完善内控制度5个，提升后勤管理的规范化和标准化水平。开展以案促改试点工作，围绕典型案例暴露的非执法领域风险，查摆问题13个，制定整改措施24条。围绕“新时代海关勤务员”支部品牌，不断丰富和充实“忠诚、人文、廉洁、绿色、智慧”品牌内涵，以“党建”带“妇建”，“五色花”后勤保障生活服务队获评2022年度江门市“巾帼文明岗”。开展警示教育活动，通过开展廉政专题党课、组织党员干部观看警示教育片、组织开展沉浸式现场廉政警示教育等多种形式，以身边案例教育身边人，不断筑牢干部队伍的防腐拒变思想防线。

【内部防控】2022年，后勤管理中心严格落实网格化管理措施，发挥“干部职工个人、健康申报员、网格管理员”三级联动作用，压紧压实疫情防控责任链条，加强员工日常健康申报和外出备案管理，确保疫情风险早发现、早报告、早处置，不漏一人、不留死角。加强疫情防控应急演练，定期组织开展中心员工新冠感染内部应急处置演练，提高干部员工疫情突发事件应急处置能力。加强与职能部门联动配合，从严从紧落实江门海关大院疫情内部防控和防疫消毒各项工作措施。全年开展专题疫情防控应急演练12次，实施日常消毒作业1500余次，管理进出人员13万人次，车辆18万辆次。

【安全生产】2022年，后勤管理中心加强安全保障工作，排查办公大院各区域安全隐患问题，采取措施加以整改，加强

▲2022年4月25日，后勤管理中心开展“五一”节前消防知识培训及演练　（戴耀权　摄）

重要时间节点和重大活动期间的应急值班值守，严格人员车辆进出大院管理，确保机关大院安全稳定。加强办公大院内蛇山、文物建筑等重点部位安全防护工作，完成山体加固、原税务司官邸附属建筑维护、山体排水系统疏导等工程。建立健全江门海关大院各类突发险情的应急预案，加强应急物资储备，完善应急联络机制。全年组织开展各类安全演练，排查安全隐患30余处，机关大院无重大事故发生。加强司机安全意识教育，杜绝酒驾醉驾、疲劳驾驶等不良行为，确保行车安全，全年未发生交通安全事故。

【食宿保障】2022年，后勤管理中心做好服务保障，提升食堂服务质量，贯彻落实“过紧日子”要求，加强就餐人数统计，严格科学配餐，丰富菜色供应，结合疫情防控、寒暑假期等情况，研究特色套餐外卖，提升广大干部职工对食堂的满意度，全年为干部职工提供餐饮服务22.32万人次。加强内部招待所日常管理，完成大型培训和会议保障20次。定期选派司机参与集中封闭管理，支持疫情防控工作。

【节约型机关建设】2022年，后勤管理中心厉行节约，从源头解决餐饮浪费问题，停止使用一次性纸杯、一次性餐具和不可降解的一次性塑料用品，减少能耗支出。加强对厨余垃圾的管理，通过引导文明用餐、倡导“光盘行动”等方式制止餐饮浪费，全年食堂食材支出比上年下降。推动节约型机关建设，加大宣传力度，营造全员参与的良好氛围。加强能源消耗检测评估，机关大院办公用水量比上年下降0.31%、用电量比上年下降0.22%，获评中央国家机关第三批节约型机关。强化资产分

▲2022年8月4日，后勤管理中心开展垃圾分类培训宣传　（陈敏　摄）

类管理提高资产管理效能，全年固定资产报废 21 批次，拍卖处置 13 批次。

【涉案财物保管】2022 年，后勤管理中心加强涉案财物仓库分区整理，严把出入库关口，严格执行双人开锁、入库前核对、三方联签、原样保管等工作制度，确保单单相符、单货相符；坚持日常巡查与定期盘仓相结合，掌握货品保管环境状况，及时排除消防等安全隐患，确保货品保存良好；建立定期通报制度，及时向缉私办案、财务部门通报仓储货品存储时长，防止超期存储。

【采购管理】2022 年，后勤管理中心规范执行政府采购流程，落实小额采购操作规程和采购代理机构管理规范，重点加强对小额采购和招标代理的管理，堵塞漏洞，防控风险，提升政府采购的规范性和有效性。全年承接政府采购及一般采购任务 37 个，小额采购任务 130 个，简易采购任务 60 个。

撰稿人

邝健威　冯世勋　范志超　徐韵致　郭亿东　郭晓盈

中国电子口岸数据中心江门分中心

【概况】 中国电子口岸数据中心江门分中心（以下简称“数据分中心”）是海关总署委托江门海关代管的事业单位，成立于2003年3月。数据分中心内设综合业务部，核定事业编制7人，实有事业编制人员3人。下属经济实体江门电子口岸信息科技有限公司（以下简称“下属公司”）。数据分中心职责主要包括：承担江门关区中国电子口岸应用项目及联网企业的技术支持、操作培训、热线值班等工作；协助推广运维中国国际贸易“单一窗口”应用项目；承办江门关区电子口岸政务卡、企业卡制发工作；承担中国电子口岸专网分中心节点的网络系统建设、运行维护和信息安全保障工作；参与地方国际贸易“单一窗口”应用项目建设，共同做好相关运行维护等工作；协助江门关区信息系统项目的开发、运行和维护；参与地方电子口岸应用项目建设，做好相关技术支持等。

2022年，数据分中心以习近平新时代中国特色社会主义思想为指导，坚持以党的政治建设为统领，统筹推进事业单位改革和业务发展，各项工作取得新进展。年内，数据分中心受理江门关区电子口岸新入网用户1008家，接入跨境电商出口统一版企业35家。

【党建工作】 2022年，数据分中心把学习宣传贯彻党的二十大精神作为首要政治任务，通过“集中学＋分组学”、每周五定时研讨学、项目团队有针对性地重点学等多种形式，学习贯彻习近平总书记关于经济社会发展、科技创新、网络安全等重要论述和重要指示批示精神，把握事业单位改革和发展方向，指导下属公司完成章程修订，落实国企改革三年行动任务；推进“学查改”专项工作和强化政治机关建设专项教育活动，促进事业单位政治

▲2022年6月28日，数据分中心组织全体人员开展政治理论学习　（李晓楠　摄）

工作和业务工作融合发展；加强党建阵地建设，通过党务公开宣传栏宣传党的二十大精神和分中心党务管理、党建活动等工作及成效，营造浓厚的党建氛围；开展“科技螺丝钉”党建品牌创建工作，建立党员“传帮带”制度，由党员对新职工开展思想政治教育和业务培训；抓好党员发展工作，引导品德优秀、能力突出的优秀青年积极向党组织靠拢。年内，6名职工递交入党申请书，非在编职工党员人数占全体党员的70%。

▲2022年8月26日，数据分中心驻江门行政服务中心人员开展电子口岸服务　（李晓楠　摄）

【电子口岸网络及应用系统运维】2022年，数据分中心开展电子口岸互联网接入区传输系统切换工作，完善互联网接入区传输系统功能，提高电子口岸系统容灾能力；完成电子口岸应用控件升级，推广国产密码算法应用，保障密码应用安全；推广海关预录入系统数据交换接口网上办理平台，实现企业申请、系统自动分配交换客户端ID等环节全流程线上办理。

【企业服务】2022年，数据分中心为辖区进出口企业办理服务类密码设备的国产密码算法数字证书签发；上线制卡业务线上申请平台，累计通过平台受理企业申请入网IC卡2040张；多渠道完善客户服务，通过微信、热线电话解答企业咨询，提供在线操作指导，协助企业解决报关过程中遇到的困难和问题，累计帮助企业解决各类问题5259个。参与珠西物流中心、江门高新港、新会港、阳江港等海关监管场所智能监控相关项目建设，支持经营企业提升监管场所智能化水平。

【技术创新攻关】2022年，数据分中心围绕提升技术能力开展创新攻关，建立完善技术研发平台，组建开发队伍，重点针对海关智慧管理业务需求和监管场所智能监控需求，开展软件开发及技术集成应用攻关，加大科技产品储备。年内新增软件著作权5项；参与江门海关缉私局指挥中心及执法办案中心信息化建设，完成江门海关总关机关大院周界入侵视频识别、阳江海关分子实验室视频对话及监控等项目建设，为海关各类信息化基础设施升级和智慧化项目建设提供技术支撑服务。

【信息安全管理】2022年，数据分中心落实安全生产主体责任，加强网络安全监控，开展网站访问情况重点检查，做好电子口岸专网分中心节点网络安全保障，防范各类网络安全风险。组织学习《中华人民共和国保守国家秘密法》《中华人民共和国数据安全法》等相关法律法规和总署数据分级安全管理规范，指定RA审计员定期对RA操作员业务操作行为进行审计，落实计算机安全使用和管理规定，防范数据安全风险。

撰稿人

张　俊　陈　诚　周　深

江门海关技术中心

【概况】江门海关技术中心（以下简称“技术中心”）是江门海关所属事业单位，承担江门海关进出口商品检验和鉴定、动植物及其产品检验检疫鉴定工作，为海关执法提供技术支撑。内设部门7个，其中实验室5个，均获CNAS实验室认可和CMA国家计量认证资质，CNAS认可检测项目1743项。

2022年，技术中心坚持以习近平新时代中国特色社会主义思想为指导，学习宣传贯彻党的二十大精神，加强政治建设、干部队伍建设、实验室能力建设，为海关执法做好坚实技术保障，服务地方产业发展。完成检测6321批次，检出不合格94批，鉴定外来有害生物5批。

【党建工作】2022年，技术中心制定贯彻落实党的二十大精神学习任务12项、落实措施11项，完善常态化学习机制，推动学习走深走实。开展“学查改”专项工作和强化政治机关建设专项教育活动，明确业务岗位21个，政治要求137项。推进“海关重点项目和财物管理以权谋私”专项整治、以案促改试点工作等，结合巡视巡察常态化整改、督察审计等，整改风险问题30余个。以完成“打造功能性党小组，检测技术支撑能力”书记项目为抓手，强化党建引领。

【干部队伍建设】2022年，技术中心推进干部职工学习教育管理，统筹推进政治教育、纪法教育和警示教育，通过“三会一课”、主题党日活动等，组织开展纪法学习和典型违纪违法案例学习。制作“清廉江关”清风清心短视频《做经得起“检验”的清廉海关干部》，开展“以案为鉴大家谈”。邀请党委派驻第一纪检组进行现场学习辅导并制作干部廉政书签。收集个人剖析材料51篇，确定风险5项，形成整改措施6项。每季度进行思想动态和意识形态分析，以巡察整改集中清查工作为契机，边学边查边改，建立常态化巡察整改机制，有序推进督察审计自查整改，完成整改问题13个。持续推动事业单位绩效工资改革，为激励干部干事创业创造良好环境。推荐6人参加职称评审，1人获评正高级工程师职称。

【实验室能力建设】2022年，技术中心加大检测技术攻关力度，不断增加检测项目、扩大检测范围，新开展检测项目225项。拓展诺如病毒检测项目，微生物法定检测实现全覆盖；拓展鹿流行性出血病等12种动物疫病检测能力，关区常规进出境动物疫病实现全覆盖；新增硝呋索尔等有毒有害物质检测项目118项；拓展X射线荧光光谱法的稀土元素检测20余项，有效缩短检测周

▲2022 年 12 月 10 日，技术中心工业品检测实验室技术人员进行危险货物包装性能检测　（张磊敏　摄）

期；危险品包装检测领域开检项目 4 项，关区危险品包装检测实现全覆盖。食品检测实验室被认定为 2022 年江门市重点实验室，为风险监测提供坚实检测技术保障。

参与质量控制活动，年内参加能力验证活动 25 项，其中参加中国计量认证（CMA）组织的 A 类能力验证 2 项，反馈结果均为“满意”。加强对新进人员的培训和考核，强化管理和监督。完善检测样品全流程控制和管理措施 5 项，杜绝样品问题带来的检测质量风险和廉政风险。

开展实验室安全隐患“全过程、全要素、全覆盖”排查，重点做好有毒有害化学品安全及生物安全隐患排查与整改工作，自查并整改问题风险 6 项；完善实验室安全管理制度体系，实行每日重点安全部位巡查；按专业领域完成化学安全、生物安全等培训 5 次，完善应急处置预案 6 个，完成化学安全、生物安全演练 3 次。

【海关执法技术保障】 2022 年，技术中心检出黄曲霉毒素、镉、农兽药残留等有毒有害物质超标 38 批次；检出大肠菌群、霉菌计数等微生物项目不合格 31 批次，连续检出 4 批进口越南米糠沙门氏菌超标，确保进出口食品安全；危险品包装性能检测不合格检出 15 批，防控进出口危险货物运输安全风险。

筑牢国门生物安全防线，年内完成关区首批进口羊驼 120 头、360 份样品、960 项次的检疫检测；在截获的进境物品中，国内首次鉴定出 5 批次外来有害生物（检疫性有害生物金双线窄吉丁、阿特拉优实蝇，外来入侵物种斑腿皮亚大眼象、粗胸美蜥象、田菁小丑象）；广东省内首次鉴定出棕距虎天牛；关区内首次鉴定出虎蜂鳞鞘天牛、“异宠”日本大锹甲。

【服务地方产业发展】 2022 年，技术中心根据江门关区特

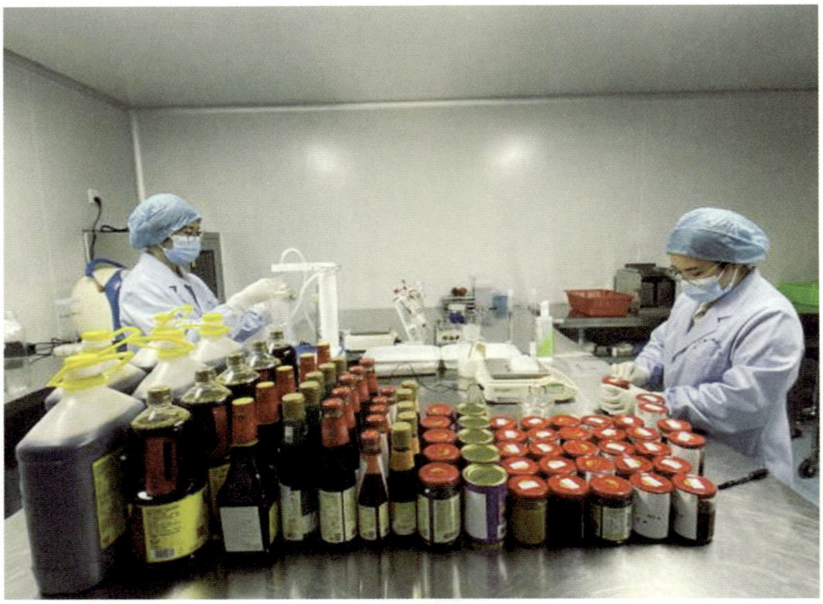

▲2022年5月23日，技术中心生物实验室技术人员对食品进行检测　（王春利　摄）

色产业发展特点及江门地区危包企业提出的建议和意见，建设大型危包性能跌落实验室，实现关区内大容量铁桶铁罐跌落试验自检。持续加大技术攻关力度，提升检测质量水平，为关区照明企业提供技术指导。年内，通过扩展硝呋索尔代谢物兽药残留检测50余项，以满足台山鳗鱼养殖企业关注的欧盟对水产品兽药残留质量安全监控项目的需求，促进辖区水产品行业健康发展。

【科研成果】2022年，技术中心获海关技术规范立项1项，实用新型专利授权2项。主持完成海关技术标准1项，参与完成粤港澳大湾区高质量食品标准3项（广陈皮、酱油、蚝油）均正式发布。主持完成的项目“皮革制品中有害物质快速检测关键技术创新及设备研制”获2022年中国商业联合会科学技术奖三等奖；参与完成的科研项目“消费品中有害物质快速检测关键技术的研究及标准化”获得2022年广东省质量协会质量技术奖二等奖；发表科技论文3篇。

撰稿人

王春利　张　展　张磊敏　李　蕴　陈　凯　陈春林
姚　科　谌　瑜　彭晓俊　蒋小良

江门国际旅行卫生保健中心（江门海关口岸门诊部）

【概况】江门国际旅行卫生保健中心（江门海关口岸门诊部）（以下简称“保健中心”）是江门海关所属的事业单位，负责为江门海关关区口岸卫生检疫工作提供传染病检测、媒介生物鉴定、病原微生物检测、特殊物品评估、卫生处理效果评价等技术支撑。保健中心内设部门2个：综合管理部、口岸管理部。

2022年，保健中心坚持以习近平新时代中国特色社会主义思想为指导，学习宣传贯彻党的二十大精神，坚决贯彻落实习近平总书记重要指示批示精神和党中央决策部署，推进“学查改”专项工作和强化政治机关建设专项教育活动、“海关重点项目和财物管理以权谋私”专项整治，推进以案促改试点工作。总关各检查组、“挑毛病”专班及各职能处室对中心开展疫情防控、安全生产及实验室专项工作检查15次；地方市（区）卫健部门、环保部门及食药监部门对中心预检分诊、实验室及放射科等现场监督检查8次，问题项全部整改销账；保健中心开展预检分诊、实验室生物安全、内部疫情防控、办公场所等排查18次，开展相关应急处置演练15次，提高医护人员各种突发事件应急处置能力。PCR实验室开展新冠病毒核酸检测工作，全年检测4.98万份标本，采样2.48万人次，完成15万项的样本信息上报和检测数据传输，做到“检得快、检得准”，实现“零感染、零事故”的安全目标。

【党建工作】2022年，保健中心围绕总署党委提出的7方面要求、12个点题、38个“深入思考”，开展学习研讨7次，撰写心得体会13篇；制定和完善岗位政治要求清单39条；聚焦专项教育活动、专项工作，排查存在问题9个，制定整改措施19项，摸查实验室

▲2022年7月28日，保健中心召开党支部党员大会　（黄俊文　摄）

建设和疫情防控保障项目15个、企业27家，查阅纸面和电子资料63份；查找薄弱环节和廉政风险6个。

【干部队伍建设】2022年，保健中心依托“廉政警示教育云展厅”，开展全员教育活动。书记、纪检委员讲廉政党课2次，领导班子查摆存在问题5个，制定整改措施10项；开展绩效工资改革，制定绩效考核管理办法；合理调配人力资源，统筹用好在编人员和聘用人员，为疫情防控、筑牢口岸检疫防线提供人力资源保障。

【实验室检测】2022年，保健中心PCR实验室对关区各口岸的出入境船员、疫情防控一线集中封闭管理工作人员、重点岗位人员等开展新冠病毒核酸检测，完成核酸检测5.78万份，比上年增长100%；现场新冠病毒核酸采样数量比上年增长600%，采样频次比上年增长150%；快速应对口岸猴痘疫情，落实42条生物安全风险控制措施，开展关区首次入境船员样本的猴痘PCR检测；对台山口岸入境船舶截获的鼠类开展体表寄生虫及携带病原体检测，实现关区鼠类携带病原体检测“零”的突破，

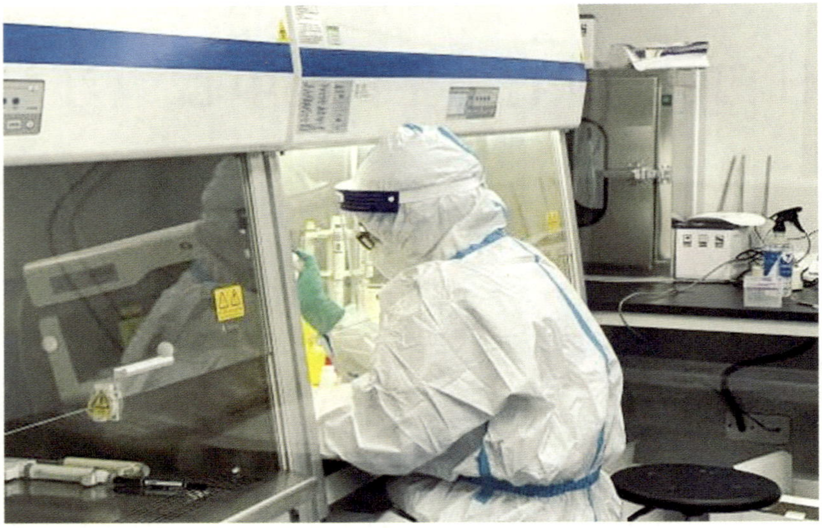

▲2022年8月3日，保健中心实验室技术人员在PCR实验室开展检测 （林秀梅 摄）

首次实现关区病媒生物全项目自检率100%；参加新冠病毒核酸检测等五大类传染病检测项目的国家卫生健康委员会能力验证活动，在关区入境船员中检出口岸关注传染病甲型流感1例。

【机构搬迁】2022年，保健中心整体搬迁到江门市江海区新址，及时取得临床基因扩增实验室资质等各种机构资质证书，同步完成生物安全备案，实现新冠病毒检测等业务工作“零中断”。通过CNAS评审专家组对保健中心实验室质量管理体系运行及机构新址的“复评审+变更”和“扩项评审”远程评审。

【传染病监测、法定预防接种及媒介监测】2022年，保健中心开展出入境人员体检、预防接种5.86万项次，开展传染病检测、临检、生化检测8.44万项次（含HIV抗体检测、乙肝表面抗原检测、乙肝两对半检测、丙肝抗体检测、肝功能检测、梅毒血清学检测等），检出HIV抗体阳性4人，梅毒12人，病毒性肝炎21人，乙肝表面抗原阳性80人；完成医学媒介生物监测81批、1289只。

【国际旅行健康咨询】2022年，保健中心对出入境人员进行旅行前的健康咨询及健康评估2386人次，开展预防接种28针次；利用电子屏幕滚动播出艾滋病日宣传资料，设立现场咨询点并派发宣传资料及宣传物品，开展世界艾滋病日宣传活动，派发宣传手册150余份、现场咨询100余次；开展

全国疟疾日宣传活动，针对前往全球疟疾高发国家的出国劳务、留学、船员等重点人群派发宣传手册160份，面对面宣教100人次，防控宣教60余次。

撰稿人

孙玉慧

江门海关学会

▲2022 年 9 月 15 日，江门海关学会组织优秀论文作者召开征文研讨会　（高瑞莲　摄）

【概况】2022 年，江门海关学会坚持以习近平新时代中国特色社会主义思想为指导，学习宣传贯彻党的二十大精神，继续推动群众性理论研究，年初召开秘书处会议研究布置全年重点工作，下发年度工作要点，年内征集论文 172 篇，在海关总署国际合作司、研究中心、中国海关学会及其广州代表处举办的各类征文活动中获奖 24 篇，比上年增长 20%。推动海关史研究，参与海关史研究署级课题“新中国海关对旧中国海关的改造历史研究”以及江门海关口述史料抢救征集工作。

【征文活动】2022 年，江门海关学会下发统筹做好 2022 年征文活动的通知，征集各类征文选题 180 多篇；后续及时跟进各理事单位征文进度，下发情况通报 5 次，与论文作者电话沟通 200 多人次，反馈审稿意见 82 条。年内，征集到各类论文成稿 172 篇，完成人员总数 10% 的目标，各单位部门参与率 100%，处级以上领导干部独立或牵头撰写的论文占 45%。

【征文获奖】2022 年，江门海关学会向中国海关学会及其广州代表处推荐优秀论文 72 篇次，获奖 24 篇，其中获中国海关学会优秀奖 1 篇、入围奖 1 篇，获海关总署研究中心主题征文奖项 3 篇，获海关总署国际合作司主题征文奖项 1 篇，获广州代表处主题征文、综合类征文及海关史研究征文奖项 18 篇。

【论文作者座谈会】2022 年 5 月 26 日，江门海关学会召开论文作者座谈会，36 人参加会议。会上，优秀论文作者代表作经验介绍，选题作者代表介绍论文思路及写作构想，与会人员开展讨论交流。会长米德民肯定会议取得成效，并布置 2022 年度征文工作。

【学会组织建设】2022 年 12

月，江门海关学会召开常务理事会议，对部分学会领导成员予以调整，副会长陈建光不再兼任秘书长，任炎平任副会长兼秘书长。会议还对江门海关学会章程个别条款进行修订。

【海关史研究】2022 年，江门海关学会参与海关史研究专题署级课题，撰写《新中国海关对旧中国海关的改造历史研究》；参与口述史料抢救征集工作；全关干部职工踊跃参与海关史研究，年内征集到海关史研究论文 12 篇，在中国海关学会广州代表处征文活动中获奖 5 篇，江门海关获广东省内海关“优秀组织奖”。

撰稿人

李富周

第九篇

荣誉·名录

2022 年度江门海关获省部级及以上表彰的集体名录

序号	集体名称	荣誉名称	颁授单位	授予时间
1	江门海关法规处	全国普法工作先进单位	中共中央宣传部、中华人民共和国司法部、全国普法工作办公室	2022. 01
2	政工办党支部	2022 年度全国海关党建示范品牌	中共海关总署委员会	2022. 07
3	新会海关综合业务一科党支部	2022 年度全国海关党建示范品牌	中共海关总署委员会	2022. 07
4	阳江海关查检科党支部	2022 年度全国海关党建示范品牌	中共海关总署委员会	2022. 07
5	外海海关跨境电商监管科党支部	2022 年度全国海关党建培育品牌	中共海关总署委员会	2022. 07
6	高沙海关集中审核一科党支部	2022 年度全国海关党建培育品牌	中共海关总署委员会	2022. 07
7	江门海关缉私局海上缉私处六中队党支部	全国缉私部门先进基层党组织	海关总署缉私局	2022. 08
8	江门海关缉私局直属队	全国缉私部门集体二等功	海关总署缉私局	2022. 11
9	中华人民共和国新会海关工会委员会	广东省五一劳动奖状	广东省总工会	2022. 04
10	台山海关综合业务二科	广东省巾帼文明岗	广东省妇女联合会	2022. 02
11	中华人民共和国江门海关	广东省无烟单位	广东省爱国卫生运动委员会	2022. 09
12	中华人民共和国外海海关	广东省无烟单位	广东省爱国卫生运动委员会	2022. 09
13	中华人民共和国新会海关	广东省无烟单位	广东省爱国卫生运动委员会	2022. 09
14	中华人民共和国鹤山海关	广东省无烟单位	广东省爱国卫生运动委员会	2022. 09
15	中华人民共和国台山海关	广东省无烟单位	广东省爱国卫生运动委员会	2022. 09
16	江门国际旅行卫生保健中心（江门海关口岸门诊部）	广东省无烟单位	广东省爱国卫生运动委员会	2022. 09

2022 年度江门海关获省部级及以上表彰的个人名录

序号	姓名	荣誉名称	颁授单位	授予时间
1	陈锡亮	全国“人民满意的公务员”	中国共产党中央委员会、中华人民共和国国务院	2022.08
2	李春瑞	全国海关优秀执法一线科长	中华人民共和国海关总署	2022.02
3	刘洋	海关系统“党务之星”	中华人民共和国海关总署	2022.07
4	杨雨、王世明	全国缉私部门优秀青年	海关总署缉私局	2022.04
5	吴语海、王志远	全国缉私部门“优秀共产党员”	海关总署缉私局	2022.08
6	王世明	全国缉私部门“优秀党务工作者”	海关总署缉私局	2022.08
7	莫仕盛	广东省“扫黄打非”先进个人	广东省“扫黄打非”工作领导小组	2022.01

2022 年度江门海关获江门市表彰的集体名录

序号	集体名称	荣誉名称	颁授单位	授予时间
1	江门海关缉私局	江门市“党史青（少）年说”优秀作品	江门市委党史学习教育领导小组办公室	2022. 01
2	中华人民共和国江门海关	江门市“党史青（少）年说”优秀组织奖	江门市委党史学习教育领导小组办公室	2022. 01
3	江门海关“法声嘹亮”青年普法服务队	江门市青年文明号	共青团江门市委员会	2022. 03
4	开平海关团支部	江门市五四红旗团支部	共青团江门市委员会	2022. 03
5	江门海关 12360 服务热线工作室	江门市巾帼文明岗	江门市妇女联合会	2022. 02

2022 年度江门海关获江门市表彰的个人名录

序号	姓名	荣誉名称	颁授单位	授予时间
1	吴语海	第四季度江门好人	江门市精神文明建设工作办公室	2022. 01
2	陈锡亮	第四季度江门好人	江门市精神文明建设工作办公室	2022. 01
3	李泽潮	“江门市人民政府行政服务中心窗口人员 2021 年度先进工作者”称号	江门市人民政府行政服务中心	2022. 02
4	冯伟	江门市优秀共青团干部	共青团江门市委员会	2022. 03
5	冯汉文	江门市优秀共青团干部	共青团江门市委员会	2022. 03
6	黄嘉锐	江门市优秀共青团员	共青团江门市委员会	2022. 03
7	谭劲求	江门市“最美家庭”称号	江门市妇女联合会	2022. 04
8	任文红	江门市十大“最美家庭”	江门市妇女联合会	2022. 11
9	谢佩瑜	江门市优秀“最美家庭”	江门市妇女联合会	2022. 11

2022年国务院 “授衔令”（二级关务监督及以上）

《国务院关于授予和晋升邸连柱等71名同志海关关衔的命令》（国函〔2022〕84号）

（一）江门海关1名同志由二级关务监督关衔晋升为一级关务监督关衔

胡冬梅

（二）授予江门海关1名同志一级关务监督关衔

盛　刚

第十篇

统计资料

2022年度江门海关主要业务量统计表

序号	海关名称	税收入库		进出口货运		进口货运		出口货运		监管运输工具	
		总额（万元）	同比（±%）	总量（万吨）	同比（±%）	总量（万吨）	同比（±%）	总量（万吨）	同比（±%）	总量（辆/艘次）	同比（±%）
1	江门关区	693462	24.7	2549.3	32.0	2069.5	36.7	479.8	14.7	10254	19.7
2	外海海关	79997	11.4	171.6	1.7	17.6	-40.5	154.0	10.7	3145	37.8
3	高沙海关	58921	25.8	87.8	-9.4	18.9	-7.6	68.9	-9.9	1696	-9.2
4	新会海关	107010	-1.7	259.8	33.9	113.6	7.3	146.2	65.8	1395	33.2
5	鹤山海关	28397	35.3	32.5	-16.6	13.3	-25.8	19.2	-8.8	1339	16.5
6	开平海关	7035	-35.2	40.1	8.4	8.2	-0.4	31.9	10.9	563	-8.9
7	台山海关	56382	142.9	294.4	54.3	263.7	75.5	30.6	-24.4	1428	42.1
8	恩平海关	684	19.0	4.8	-24.7	1.0	-46.0	3.9	-16.5	0	—
9	阳江海关	355036	30.2	1658.3	38.3	1633.3	38.5	25.0	28.5	688	15.6

2022年江门关区进出口商品国别（地区）总值表

进口原产国（地）/出口最终目的国（地）	进出口				出口				进口			
	人民币		美元		人民币		美元		人民币		美元	
	总值（亿元）	同比（±%）	总值（亿元）	同比（±%）	总值（亿元）	同比（±%）	总值（亿元）	同比（±%）	总值（亿元）	同比（±%）	总值（亿元）	同比（±%）
中国香港	225.1	22.1	33.9	18.8	223.2	22.6	33.6	19.3	1.9	-18.9	0.3	-20.9
印度尼西亚	201.9	61.1	30.3	56.3	16.0	28.6	2.4	24.9	185.9	64.7	27.9	59.8
美国	119.4	-25.6	18.0	-27.4	105.1	-18.5	15.9	-20.3	14.3	-54.8	2.2	-56.1
巴西	93.0	73.0	14.0	67.7	9.9	-1.8	1.5	-5.3	83.0	90.3	12.5	84.6
韩国	48.1	5.4	7.3	2.9	40.8	7.6	6.2	5.1	7.3	-5.5	1.1	-7.8
菲律宾	47.5	18.4	7.1	15.0	19.6	4.3	2.9	1.6	28.0	30.7	4.2	26.6
日本	46.9	-17.9	7.1	-20.2	30.1	-20.3	4.5	-22.6	16.8	-13.0	2.5	-15.5
中国台湾	45.6	-14.2	6.9	-16.6	18.2	-18.5	2.7	-20.9	27.4	-11.2	4.1	-13.5
澳大利亚	45.5	7.2	6.8	3.9	23.0	1.2	3.5	-1.8	22.5	14.1	3.4	10.5
泰国	35.0	12.1	5.2	8.0	23.8	32.7	3.5	27.9	11.2	-15.7	1.7	-18.9
墨西哥	29.5	-18.6	4.4	-21.0	29.4	-16.7	4.4	-19.3	0.1	-88.4	0.0	-88.7
越南	28.5	35.5	4.3	32.8	23.9	60.4	3.6	56.8	4.6	-25.0	0.7	-25.4
意大利	28.3	7.2	4.3	6.2	25.2	20.6	3.9	19.8	3.1	-43.6	0.5	-45.2
智利	25.7	324.4	3.8	306.6	3.4	-32.1	0.5	-33.6	22.3	2054.3	3.3	1959.5
德国	24.8	-16.2	3.7	-18.3	15.5	-18.1	2.3	-20.6	9.3	-12.8	1.4	-14.3
俄罗斯	22.9	16.7	3.4	13.0	5.5	-48.4	0.8	-49.7	17.4	94.0	2.6	87.3
加拿大	22.5	-4.5	3.4	-7.2	10.6	-20.3	1.6	-22.1	11.9	15.8	1.8	11.9
尼日利亚	19.9	18.4	3.0	15.6	19.9	18.4	3.0	15.6	0.0	—	0.0	—
法国	19.4	-9.2	3.0	-10.3	11.4	-0.4	1.7	-3.2	8.0	-19.4	1.3	-18.6
马来西亚	19.4	1.1	2.9	-1.9	15.2	22.2	2.3	18.5	4.2	-37.8	0.6	-39.4
英国	18.7	-12.6	2.8	-15.0	17.9	-11.1	2.7	-13.5	0.8	-36.2	0.1	-37.3
荷兰	17.4	0.4	2.7	-1.0	16.7	4.3	2.6	2.9	0.7	-47.5	0.1	-50.1

续表

进口原产国（地）/出口最终目的国（地）	进出口				出口				进口			
	人民币		美元		人民币		美元		人民币		美元	
	总值（亿元）	同比（±%）	总值（亿元）	同比（±%）	总值（亿元）	同比（±%）	总值（亿元）	同比（±%）	总值（亿元）	同比（±%）	总值（亿元）	同比（±%）
土耳其	16.3	32.7	2.5	29.4	15.7	33.9	2.4	30.7	0.7	10.8	0.1	4.7
西班牙	13.8	-7.4	2.1	-9.1	12.7	-5.3	1.9	-7.1	1.1	-26.3	0.2	-28.0
印度	13.5	-27.3	2.0	-29.8	10.3	8.1	1.6	5.2	3.2	-64.9	0.5	-67.0
中国	12.5	2.0	1.9	0.4	0.0	—	0.0	—	12.5	2.0	1.9	0.4
阿联酋	12.2	12.1	1.8	8.8	10.1	10.1	1.5	6.8	2.0	24.0	0.3	20.1
多哥	11.3	-14.3	1.7	-15.7	11.3	-14.3	1.7	-15.7	0.0	—	0.0	—
埃及	10.7	-25.7	1.6	-27.2	10.7	-25.7	1.6	-27.2	0.0	-100.0	0.0	-100.0
阿根廷	10.5	-2.1	1.6	-4.4	9.7	-5.2	1.5	-7.4	0.8	65.3	0.1	59.9
RCEP其他成员国	487.4	23.1	73.3	19.5	203.9	10.1	30.7	7.0	283.4	34.5	42.6	30.5
“一带一路”共建国家	482.6	25.8	72.5	22.2	215.1	12.7	32.4	9.7	267.5	38.7	40.1	34.5
东盟	343.0	39.4	51.5	35.3	106.9	27.6	16.1	24.0	236.2	45.5	35.5	41.2
欧盟	146.5	-6.5	22.3	-8.2	117.9	-1.2	17.9	-3.0	28.6	-23.5	4.4	-24.7

2022年江门关区进出口商品贸易方式总值表

贸易方式	进出口				出口				进口			
	人民币		美元		人民币		美元		人民币		美元	
	总值（万元）	同比（±%）	总值（万美元）	同比（±%）	总值（万元）	同比（±%）	总值（万美元）	同比（±%）	总值（万元）	同比（±%）	总值（万美元）	同比（±%）
总值	14915561.9	9.5	2246809.1	6.6	9531356.9	3.1	1437542.9	0.5	5384205.0	23.1	809266.2	19.5
一般贸易	11503926.8	12.4	1730500.5	9.3	6902222.7	1.6	1040446.6	-1.0	4601704.1	33.7	690053.9	29.6
其他捐赠物资	178.7	—	27.5	—	178.7	—	27.5	—	0.0	—	0.0	—
加工贸易	3261898.8	2.1	493626.1	-0.2	2611207.5	7.9	394378.8	5.3	650691.3	-15.9	99247.4	-17.3
来料加工贸易	254426.0	-23.8	38282.0	-26.0	166948.3	-12.8	25084.4	-15.3	87477.7	-38.6	13197.6	-40.2
进料加工贸易	3007472.7	5.1	455344.1	2.8	2444259.2	9.7	369294.4	7.0	563213.6	-10.8	86049.7	-12.1
加工贸易进口设备	454.4	-77.6	70.4	-77.4	0.0	—	0.0	—	454.4	-77.6	70.4	-77.4
对外承包工程出口货物	3848.2	-38.0	604.0	-37.4	3848.2	-38.0	604.0	-37.4	0.0	—	0.0	—

续表

贸易方式	进出口				出口				进口			
	人民币		美元		人民币		美元		人民币		美元	
	总值（万元）	同比（±%）	总值（万美元）	同比（±%）	总值（万元）	同比（±%）	总值（万美元）	同比（±%）	总值（万元）	同比（±%）	总值（万美元）	同比（±%）
租赁贸易	2317.3	-61.4	332.5	-64.1	2079.0	-65.3	296.4	-68.0	238.3	—	36.1	—
外商投资企业作为投资进口的设备、物品	10486.3	322.7	1626.2	320.2	0.0	—	0.0	—	10486.3	322.7	1626.2	320.2
保税物流	79004.8	-10.6	11775.7	-14.1	11267.0	-44.8	1706.4	-45.9	67737.8	-0.3	10069.3	-4.6
保税监管场所进出境货物	79004.8	-10.6	11775.7	-14.1	11267.0	-44.8	1706.4	-45.9	67737.8	-0.3	10069.3	-4.6
其他	53446.6	-38.7	8246.2	-38.9	553.8	-34.0	83.3	-35.9	52892.7	-38.7	8163.0	-38.9

2022 年江门市对外贸易经济类型统计表

企业性质	进出口				出口				进口			
	人民币		美元		人民币		美元		人民币		美元	
	总值（亿元）	同比（±%）	总值（亿美元）	同比（±%）	总值（亿元）	同比（±%）	总值（亿美元）	同比（±%）	总值（亿元）	同比（±%）	总值（亿美元）	同比（±%）
总值	1771.0	0.0	266.7	-2.7	1443.4	-0.3	217.4	-2.9	327.7	1.2	49.3	-1.7
国有企业	24.2	64.8	3.6	59.0	3.8	-29.9	0.6	-31.5	20.3	121.3	3.0	112.8
外商投资企业	848.5	-0.8	127.7	-3.6	651.0	-2.4	98.0	-5.1	197.5	5.0	29.7	1.8
民营企业	893.3	0.1	134.6	-2.5	788.5	1.8	118.8	-0.9	104.8	-10.9	15.8	-13.3
集体企业	4.1	15.5	0.6	12.1	4.1	18.8	0.6	15.2	0.0	-80.6	0.0	-81.7
私营企业	889.2	0.0	134.0	-2.6	784.4	1.7	118.2	-1.0	104.8	-10.9	15.8	-13.2
个体工商户	0.0	-32.2	0.0	-35.4	0.0	-32.2	0.0	-35.4	0.0	-33.1	0.0	-34.4
其他	5.0	-42.5	0.8	-42.6	0.0	-56.6	0.0	-57.8	5.0	-42.4	0.8	-42.5

2022 年阳江市对外贸易经济类型统计表

企业性质	进出口				出口				进口			
	人民币		美元		人民币		美元		人民币		美元	
	总值（亿元）	同比（±%）	总值（亿美元）	同比（±%）	总值（亿元）	同比（±%）	总值（亿美元）	同比（±%）	总值（亿元）	同比（±%）	总值（亿美元）	同比（±%）
总值	268.2	-0.1	40.5	-2.6	178.5	-4.5	27	-6.7	89.7	9.7	13.5	6.8
国有企业	0.5	-19.5	0.1	-21.9	0.5	-19.5	0.1	-21.9	0	-100	0	-100
外商投资企业	49.9	-3	7.5	-6.2	17.4	-16.6	2.6	-18.8	32.5	6.2	4.9	2.4
民营企业	217.8	0.6	33	-1.7	160.7	-2.9	24.3	-5.1	57.1	11.8	8.7	9.5
集体企业	0.1	-31.6	0	-33	0.1	-31.6	0	-33	0	—	0	—
私营企业	217.8	0.6	33	-1.7	160.6	-2.8	24.3	-5.1	57.1	11.8	8.7	9.5

江门关区外贸进出口商品年度总值表

年度	进出口				出口				进口			
	人民币		美元		人民币		美元		人民币		美元	
	总值（亿元）	同比（±%）	总值（亿美元）	同比（±%）	总值（亿元）	同比（±%）	总值（亿美元）	同比（±%）	总值（亿元）	同比（±%）	总值（亿美元）	同比（±%）
2003	554.6	24.6	67.1	24.7	349.3	25.6	42.2	25.7	205.3	22.7	24.8	23.0
2004	677.8	22.2	81.9	22.1	437.8	25.3	52.9	25.3	239.9	16.9	29.0	16.7
2005	761.8	12.4	92.7	13.2	515.9	17.8	62.8	18.8	245.9	2.5	29.9	3.2
2006	839.6	10.2	105.0	13.2	589.8	14.3	73.8	17.4	249.8	1.6	31.2	4.4
2007	918.1	9.4	120.1	14.4	651.9	10.5	85.3	15.6	266.2	6.6	34.8	11.6
2008	910.8	−0.8	130.3	8.5	656.6	0.7	94.0	10.2	254.2	−4.5	36.3	4.2
2009	743.7	−18.3	108.9	−16.4	519.1	−20.9	76.0	−19.1	224.6	−11.7	32.9	−9.5
2010	925.8	24.5	136.5	25.4	643.1	23.9	94.8	24.7	282.7	25.9	41.7	26.8
2011	1092.5	18.0	168.3	23.3	716.0	11.3	110.3	16.3	376.5	33.2	58.0	39.2
2012	1120.7	2.6	177.6	5.5	700.5	−2.2	110.9	0.6	420.3	11.6	66.6	14.9
2013	1152.4	2.8	185.7	4.5	729.0	4.1	117.5	5.9	423.4	0.7	68.2	2.3
2014	1091.4	−5.3	177.7	−4.3	736.0	1.0	119.8	2.0	355.5	−16.0	57.9	−15.1
2015	1074.4	−1.6	173.0	−2.6	768.9	4.5	123.8	3.3	305.5	−14.0	49.2	−15.0
2016	1116.7	3.9	169.1	−2.3	798.7	3.9	121.0	−2.3	318.0	4.1	48.1	−2.3
2017	1242.6	11.3	183.3	8.4	881.1	10.3	129.9	7.3	361.5	13.7	53.4	11.1
2018	1263.9	1.7	191.6	4.5	912.4	3.6	138.5	6.6	351.4	−2.8	53.1	−0.5
2019	1254.1	−0.8	182.1	−5.0	912.2	0.0	132.5	−4.4	341.9	−2.7	49.6	−6.6
2020	1217.5	−2.9	175.9	−3.4	828.7	−9.2	119.6	−9.7	388.8	13.7	56.3	13.6
2021	1362.0	11.9	210.8	19.8	924.4	11.6	143.1	19.6	437.5	12.5	67.7	20.2
2022	1491.6	9.5	224.7	6.6	953.1	3.1	143.8	0.5	538.4	23.1	80.9	19.5

附录

中华人民共和国江门海关公告

2022 年第 1 号

根据《中华人民共和国海关报关单位备案管理规定》（署令〔2021〕253 号）和我关业务实际情况，现决定废止《江门海关关于企业报关报检资质合并有关事项的公告》（江门海关公告〔2018〕6 号）。相关工作应按照《中华人民共和国海关报关单位备案管理规定》（署令〔2021〕253 号）等现行有关规定办理。

本公告自发布之日起生效。

特此公告。

江门海关

2022 年 2 月 7 日

名词解释

名词解释

“12 个必”重点工作：总署党委于 2022 年 10 月 24 日在全国海关学习宣传贯彻党的二十大精神视频会议上提出的工作要求。包括：一、口岸疫情防控海关必坚守；二、建设贸易强国海关必要强；三、促进高水平开放海关必作为；四、共建“一带一路”海关必贡献；五、海南自由贸易港建设海关必担当；六、确保粮食、能源资源、重要产业链供应链安全海关必尽责；七、防范化解重大风险海关必上心；八、国门生物安全关口海关必把牢；九、多双边合作海关必促进；十、建设堪当民族复兴重任的高素质干部队伍海关必力推；十一、青年工作海关必远谋；十二、正风肃纪反腐败斗争攻坚战持久战海关必打赢。

“一带一路”：“丝绸之路经济带”和“21 世纪海上丝绸之路”的简称。2013 年 9 月和 10 月，习近平主席分别提出建设“新丝绸之路经济带”和“21 世纪海上丝绸之路”的合作倡议。“一带一路”旨在借用古代丝绸之路的历史符号，高举和平发展的旗帜，积极发展与沿线国家的经济合作伙伴关系，共同打造政治互信、经济融合、文化包容的利益共同体、命运共同体和责任共同体。

12360 海关热线：中国海关于 2012 年 10 月 1 日对外公布的社会公益服务号码，用于受理海关业务咨询。

AEO：Authorized Economic Operator，经认证的经营者，以任何一种方式参与货物国际流通，并将海关当局认定符合海关组织或相应供应链安全标准的一方。

CMA：China Inspection Body and Laboratory Mandatory Approval，中国检验检测机构资质认定。

CNAS：China National Accreditation Service for Conformity Assessment，中国合格评定国家认可委员会。

RCEP：Regional Comprehensive Economic Partnership，《区域全面经济伙伴关系协定》。

WTO/TBT：全称为“世界贸易组织技术壁垒协议”。

SPS：全称为“实施卫生与植物卫生措施协定”。

HLS 2017：海关内部控制与监督子系统。

H986：海关大型集装箱检查系统。

“单一窗口”：参与国际贸易和运输的各方，通过单一的平台提交标准化的信息和单证以满足相关法律法规及管理的要求。

一案双查：外查走私案件与内查违纪违法问题同步进行。

多查合一：是指将海关后续监管环节（货

物放行或完成检验检疫合格评定后）的各类涉企稽核查、检查（除刑事行政办案外）等外勤行政执法行为统一交由稽查力量实施的工作方式。

“双区”建设：“双区”是指粤港澳大湾区和中国特色社会主义先行示范区。

“两步申报”：适应国际贸易特点和安全便利需要，在充分尊重企业意愿的前提下，企业无须一次性提交全部申报信息及单证，第一步凭提单概要申报即可提货，第二步在规定时间内完成完整申报的通关制度。

“两段准入”：将进口货物准予提离口岸监管作业场所视为口岸放行，以口岸放行为界，根据“是否允许货物入境”和“是否允许货物进入国内市场销售或使用”，分段实施“准许入境”“合格入市”监管。

“双随机、一公开”：为持续深化“放管服”改革，依据《国务院关于在市场监管领域全面推行部门联合“双随机、一公开”监管的意见》（国发〔2019〕5 号），在海关行政执法检查事项中推行的随机抽查工作方式。

“两优一先”：在党的系列中，指“优秀共产党员”“优秀党务工作者”“先进基层党组织”；在团的系列中，指“优秀共青团员”“优秀共青团干部”“先进基层团组织”。

“三位一体”考核：年度考核、专项考核、平时考核。

“三必访”：对离退休干部患病住院必访、重大节日必访、家庭重大变故必访。

“三不腐”：不敢腐、不能腐、不想腐。

“三会一课”：支部党员大会、支部委员会、党小组会和党课。

“三重一大”：重大决策、重要干部任免、重大项目安排和大额度资金使用事项。

三项制度：行政执法公示制度、执法全过程记录制度、重大执法决定法制审核制度。

“三实”：“求实、扎实、朴实”新时代海关文化。

“三应”：“响应、呼应、反应”运行机制。

“三智”：指智慧海关、智能边境、智享联通，是以“智能化”为依托，以高新技术驱动制度创新，推动海关一体治理、边境协同治理、全球合作治理，共促全球贸易安全与便利。

巡视整改“四个融入”：把巡视整改融入日常工作、融入深化改革、融入全面从严治党、融入班子队伍建设。

四个最严：最严厉处罚、最严肃问责、最严格监管、最严谨标准。

“四不两直”：不发通知、不打招呼、不听汇报、不用陪同接待、直奔基层、直插现场。

“四强”党支部：指支部班子强、政治功能强、党员队伍强、发挥作用强。

五关建设：政治建关、改革强关、依法把关、科技兴关、从严治关。

“五项创新”：总署《海关全面深化业务改革 2020 框架方案》明确的“两步申报”“两轮驱动”“两段准入”“两类通关”“两区优化”五项创新改革工作。

提前申报：在进出口货物的品名、规格、数量等已确定无误的情况下，经海关批准的企业可以在进口货物启运后、抵港前或出口货物运入海关监管场所前 3 日内，提前向海关办理报关手续，并按照海关的要求交验有关随附单证、进出口货物批准文件及其他需提供的证明文件。

先放后检：“先放”是指进口商品经海关现

场检查（信息核查、取制样等）符合要求后；企业即可开展卸货、转运工作；“后检”是指对进口货物开展实验室检测并进行合格评定。

“放管服”：简政放权、放管结合、优化服务的简称。“放”即简政放权，降低准入门槛。“管”即创新监管，促进公平竞争。“服”即高效服务，营造便利环境。这是党的十八大后深化行政体制改革、推进政府职能转变的一项重大举措。

汇总征税：海关对符合条件的进出口纳税义务人在一定时期内多次进出口货物应纳税款实施汇总计征。

低代码平台：指无须编码或通过少量代码就可以快速生成应用程序的开发平台。

敏捷开发：以用户的需求进化为核心，采用迭代、循序渐进的方法进行软件开发。

“学查改”专项工作：中央和国家机关于2022年3月至6月开展“学习研讨、查摆问题、改进提高”专项工作。

港澳：特指香港、澳门。供港，专指供应香港；供澳，专指供应澳门。

中欧国际货运班列：按照固定车次、线路、班期和全程运行时刻开行，运行于中国与欧洲以及“一带一路”共建国家间的集装箱等铁路国际联运列车。

“中国海关史料丛书”
编委会